La Greina
und Flusslandschaften im Wallis

La Greina

und Flusslandschaften im Wallis
Fotografien von Herbert Maeder

© 1995 by Schweizerische Greina-Stiftung (SGS), Zürich und
Verlag Bündner Monatsblatt/Desertina AG, Chur
(Auflage: 5000 Exemplare)

ISBN 3 905241 58 7

2., erweiterte Auflage 1997
© by Schweizerische Greina-Stiftung (SGS),
Gemeinden Vrin und Sumvitg und
Verlag Bündner Monatsblatt/Desertina AG, Chur
(Auflage: 2000 Exemplare)

ISBN 3 905241 81 1

Sämtliche Rechte der Texte aus «Giacumbert Nau. Cudisch e remarcas da sia veta menada» da Leo Tuor, Cuera 1988, und der deutschen Ausgabe «Giacumbert Nau. Hirt auf der Greina», Chur 1994, in der Übersetzung von Peter Egloff, sind beim Octopus Verlag in Chur.

3., erweiterte Auflage 2003 zum UNO-Jahr des Wassers mit Flusslandschaften im Wallis und Val Frisal
© by Schweizerische Greina-Stiftung (SGS)
(Auflage: 2000 Exemplare)

ISBN 3 905342 25 1

Chur/Sion/Zürich, Frühsommer 2004

Alpine Flusslandschaften im öffentlichen Interesse VIII
    Klaus Huber, Regierungspräsident GR
    Thomas Burgener, Staatsrat VS
Dank und Zusammenfassung zur 3. Auflage XII
    Hildegard Fässler/Gallus Cadonau
Protection du paysage et ressources hydrauliques
Résumé – Un pas vers le développement durable XX
    René Longet
Die Greina – ein Symbol XXVI
    Herbert Maeder
Greina – Beispiel und Vorbild XXXII
    Ruth Dreifuss, Bundesrätin, Vorsteherin
    des Departementes des Innern
Greina für das Schweizer Volk 1998 4
    Francestg Degonda, Gemeindepräsident Sumvitg
    Gion Caminada, Gemeindepräsident Vrin
Die Greina, ihre Geschichte, ihre Menschen 14
    Martin Bundi
Die Rettung der Greina – eine Chronik der Ereignisse 38
    Gallus Cadonau
Die Greina erleben 64
    Hans-Urs Wanner
Die Greina und das Spiel der Elemente 76
    Bernhard Wehrli
Die Greina im Winter 92
    Menga Danuser
Zum Schutz der Landschaften von
nationaler Bedeutung 102
    René Rhinow
Giacumbert Nau 112
    Leo Tuor
Wer die Heimat verliert,
verliert einen Teil seiner Seele 132
    Ernst Krebs
Della Greina, dei Bleniesi e di strani silenzi.
Appunti per una storiografia terapeutica 142
    Antonio Cima
Worte eines greina-pioniers 156
    bryan cyril thurston

Greina – oder: Vom wahren Wert der Landschaft 166
  Hans Weiss
Aletschgebiet: Geologie, Eis und Wasser 172
  Hugo Raetzo, Bundesamt für Wasser
  und Geologie BWG
Das Gesetz und seine Folgen in den Kantonen Graubünden und Wallis 176
  Herbert Maeder
Ziele der SGS im 21. Jahrhundert 194
  Gallus Cadonau

Die Autoren 206
Bibliografie 210
Die Schweizerische Greina-Stiftung 212
Publikationen im Landschafts- und Gewässerschutzbereich 213
Der SGS-Stiftungsrat 1985–2003 214
Besonderen Dank 218
Karten Graubünden und Wallis 222

Alpine Flusslandschaften im öffentlichen Interesse

Vorwort von Klaus Huber,
Regierungspräsident des Kantons Graubünden,
Vorsteher des Departements des Inneren
und der Volkswirtschaft, Chur

Einleitung von Thomas Burgener,
Staatsrat des Kantons Wallis,
Vorsteher des Departements für Gesundheit,
Sozialwesen und Energie, Sion

Vorwort

Die Kantone Wallis und Graubünden haben die dritte, überarbeitete Auflage des Greina-Buches mitunterstützt. Sie anerkennen damit das Engagement der Schweizerischen Greina-Stiftung für eine nachhaltige Entwicklung im Berggebiet.

Von Wasser, Wald und Steinen oder umfassender von den unvergleichbaren Landschaften sowie der Qualität des Lebensraumes für Menschen, Tiere und Pflanzen leben wir. Sie sind die Hauptressourcen der Bergregionen. Gefragt ist zweifellos ein verantwortungsvoller Umgang mit der Natur. Ein Umgang mit der Natur, welcher Nischen für Tiere, Menschen und Pflanzen schafft und gleichzeitig die Artenvielfalt erhält. Ein Umgang mit der Natur, welcher die Natur als Freizeit und Erholungsgebiet bewahrt und gleichzeitig dauerhafte Arbeitsplätze im Tourismus und Freizeitbereich aber auch im Gewerbe und Handwerk schafft.

Tatsächlich nehmen die Bewohnerinnen und Bewohner des Alpenraumes ihr Umfeld anders wahr als etwa die Menschen aus den Agglomerationen des Mittellandes. Hinzu kommen die unterschiedlichen Ansprüche an die Landschaften und Lebensräume: Bedeuten sie für die Bewohnerinnen und Bewohner des Alpenraumes eine wichtige Existenzgrundlage, so sind sie für viele andere ein Ort der Erholung und der Ferien. Aus dieser unterschiedlichen Betrachtungsweise – hier Nutzung, dort Schutz – erwachsen Differenzen in der Bewertung der Nutzungsmöglichkeiten und der Schutzbedürfnisse. Damit die Bedürfnisse und Entwicklungsvorstellungen der Bewohnerinnen und Bewohner nicht untergehen, ist es entscheidend, dass die betroffene Bevölkerung darüber entscheidet und selber zwischen Nutz- und Schutzansprüchen zukunftsorientiert abwägt.

Es war dieser Gedanke des fairen Ausgleichs, der zur «Lex-Greina» führte, von der heute zahlreiche Gemeinden aus den Kantonen Wallis und Graubünden profitieren können. Das Resultat kann sich sehen lassen. Die dritte, überarbeitete Auflage des Greina-Buches spricht vom Leben und Überleben in den Bergen. Gebirgslandschaften, Menschen bei ihrer Arbeit oder unterwegs, Stimmungen, Natur pur – sie laden die Leserin und den Leser des Greina-Buches zum Verweilen ein. Allen, die gemeinschaftlich dazu beigetragen haben, allen voran der

Schweizerischen Greina-Stiftung, danken wir für den neu herausgegebenen Bildband. Gemeinsam sind wir gefordert, mit der Bevölkerung des Berggebiets Leben und Überleben in den Bergen zu sichern.

Einleitung

Die alpinen Fliessgewässer sind die Lebensadern der Gebirgskantone. Der Schutz unserer Gewässer liegt uns ebenso am Herzen, wie deren sinnvolle Nutzung. Sie sind Teil unseres Lebensraums, unserer Volkswirtschaft und von grosser Bedeutung für den Tourismus.

Die Kantone verfügen über die Gewässerhoheit. Die haushälterische Nutzung und der Schutz der Wasservorkommen liegen aber beim Bund. Dieser erlässt Vorschriften über den Gewässerschutz, sowie über angemessene Restwassermengen. Im wasserreichen Jahr 2001 lieferten die Gebirgskantone Graubünden und Wallis mit 20,7 Mrd. kWh fast die Hälfte der Schweizer Wasserkraft. Damit leisten beide Gebirgskantone einen erheblichen volkswirtschaftlichen Beitrag für das gesamte Land, indem sie emissionsfreie Spitzenenergie erzeugen und diese der Wirtschaft und den Einwohner/innen preisgünstig zur Verfügung stellen. Mit dem Spitzenstrom tragen sie zudem einen wichtigen Anteil an die Regulierung des europäischen Verbundnetzes bei. Die Wasserkraftnutzung ist ein zentraler Standortvorteil der Gebirgskantone und bildet einen unverzichtbaren Beitrag an das Einkommen der Bevölkerung, der Wirtschaft und der öffentlichen Hand in diesen Gebieten. Nebst der Nutzung gilt es auch den Schutz der Gewässer und der Flusslandschaften zu berücksichtigen. Um einmalige Landschaften von nationaler Bedeutung einerseits zu erhalten und andererseits den betroffenen Gemeinden gewisse Einnahmen zu ermöglichen, sind im eidgenössischen Wasserrechtsgesetz Ausgleichsleistungen festgelegt. Diese bieten den Gemeinwesen eine Entschädigung, sofern sie schützenswerte Landschaften von nationaler Bedeutung für 40 Jahre unter Schutz stellen und damit auf bedeutende Wasserzinseinnahmen verzichten. Diesen Ausgleichsleistungen stimmte das Schweizer Volk im Mai 1992 mit einer Zweidrittelsmehrheit zu. 1996 verankerte das Bundesparlament mit der Wasserzinserhöhung auch die Finanzierung der Ausgleichsleistungen mittels «Landschaftsrappen». Diese Ausgleichsleistungen kosten wenig, fliesst doch höchstens einer von insgesamt 80 Wasserzinsfranken pro Kilowatt Bruttoleistung Kantonen und Gemeinden zu, um die Unterschutzstellung der Landschaften abzugelten.

Inzwischen sind 13 weitere Gemeinden dem Beispiel von Vrin und Sumvitg gefolgt, die mit der Unterschutzstellung der Greina-Hochebene vorangingen. Nebst den drei Bündner Gemeinden Vrin, Sumvitg und Breil/Brigels sind heute 12 Gemeinden im Kanton Wallis anspruchsberechtigt. Ohne Belastung der Bundeskasse erhalten diese Gemeinwesen von den übrigen Wasserrechtsgemeinden bzw. -kantonen jährlich einen Ausgleich von rund 3–4 Millionen Franken zur Erhaltung dieser Naturjuwelen und als Beitrag an ihre Gemeindeinfrastrukturen. Dafür wird eine Fläche von insgesamt fast 300 km^2 für 40 Jahre unter Schutz gestellt.

Die Kantone Wallis und Graubünden begrüssen diese föderalistische Lösung, welche den Schutz einzigartiger Landschaften ermöglicht, ohne die legitimen Interessen der betroffenen Bevölkerung zu vernachlässigen. In diesem Sinne begrüssen wir auch diese dritte, überarbeitete Auflage des Greina-Buches, welches ein gemeinsames Werk der betroffenen Bündner und Walliser Gemeinden sowie der Schweizerischen Greina-Stiftung zur Erhaltung der alpinen Fliessgewässer darstellt. Wir danken allen Gemeinden und weiteren Partnern, welche diese Gemeinschaftsproduktion ermöglicht haben, und der Schweizerischen Greina-Stiftung für ihren unermüdlichen Einsatz für eine nachhaltige Entwicklung im Berggebiet.

Chur/Sion, April 2004

Dank und Zusammenfassung zur 3. Auflage: Willkommen in den Bündner und Walliser Alpen

Hildegard Fässler, Präsidentin
Gallus Cadonau, Geschäftsführer
Schweizerische Greina-Stiftung (SGS)
zur Erhaltung der alpinen Fliessgewässer

Dank

Willkommen im Aletschgebiet, dem seit 2001 ersten UNESCO-Weltnaturerbe der Alpen «Jungfrau-Aletsch-Bietschhorn», willkommen auf der Greina-Ebene, in der Val Frisal, im Baltschiedertal, Bietsch- und Jolital, Binntal, Gredetschtal, Laggintal, Oberaletsch. All diese Landschaften in den Kantonen Graubünden und Wallis mit Teilen der Tessiner und Berner Alpen werden für 40 Jahre unter Schutz gestellt. Die 2. Auflage dieses Buches durfte die Schweizerische Greina-Stiftung (SGS) zur Erhaltung der alpinen Fließgewässer zusammen mit den Bündner Gemeinden Sumvitg und Vrin publizieren. Nach der Unterschutzstellung der Greina-Hochebene 1995 (28 km^2) kommen nun 242 km^2 zusätzliche alpine Fließgewässer-Landschaften in den Schweizer Alpen neu dazu. Die folgenden Gemeinden, zusammen mit den Kantonen Graubünden und Wallis, unterstützen und ermöglichen diese Publikation: Gemeinde Binn/VS, Birgisch/VS, Breil/Brigels/GR, Gondo-Zwischbergen/VS, Mörel/VS, Mund/VS, Naters/VS, Simplon Dorf/VS, Sumvitg/GR und Vrin/GR*. Diesen Gemeinden, dem Kanton Graubünden, dem Kanton Wallis, dem Bundesamt für Wasser und Geologie BWG, der MAVA Stiftung für Naturschutz, Coop Basel sowie der Frau Betty und Dr. Rudolf Gasser Stiftung und der Stiftung Jacques Bischofberger danken wir für die Unterstützung dieser 3. erweiterten Auflage herzlich. Sie haben entscheidend dazu beigetragen, daß der Bildband, welcher 1996 als eines der schönsten Schweizer Bücher ausgezeichnet wurde, nun als erweiterte 3. Auflage produziert werden konnte. Herbert Maeder, Fotograf und Mitautor aller drei Auflagen, danken wir für seine Bilder und Textbeiträge.

Die Greina ist überall

«Ohne jährliche Beiträge aus dem Finanzausgleichfonds war die Gemeinde bisher – trotz Ausschöpfung aller zur Verfügung stehenden Einnahmequellen und Erhebung höchst zulässiger Steuern und Abgaben – nicht in der Lage, den ordentlichen Finanzhaushalt im Gleichgewicht zu halten.»

* Die Gemeinden Ausserberg, Baltschieder, Eggerberg, Niedergesteln und Raron erhalten ebenfalls Ausgleichsleistungen. In Abklärung befindet sich die Landschaft Val de Réchy mit rund 30 km^2 der Walliser Gemeinden Chalais, Grône und Nax.

Diese Feststellung des Vriner Gemeindepräsidenten Gion Caminada (S.5) gilt nicht nur für seine Gemeinde. Alle Textbeiträge beziehen sich auf die allgemeine Situation im Berggebiet am Ende des 20. und zu Beginn des 21. Jahrhunderts. Zu Recht fragt die ehemalige Bundesrätin und Umweltministerin Ruth Dreifuss auf S. XXXIII kritisch: «*Hatten die betroffenen [...] Gemeinden Sumvitg und Vrin nicht auch voller Hoffnung den Ausbauprojekten von 1957 zugestimmt und in der Folge die Wasserrechtskonzessionen verlängert? Hatten sie nicht berechtigte Erwartungen auf zusätzliche Einnahmen für Alpsanierungen, Aufforstungen, Lawinenverbauungen, Abwasser- und Gemeindekanalisationen, Schulhäuser und weitere dringend benötigte Investitionen für Infrastrukturbauten?*» Diese Erwartungen dürfen bestimmt auch auf die meisten der 15 Berggemeinden zutreffen, die nun in den Genuß des Landschaftsrappens kommen. Es geht einerseits um die Erhaltung unserer Umwelt, andererseits um die betroffenen Menschen im Berggebiet. Die SGS verfolgte stets beide Ziele parallel: Natur- und Umweltschutz einerseits und die Beachtung der sozialen und ökonomischen Anliegen der betroffenen Bevölkerung andererseits.

Eine liberale und solidarische Lösung für das Berggebiet

Auf Seite 103 des Buches bringt der Staatsrechtler und ehemalige Ständerat Prof. Dr. René Rhinow die Kernfrage der Ausgleichsleistungen auf den Punkt: Es wird nicht, wie Kritiker der Ausgleichsleistungen stets behaupteten, «*ein Verzicht entschädigt. Es wird ein **positives Tun entschädigt,** nämlich der Schutz einer Landschaft im nationalen Interesse. [...] Es geht darum, daß es abgegolten werden kann, wenn Gemeinden sich verpflichten, **Landschaften auf Dauer unter Schutz zu stellen** ... Es geht letztlich um dasselbe wie bei den hoheitlichen Eingriffen, wo aufgrund der materiellen Enteignung Entschädigungsleistungen bezahlt werden. Hier geht es [...] um die Vereinbarung zwischen dem Bund und dem Gemeinwesen. Aber das Geld, die Abgeltung, hat die gleiche Funktion, nämlich für den Empfänger einen Ausgleich zu schaffen. Nur, daß es sich hier um den liberalen Weg handelt, um die Lösung, mit Anreizen zu arbeiten und hierfür zu entschädigen, und nicht darum, hoheitliche Zwangsmaßnahmen aufzu-*

erlegen.» In diesem Sinn bestätigen auch die Gemeinden: «*Mit der heutigen Regelung der verfassungsmäßig begründeten und bundesrechtlich verankerten Ausgleichsleistungen ist nun im Rahmen des geltenden Rechts die Chance für die Gemeinden Vrin und Sumvitg gekommen, selbst die Entscheidungen zu treffen und neue Visionen für das 21. Jahrhundert umzusetzen.*» (S.11) Anstelle und ergänzend zum – zur Zeit seiner Entstehung – pionierhaften «Nationalparkgedanken» mit der praktisch uneingeschränkten Erhaltung eines klar ausgeschiedenen Naturschutzgebietes sollen in Zukunft nachhaltiges und umweltverträgliches Leben und Wirtschaften sowie Erholung für Einheimische und Gäste in einer grenzüberschreitenden Landschaft, in einer ganzen Region, im ganzen Land ermöglicht werden (S.11).

Eine neue Dimension im Umweltschutz

Die Grundsätze der nachhaltigen Entwicklung gelten nun für alle unter Schutz gestellten Gebiete von der Greina bis zum Aletschgebiet. Im Gegensatz zum 1914 gegründeten, von Parkwächtern beaufsichtigten Nationalpark mit einer Fläche von 172,4 km², sehen die nun insgesamt unter Schutz gestellten Gebiete von 269,74 km² – mit Val de Rechy* 300 km² – keine vergleichbaren Aufgaben vor. Vielmehr regeln die öffentlich-rechtlichen Verträge, welche mit diesen Gemeinden abgeschlossen wurden, eine nachhaltige Entwicklung im öffentlichen Interesse. Diese ermöglicht nicht zuletzt dank den Ausgleichsleistungen eine bessere Existenz für die lokale Bevölkerung. In diesem Sinn geht der visionäre Titel der NZZ von 1995 mit der «neuen Dimension im Umweltschutz» wohl weiter als ursprünglich angenommen. Die 18 alpinen Gemeinden (drei Gemeinden* in Abklärung, vgl. S.XIII) sind nun die Garanten für die Erhaltung dieser einmaligen Landschaften, wie Bundesrätin Ruth Dreifuss 1997 erklärte. Und so kommen wir von der pionierhaften Nationalparkidee eines streng abgegrenzten Naturschutzgebietes im 20. Jahrhundert «*zu einem integralen Umweltschutz für das 21. Jahrhundert, welcher alle Lebens- und Gesellschaftsbereiche und alle Wirtschaftssektoren nachhaltig miteinbezieht*» (S. XXXVI).

Ausgleichsleistungen, internationale Anerkennung im UNO-Jahr der Berge

An der Abschlußkonferenz des UNO-Jahrs der Berge vom 29.10. bis 1.11.2002 in Bishkek, Kirgisien, durfte die Schweiz für ihre Ausgleichslösung, mit der die «Abgeltung von Ressourcennutzung (Wasserrechte) geregelt wurde», viel Lob entgegennehmen (vgl. Tages-Anzeiger, 31.10.02). Neue Ideen durchleben drei Phasen, wie schon der Philosoph Arthur Schopenhauer feststellte: Zuerst werden sie belächelt, dann bekämpft und schliesslich gelten sie als selbstverständlich. Pater Dr. Flurin Maissen führte diesen Gedanken weiter: *«Zu guter Letzt war es dann gar nicht deine, sondern von Anfang an meine Idee.»* Sämtliche Beiträge in diesem Werk zeigen, wie verschiedene Persönlichkeiten, Organisationen und Institutionen von dieser Ausgleichsidee beseelt und überzeugt waren und dafür während 10 Jahren unermüdlich gekämpft haben. Waren es ab 1980 vor allem die Bündner Gemeinden zusammen mit der SGS, welche sich für diese Idee engagierten, so war es ab 1995 im Kanton Wallis die Regierung mit Staatsrat Wilhelm Schnyder als Finanzdirektor an der Spitze und mit Nationalrat/Staatsrat Peter Bodenmann, welche aktive Unterstützung für die Finanzierungslösung über den sog. «Landschaftsrappen» leistete. Die Idee der Ausgleichsleistungen wäre kaum umsetzbar gewesen ohne die rechtlich überzeugende Begründung durch die Rechtsgutachten der Staatsrechtler Prof. René Rhinow, Prof. Alfred Kölz, Prof. Jörg Paul Müller und weitere Rechtsprofessor/innen, die eine Mehrheit im Nationalrat und eine starke Minderheit im Ständerat überzeugten.

Die Zentren benötigen reine Luft und sauberes Wasser

Diese neue Dimension im Umweltschutz zeigt aber auch etwas anderes auf: Im industriellen und postindustriellen Zeitalter der Arbeits- und Raumaufteilung sehen wir einerseits stark belastete und wirtschaftlich hoch ertragsreiche Gebiete. Andererseits gibt es in den Bergregionen immer weniger Arbeitsplätze. Die Verdienstmöglichkeiten – und damit auch die Bevölkerung – in den Bergregionen schrumpfen. Die wirtschaftlich hoch effizienten Produktivgebiete können aber allein nicht existieren. Sie benötigen Sauerstoff und Ressourcen, unvergifteten Boden und sauberes Wasser. Die Quellen dieser sauberen Ressourcen liegen in den Alpen. Sowenig wie jemand eine Mietwohnung gratis bewohnen oder sich ein geliehenes Auto unentgeltlich aneignen kann, sowenig dürfen die Ressourcen aus den Bergen unentgeltlich konsumiert werden. Die Idee des Ausgleichs von Schutz und Nutzen gilt nicht nur im Berggebiet zwischen Umweltschutz einerseits und den betroffenen Gemeinden andererseits. Ein fairer und nachhaltiger Ausgleich muss grenzüberschreitend, national und international stattfinden. Wer Ressourcen nutzt, verpflichtet sich im Eigeninteresse auch für den Schutz mit nachhaltigem Ausgleich – um eine langfristige Nutzung auch kommenden Generationen zu ermöglichen. Nur so ist eine «gemeinsame Wohlfahrt und eine nachhaltige Entwicklung» gewährleistet, die «den inneren Zusammenhalt und die kulturelle Vielfalt des Landes» garantiert, wie die Bundesverfassung (BV) im Art. 2 festschreibt. Die dauerhafte Erhaltung der natürlichen Lebensgrundlagen (Art. 2 Abs. 4 und Art. 73 und 74 BV) gehören zu den fundamentalen Zielen der Schweizerischen Eidgenossenschaft.

Die verursachergerechte und haushaltsneutrale Finanzlösung

Die Ausgleichsleistungen für 18 (vgl. S. XIII) Bündner und Walliser Gemeinden und die Kantone sind umso mehr gerechtfertigt, weil die Bundeskasse durch die Ausgleichsbeiträge von rund 3–4 Mio. Franken pro Jahr überhaupt nicht belastet wird. Im Gegenteil. Indem die Gemeinden die Ausgleichsbeiträge seit 1997 von den reicheren Wasserzinsgemeinden erhalten, sparen Bund und Kantone Subventionen an diese Gemeinden für Lawinenverbauungen, Schulen, den Schutz vor Unwettern, für Kläranlagen, öffentliche Bauten usw. Als fair und gerecht werden diese Ausgleichsleistungen empfunden, weil die Verursacher, d.h. sämtliche Gemeinden in der Schweiz, die von Wasserzinsen profitieren, einen Achtzigstel ihrer Jahreserträge für diese Ausgleichsleistungen zur Erhaltung dieser einmaligen Landschaften zur Verfügung stellen (Art. 48 des eidg. Wasserrechtsgesetzes WRG; vgl. Das Gesetz und seine Folgen in den Kantonen Graubünden und Wallis, Seite 176). In finanzieller Hinsicht handeln somit auch diese Gemeinden beispielhaft. Denn sie tragen dazu bei, daß Flora und Fauna in den Schweizer Alpen für die kommenden Generationen erhalten werden können. In diesem Sinne widmeten die Gemeinden Vrin und Sumvitg 1998 die Greina-Landschaft anlässlich des 150. Geburtstags des Schweizerischen Bundesstaates dem Schweizer Volk. Alle sind herzlich willkommen und eingeladen, diese «neuen» Landschaften von nationaler Bedeutung zu besuchen. Durch einen minimalen Ausgleichsbeitrag ermöglichen alle Schweizer Stromkonsumentinnen und -konsumenten, diese alpinen Juwelen in den Schweizer Alpen für die kommenden 40 Jahre unter Schutz zu stellen und für unsere Nachkommen zu erhalten.

Ausblick

Nachdem einerseits die intensive Nutzung des Landes in einigen Zentren forciert wird, andererseits die Abwanderung in den Bergregionen zunimmt und Arbeitsplätze verschwinden, ist es wichtig, solche Landschaften integral erhalten zu können. Zu den Gebirgslandschaften im Wallis und in Graubünden gehören die Menschen, die in diesen Gebieten leben und deren Existenz auch in Zukunft gesichert sein muss. In diesem Sinn muß eine künftige nachhaltige Entwicklung auf einer solchen Ausgleichsidee basieren. Bei einer allfälligen Realisierung eines Nationalparks Adula/Rheinwaldhorn müssen ebenfalls verursachergerechte Lösungen gesucht werden. Im alpinen Zentrum zwischen den größten Schweizer Nord-Süd-Transitachsen mit gewaltigen Mengen an Emissionen und krebserzeugenden Stoffen wäre es unverhältnismäßig, diese tägliche Luftverschmutzung, verursacht durch Tausende von Lastwagen, ohne Ausgleichsleistungen für kommende Generationen durch das alpine Gebiet fahren zu lassen. Wer die Natur als Emissionsablage- und Entgiftungsraum für seine Geschäftstätigkeit benutzt, muß auch die dafür entstandenen Kosten der Natur zurückvergüten, soll er nicht als Zechpreller gelten.

Grabs/Zürich, April 2004

Protection du paysage et ressources hydrauliques
Résumé – Un pas vers le développement durable

René Longet
Président d'equiterre, partenaire pour le
développement durable et membre du conseil
de fondation suisse de la Greina FSG

Les forces hydrauliques sont une des ressources principales de notre pays, et pour les cantons de montagne un élément qui non seulement structure les identités mais leur économie. L'eau, la loi fédérale sur la protection des eaux le rappelle bien, est un bien commun à usage multifonctionnel. Vitale, elle sert à nos usages personnels, à notre alimentation, à notre hygiène, à l'économie (industrie et agriculture). Elle sert de biotope, pour une riche flore et faune aquatique, que ce soit directement dans le milieu liquide ou dans les zones humides de transition, qui sont parmi les biotopes les plus riches de nos régions. Elle sert d'attrait touristique: des eaux libres, à admirer, des eaux de baignade et pour le sport, des eaux pour la pêche… ces fonctions sont autant de ressources pour l'économie régionale.

L'eau est également une composante de l'identité culturelle et a sculpté non seulement nos paysages mais accompagné notre histoire. L'histoire du Valais a été l'histoire de la maîtrise de l'eau. Des générations courageuses et anonymes ont été chercher l'eau à travers de multiples périls et ce fut l'aventure cruciale des bisses. Puis au XIXe siècle, on a séparé, au fond des vallées et plus singulièrement de celle du Rhône, la terre et l'eau, permettant aux routes et chemins de fer de courir en parallèle aux eaux désormais sous contrôle, et aux populations et aux cultures de descendre des collines. Enfin, dès la fin de ce même siècle, l'électrification du pays a eu son origine dans la création de nombreux et très vastes retenues et barrages sur les hauts des montagnes.

Un moment donné, on rencontre comme en toute chose des limites. Un jour, on veut vendre de l'électricité et du paysage, et on se retrouve en concurrence. Plus d'eau dans les lits des rivières, plus de vie dans l'eau, plus de cascades, plus de pêche et de baignade. Car on a vendu l'or blanc, précieuse énergie renouvelable. Voici une vingtaine d'années, de courageux pionniers ont trouvé la solution à ce dilemme: vendre non pas du courant seulement, mais du paysage, des biotopes. Recevoir une juste rémunération pour ce service-là, ne pas être contraint de presser la dernière goutte d'eau, être payé au juste prix pour laisser l'eau libre de satisfaire ses nombreuses fonctions.

Cette solution, c'est le centime du paysage. Imaginé et pratiqué aux Grisons, il a franchi désormais le Gothard et pris pied en Valais. De quoi s'agit-il? Par des contrats passés entre des communes et la Confédération, représentée par l'OFEFP, 18 communes des Grisons et du Valais donnent corps à l'idée d'un développement durable. Il s'agit de satisfaire ensemble les exigences du développement économique et social, d'une vision culturelle et du ménagement des ressources de la nature. Il ne s'agit donc pas d'une opération style parc national lequel offre la symétrique inversée de la réalité usuelle, en ce sens que ce n'est plus l'Homme mais la Nature qui y domine. Ce qui en certains lieux peut tout à fait se justifier.

Cependant, ici il s'agit d'une recherche dynamique d'équilibre, dans le but de consolider des bases d'existence de l'économie locale et de ses expressions culturelles, et de maintenir des débits minimum dans les cours d'eau. Cette perspective s'inscrit bien aussi dans les programmes en faveur des montagnes du monde, comme notre pays les a lancés et encouragés notamment au Sommet mondial du développement durable de Johannesburg en 2002. L'année de la montagne, de 2002, qui a précédé l'année de l'eau, de 2003, a permis de mettre en valeur des concepts transversaux de développement régional, et l'idée du centime du paysage a été particulièrement bien accueillie lors de la conférence finale de l'année de la montagne tenue en automne 2002 à Bishek, en Kirghizie.

Notons encore le caractère solidaire de ce transfert de ressources, puisqu'il provient d'un prélèvement automatique de 0,01 centime par kWh d'électricité consommée. Ce n'est donc pas une charge pour les finances publiques, mais une inclusion, dans le prix du courant, du prix du paysage. Cette volonté d'aller vers la vérité des coûts est également une approche spécifique au développement durable.

Avec l'extension du centime du paysage à un 2e canton suisse de montagne, cette bonne idée fait non seulement ses preuves mais son chemin. Cet ouvrage veut marquer cette évolution, ce passage. Pour le bien de tous. Nous saisissons l'occasion de remercier les cantons des Grisons et du Valais, et les communes de Binn, Birgisch, Breil/Brigels, Gondo-Zwischbergen, Mörel, Mund, Naters, Simplon Village, Sumvitg et Vrin d'avoir permis par leur contribution la réalisation de la présente publication. Nous remercions également l'Office fédéral des eaux et de la géologie, Coop Bâle, et les fondations: MAVA pour la protection de la nature, Madame Betty et Dr Rudolf Gasser et Jacques Bischofberger pour leur appui.

Genève, avril 2004

Nachfolgende Doppelseite: Hinteres Laggintal im Simplongebiet VS mit Weissmies (4023 m).

Die Greina – ein Symbol

Herbert Maeder

Über die kahlen, grasdurchsetzten Schutt- und Felsflächen des Passes Diesrut streicht ein kühler Westwind. Stunden sind wir von Vrin, dem höchstgelegenen Dorf der Val Lumnezia, über Alpweiden zum 2428 Meter hohen Paß aufgestiegen, voller Neugierde, die Greinalandschaft kennenzulernen. Was wir hier sehen, ist eher enttäuschend: Bergspitzen wie überall, in der Nähe der Piz Ner und der Piz Stgir, im Westen der Piz da Stiarls, der Piz Vial, der Piz Gaglianera, gesäumt von Gletscherflächen, die noch vor fünfzig Jahren eine ganz andere Ausdehnung hatten. Aber das ist ja noch gar nicht die Greina. Nach nur wenigen hundert Metern, dort wo der steile Abstieg zum Rein da Sumvitg und zur Terri-Hütte beginnt, geht unvermittelt ein Vorhang auf, und wir stehen vor einem Bild, das wir nicht mehr vergessen werden: Plaun la Greina. So lesen wir es rätoromanisch auf dem Blatt GREINA 1:25000 der Landestopographie. Zu unsern Füßen eine für den hochalpinen Raum einzigartig weite, grüne Ebene, durch die, vom Paß Crap herkommend, der junge Rein da Sumvitg in sanften Kurven fließt. Rechts und links nimmt er Seitenbäche auf. Wenn die Sonnenstrahlen die Wolkendecke durchbrechen, leuchtet ein silbernes Geäder auf. Im Süden begrenzt das flache Dreieck des Pizzo Coroi die Ebene. Über seinen Rücken verläuft nicht nur die Grenze zwischen den Kantonen Graubünden und Tessin, sondern auch die Grenze zwischen der Alpennord- und der Alpensüdseite.

Die Greinalandschaft mit ihrer Hochebene, ihren Gipfeln, ihrem Passo della Greina, dessen schmaler Pfad durch das wilde Val Camadra ins Bleniotal führt, dem flachen Übergang von Crap la Crusch, wo die Herdenglocken der Rinder und Kühe der Alpe di Motterascio die Luft erfüllen, ist einmalig im ganzen Alpenbogen. Wo sonst läßt sich's sechs und acht Stunden wandern, ohne daß Menschenwerk in der Form von Straßen, Häusern, Telephon- und Stromleitungen, Staumauern, Seilbahnen und Skilifte zu sehen wären? Wo sonst fließen die Wasser von den Gletschern zu Tal in den Mäandern der Naturgesetze? In Kanada, Alaska, Grönland, Spitzbergen – und in der Greina.

Unser Buch porträtiert diese Gebirgslandschaft, die in den letzten Jahren immer mehr zu einem Symbol des Widerstands gegen die hemmungslose Ausbeutung der Natur geworden ist.

Dem unberührten Hochtal Plaun la Greina drohte die Überflutung durch einen Stausee. Bereits im Jahre 1958 erteilten die Greinagemeinden Vrin und Sumvitg einem Kraftwerkskonsortium aus NOK Baden und Rhätischen Werke für Elektrizität AG Thusis die Konzession für die Nutzung der Greinaebene. Eine Schwergewichtsmauer hätte den jungen Rein da Sumvitg und weitere Bäche zu einem Stausee von 63 eventuell sogar 106 Millionen Kubikmetern Wasser aufgestaut. Das Projekt wurde, wohl aus Rentabilitätsgründen und weil der Glaube an den Atomstrom noch ungebrochen war, immer wieder zurückgestellt. Inzwischen blieb aber die Einzigartigkeit der Greinalandschaft nicht unverborgen. Der Maler und Architekt Bryan Cyril Thurston schuf ein umfangreiches Werk über die Greina und machte mit Ausstellungen, Malwochen und Publikationen auf eine Gebirgswelt aufmerksam, die zwar nicht zu den Glanzpunkten der schweizerischen Tourismuswerbung gehört, in ihrer Abgeschiedenheit und Unberührtheit aber unübertroffen ist. Der Komponist Armin Schibler schrieb 1975 ein «Greina Oratorium». Hans Weiss, der langjährige Geschäftsführer der Schweizerischen Stiftung für Landschaftsschutz, philosophierte in Thurstons Greina-Buch und in der NZZ über den Sinn ungenutzter Räume am Beispiel der Greina.

Immer mehr Wanderer folgten der Faszination Greina. Die harten, vielstündigen Aufstiege hinderten Tausende nicht, selbst den Zauber einer unberührten Bergwelt zu erfahren. Der Andrang zu den zwei einzigen Stützpunkten im Gebiet, der Camona de Terri auf der Bündner und dem Rifugio Motterascio auf der Tessiner Seite, führte vor allem an Wochenenden zu einem Gedränge, das mit Hüttengemütlichkeit kaum mehr vereinbar war. Immerhin entschädigten nach der Hüttenenge die Schönheit und Weite der Landschaft für manchen Ärger.

1984 veröffentlichte das Eidgenössische Departement des Innern einen brisanten Bericht. Mario F. Broggi und Wolf J. Reith legten unter dem Titel «Beurteilung von Wasserkraftwerksprojekten aus der Sicht des Natur- und Heimatschutzes» eine Untersuchung von 40 Wasserkraftwerksprojekten vor, die den Promotoren eines weiteren Ausbaus der Hydroelektrizität wenig Freude machte. Die Autoren machten in ihrer Einleitung darauf aufmerksam, daß zuerst einmal der hohe Grad des bisherigen Ausbaus der Wasserkraftnutzung zu berücksichtigen sei und daß zudem der Wert der letzten unversehrten alpinen Ökosysteme zunehmend von breiten Kreisen der Bevölkerung erkannt werde. Das Projekt GREINA-SOMVIX erfuhr unter anderem folgende Beurteilung unter dem Titel Landschaftstyp: «Ausgedehnte, natürliche, von der Zivilisation unberührte Greinahochebene. Rumpftal, das von allen Seiten nur über felsige Steilstufen oder über Gebirgszüge zu erreichen ist.» Zu den Stichworten Landschaftscharakter und Heimatschutz wurde angeführt: «Unverdorbene Gebirgslandschaft mit formenreicher Alluvialebene, Landschaft ohne Maßstab. In der Schweiz einzigartiger Landschaftstyp, allenfalls noch mit Tundrenverhältnissen in Lappland vergleichbar. Seltene Erscheinung weitläufiger Einsamkeit.» Die Schlußbewertung der beiden Experten war eindeutig: «Die Greina gehört zu den noch naturhaften und zusammenhängenden extensiv oder gar nicht genutzten Gegenden der Schweiz. Dieser Umstand, die besondere Eigenart des Hochlands, begründet eine absolute Schutzwürdigkeit. Die Landschaft der Greina verdient den Schutz des Art. 22 des Bundesgesetzes vom 22.12.1916 über die Nutzbarmachung der Wasserkraft, gemäß dessen die natürliche Schönheit einer Landschaft zu schonen und, wo das allgemeine Interesse an ihr überwiegt, diese ungeschmälert zu erhalten ist. Dementsprechend ist auf eine Wasserkraftnutzung wie auch auf eine allenfalls touristische Erschließung mit Bahnen und Straßen zu verzichten.»

1991 hätten aufgrund der Konzessionsbestimmungen die ersten Baumaschinen in Richtung Greina in Gang gesetzt werden müssen. Es ist nicht so weit gekommen. Am 11. November 1986 gab das Greina-Konsortium eine Verzichtserklärung ab. Nein, keine Spur von Respekt vor der Landschaft. Nur wirtschaftliche Überlegungen. «Angesichts der geltend gemachten Schutzwürdigkeit und der rechtlichen Unsicherheiten wäre mit einschneidenden Maßnahmen und nicht verantwortbaren zeitlichen Verzögerungen zu rechnen gewesen, die sich sehr ungünstig auf die Wirtschaftlichkeit des Werks ausgewirkt hätten» hieß es in den Kraftwerkskreisen.

Der Greina-Verzicht hatte Tausende naturbegeisterter Menschen aufatmen lassen. Für die Gemeinden Vrin und Sumvitg, denen aus dem Werk beträchtliche Wasserzinsen zugekommen wären, war es das Aus für solche künftige Einnahmen.

Mit weiten Kreisen aus dem Natur- und Heimatschutz war sich die 1986 gegründete Schweizerische Greina-Stiftung bewußt, daß der Schutz letzter großflächiger Naturlandschaften nicht auf dem Buckel einiger finanzschwacher Berggemeinden erfolgen darf. Wenige Monate nach dem Verzicht habe ich im Nationalrat eine Motion «Landschaftsrappen» eingereicht, welche von 75 weiteren Ratsmitgliedern unterzeichnet war. Sinn der Motion: Mit einer minimalen Abgabe auf Hydroenergie sollte ein Fonds geäufnet werden, aus welchem Gemeinwesen, welche auf die Nutzung der Wasserkraft verzichten, um Landschaften von nationaler Bedeutung zu erhalten, Ausgleichszahlungen erhalten sollten. Am 1. Oktober 1987 ist diese Motion bei schlechter Präsenz im Saal mit 47 zu 43 Stimmen abgelehnt worden. Kurz darauf ist die Idee bei der Revision des Gewässerschutzgesetzes wieder aufgegriffen worden. Sie ist nach einem mehrjährigen Hin und Her zwischen National- und Ständerat ins revidierte Gesetz aufgenommen worden. Nach langem Widerstand stimmte auch der Ständerat den Ausgleichsleistungen zu, leider nicht mit dem vom Nationalrat dreimal befürworteten Finanzierungsmodell «Landschaftsrappen», das die Bundeskasse entlastet hätte. Das revidierte Gewässerschutzgesetz ist nach einem Referendum aus der Elektrowirtschaft vom Souverän am 17. Mai 1992 mit einer Zweidrittelsmehrheit angenommen worden. Die Gemeinden Vrin und Sumvitg sollten damit endlich in den Genuß von angemessenen Ausgleichsleistungen gelangen.

Nachtrag zur zweiten Auflage: Die Greina-Gemeinden Vrin und Sumvitg erhalten seit dem Monat Mai 1997 die lange Zeit umstrittenen Ausgleichsleistungen. «Die Greina – neue Dimension im Umweltschutz» betitelte die Neue Zürcher Zeitung am 12. August 1995 einen ganzseitigen Beitrag. Mit dem Schutz der Greina-Landschaft – sie ist 1996 in das Bundesinventar der Landschaften und Naturdenkmäler von nationaler Bedeutung BLN aufgenommen worden – und den Ausgleichsleistungen für die Gemeinwesen, ist der Umweltschutz in der Schweiz einen wichtigen Schritt vorangekommen.

Rehetobel/Vrin, 2. September 1995

Greina – Beispiel und Vorbild

Ruth Dreifuss
Bundesrätin

Vor 35 Jahren, im Mai 1962, verankerte das Schweizer Volk mit dem Art. 24^{sexies} in unserer Bundesverfassung (BV): «Der Bund hat in Erfüllung seiner Aufgaben das heimatliche Landschafts- und Ortsbild, geschichtliche Stätten sowie Natur- und Kulturdenkmäler zu schonen und, wo das allgemeine Interesse überwiegt, ungeschmälert zu erhalten.» Bereits 1971 forderte der Schweizer Souverän den Bund auf, «Vorschriften über den Schutz des Menschen und seiner natürlichen Umwelt gegen schädliche oder lästige Einwirkungen zu erlassen.» (Art. 24^{septies} BV)

Wenn Sie die Ende Juni 1997 in New York durchgeführte «Umweltkonferenz fünf Jahre nach Rio» betrachten, sehen Sie, daß die Beeinträchtigung unserer Umwelt ein großes Problem bleibt. Die massive Belastung der Natur, der Böden, der Gewässer und des Klimas mit Abfällen, Emissionen und Treibhausgasen nimmt weltweit immer noch zu. Über zwei Drittel davon stammen aus unseren Industrieländern, aus den reichsten Ländern der Welt. Trotz dieser düsteren Aussichten gelang es in New York nicht, umweltverträglichere Lösungen für eine nachhaltige Zukunft verbindlich zu vereinbaren. Dennoch wollen wir nicht resignieren.

Die Meinungen um Schutz oder Nutzen der Greina-Hochebene lagen im Verlaufe dieses Jahrhunderts kaum weniger weit auseinander als an der «Nach-Rio-Konferenz» in New York, wo ich als Umweltministerin unser Land vertreten durfte. Hatten die betroffenen romanischen Gemeinden Sumvitg und Vrin nicht auch voller Hoffnung den Ausbauprojekten von 1957 zugestimmt und in der Folge die Wasserrechtskonzessionen verlängert? Hatten sie nicht berechtigte Erwartungen auf zusätzliche Einnahmen für Alpsanierungen, Aufforstungen, Lawinenverbauungen, Abwasser- und Gemeindekanalisationen, Schulhäuser und weitere dringend benötigte Investitionen für Infrastrukturbauten? Nicht geringer war der Wunsch der Natur- und Umweltschützer nach einer unversehrten Greina-Hochebene mit ihrer Flora und Fauna und mit all ihren Wasserfällen der «Frontscha».

«Die Hochgebirgslandschaft Greina–Piz Medel zwischen dem Somvixertal im Bündner Oberland und dem Bleniotal im Tessin gilt als eines der erhaltenswertesten Naturdenkmäler der Schweiz», schrieb der erste Präsident der Schweizerischen

Greina-Stiftung (SGS) zur Erhaltung der alpinen Fließgewässer, Nationalrat Dr. Erwin Akeret (SVP/ZH). In der Herbstsession 1983 reichte er seinen parlamentarischen Vorstoß zur Rettung der Greina ein und betonte: «Die Schutzwürdigkeit der Greinalandschaft ist begründet nicht nur wegen ihrer landschaftlichen Schönheit und Eigenart, sondern auch wegen ihrer Unversehrtheit, da sie bis heute von menschlichen Eingriffen weitgehend verschont geblieben ist. Den hohen Erlebniswert, den diese Landschaft vermittelt, bezeugen zahlreiche Werke der Geschichte, der Geologie, der Literatur, der Musik und der bildenden Kunst, die sich mit der Greina befassen.» (vgl. Rettet die Greina, Pro Rein Anteriur, Tavanasa/GR, 1984).

Die Greina war aber nicht nur für Bewohnerinnen und Bewohner des Mittellandes und für Künstler aus dem In- und Ausland schützenswert. Die Auseinandersetzungen um die Erhaltung der Vorderrheinlandschaft, welche im Dezember 1978 eine Delegation der einheimischen Pro Rein Anteriur zum damaligen Vorsteher des Verkehrs- und Energiewirtschaftsdepartementes, Bundesrat Willi Ritschard, führte, bestätigte: Die Erhaltung der Greina war auch in der «Heimat des Vorderrheins mit der Greina als Naturjuwel» sehr stark verankert. Noch vor zehn Jahren schienen sich Nutz- und Schutzpositionen völlig unversöhnlich gegenüberzustehen. Doch die aus diesen Auseinandersetzungen entstandene breit abgestützte Schweizerische Greina-Stiftung (SGS) bezweckte nicht nur die Erhaltung von schützenswerten Naturlandschaften und alpinen Fließgewässern. Sie förderte gleichzeitig auch die Erarbeitung der notwendigen rechtlichen Grundlagen zur Verbesserung der Situation im Berggebiet, womit Nationalrat Akeret 1983 formulierte: «... der Ausfall an Wasserzinsen und weiteren Vergünstigungen für die Gemeinde Somvix ... und insbesondere für die wirtschaftlich bedrängte Gemeinde Vrin im Lugnez durch einen zu gründenden Fonds und einen besseren interkommunalen Finanzausgleich kompensiert werden muss.» Das war die erfolgreiche Fondsidee (vgl. «Greina und Landschaftsrappen», Zürich 1987).

1987 reichte Nationalrat Herbert Maeder, heutiger Präsident der SGS, gestützt auf ein Rechtsgutachten von Ständerat Prof. Dr. René Rhinow, mit 74 Mitunterzeichnern die Motion «Landschaftsrappen» im Nationalrat ein. Diese wurde abgelehnt, dafür ein reduzierter Antrag von Frau Nationalrätin Dr. Lili Nabholz im Juni 1989 angenommen. Dieser «Landschaftsrappenbeschluß» führte zu einem jahrelangen Hin und Her zwischen Befürwortern des Landschaftsrappens im Nationalrat und Gegnern im Ständerat. 1990 schloß sich auch der Bundesrat der «Landschaftsrappenlösung» des Nationalrates an. Der Kompromiß im Rahmen der Revision des Gewässerschutzgesetzes wurde in einer Entschädigungsklausel im Art. 22 des Gesetzes über die Nutzbarmachung der Gewässer gefunden.

Nach weiteren Vollzugskonflikten drang 1996 das neue von der SGS lancierte Finanzierungsmodell des «Landschaftsfrankens» mit beachtlichen Mehrheiten im Parlament durch: Die verursachergerechte Finanzierung der Ausgleichsleistungen ohne Belastung der Bundeskasse und damit die Erhaltung der Greina-Landschaft ist für die Zukunft gesichert. Die Gemeinden erklärten sich zur Unterschutzstellung des Greinagebietes – mit freilich geringeren Einnahmen als bei einem Kraftwerkbau – bereit. Der Bund nahm 1996 die Greina-Hochebene samt ihren Wasserfällen mit weiteren Objekten von nationaler Bedeutung in das entsprechende Bundesinventar auf.

Aus fast unüberwindbaren und scheinbar unversöhnlichen Nutz- und Schutzpositionen ergab sich – für die Gemeinden wie für die Natur- und Umweltschützer – eine gemeinsame und allseits überzeugende Lösung, ja sogar herzliches Einvernehmen mit Herausgabe der Neuauflage des Greinabuches 1997, wie ich von den Beteiligten vernommen habe.

Für diese außergewöhnliche Leistung möchte ich allen Beteiligten herzlich danken und ihnen gratulieren. In erster Linie den beiden Gemeinden Vrin und Sumvitg, zusammen mit der Schweizerischen Greina-Stiftung und ihren Parlamentariern, die dieses nationale Konzept unermüdlich, konsequent und mit allen demokratischen Mitteln durchgezogen haben. Eine große Anerkennung gebührt auch allen übrigen Beteiligten, den Natur- und Umweltorganisationen, den Naturschützer/innen, den Künstlern und allen Greinafreunden, die zu diesem großen Erfolg beigetragen haben.

Die Gemeinden Vrin und Sumvitg sind die Garanten für die Erhaltung dieses Naturdenkmals. Die beiden Bündner Gemeinden werden die Greina 1998 zum 150. Geburtstag der Eidgenossenschaft unseren 7 Mio. Einwohnerinnen und Einwohnern widmen, als Dank für die gemeinsam von allen Bewohnern des Landes getragenen Ausgleichsleistungen. Diese wegweisende solidarische und kulturelle Leistung erachte ich als beispielhaft und vorbildlich für viele andere Schweizer Gemeinden. Damit gehen wir meiner Meinung nach einen weiteren wichtigen Schritt: Von der am Ende des letzten und Anfang dieses Jahrhunderts pionierhaften Nationalparkidee mit dem praktisch absoluten Schutz eines streng abgegrenzten Naturschutzgebietes kommen wir so zu einem integralen Umweltschutz für das 21. Jahrhundert, welcher alle Lebens- und Gesellschaftsbereiche und alle Wirtschaftssektoren nachhaltig miteinbezieht.

Gestatten Sie abschließend, daß ich das Greina-Beispiel auch als Vorbild nehme für das Landschaftskonzept Schweiz mit der «Partnerschaft Landschaft». Hier, am Fuße der Greina, wird vorgelebt, wie «Schützer» und «Nützer» im Dialog zu einer Lösung gelangen können, die eine nachhaltige Landschaftsentwicklung im Kanton Graubünden und im Tessin ermöglicht. Es ist eine einvernehmliche und sanfte Strategie, die alles umfaßt: Leben, Arbeiten und Erholung; im Dialog wird eine echte nachhaltige Wirtschafts- und Gesellschaftsentwicklung für die Zukunft integriert. Dem eingangs erwähnten Auftrag des Schweizer Souveräns in unserer Bundesverfassung sind wir – nach vielen politischen Auseinandersetzungen – in demokratischer Weise – nachgekommen. Die Greina mit ihren Gemeinden rund um diese einmalige Hochgebirgslandschaft und alle an diesem Erfolg Beteiligten sind uns Beispiel und Vorbild.

Bern/Sumvitg, 5. August 1997

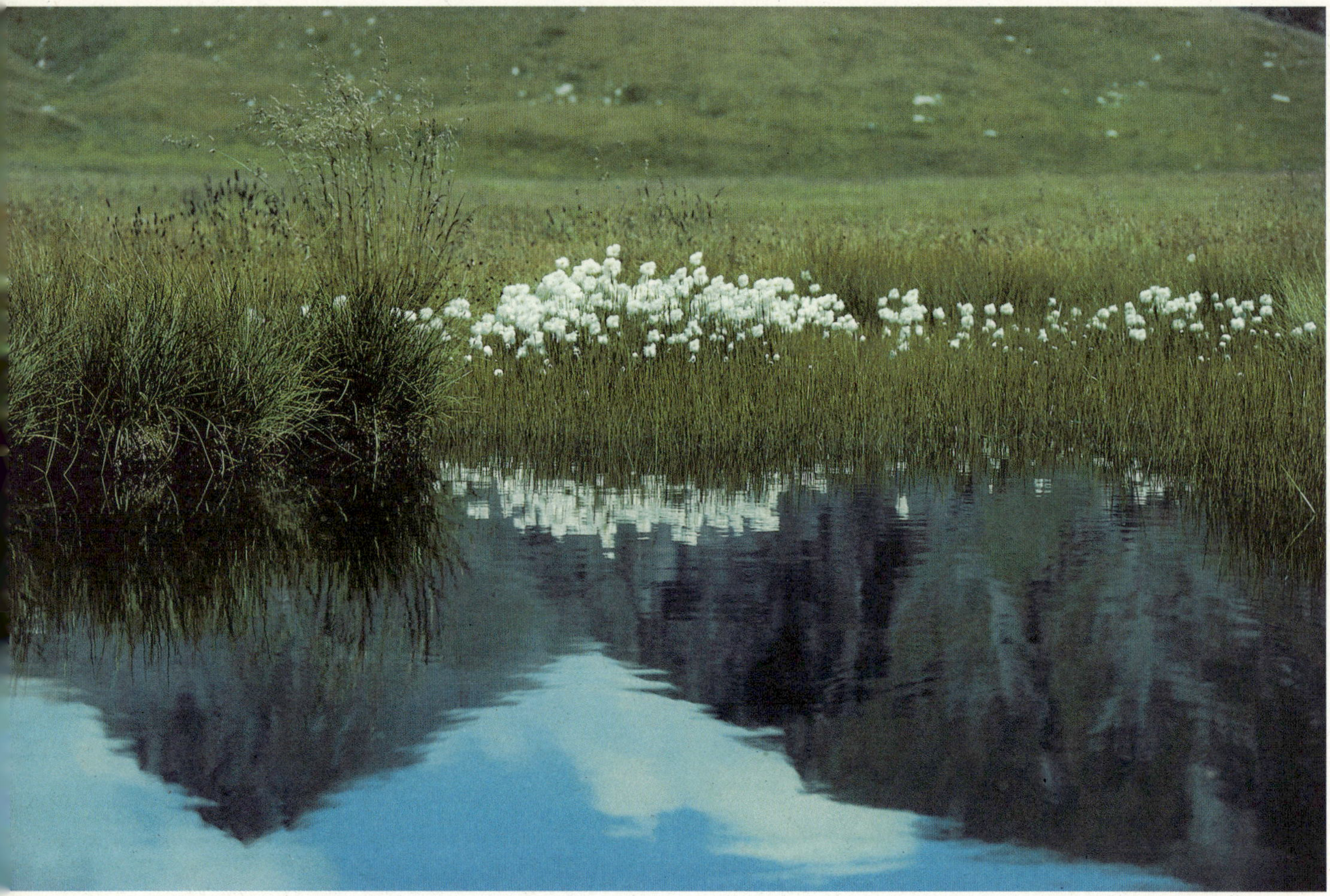

In den wasserreichen Bergkantonen Graubünden und Wallis erhalten 15 Gemeinden (Gemeinden Chalais, Grône und Nax/VS in Abklärung) Ausgleichsbeiträge für die Unterschutzstellung von Landschaften.
Tümpel mit Scheuchzerschem Wollgras auf Plaun la Greina (S.2); rechts das obere Val de Réchy mit der von der Hochebene l'Ar de Tsan herabstürzenden Rèche. Braungebrannte Holzhäuser in der Dorfmitte von Binn.

Greina für das Schweizer Volk 1998 – ein Beitrag der Gemeinden Vrin und Sumvitg zur «Partnerschaft Landschaft»

Francestg Degonda, president communal, Sumvitg
Gion Caminada, president communal, Vrin

I. Einleitung

Im Verlaufe des 20. Jahrhunderts wurden verschiedene Projekte ausgearbeitet, den beiden Berggemeinden Vrin und Sumvitg vorgelegt und genehmigt. Unsere Gemeinden sind, wie die meisten im Berggebiet, in keiner beneidenswerten finanziellen Situation. Bei einem Bau des 1957 geplanten Greina-Kraftwerkes hätten beide Gemeinden nach einer Inbetriebnahme mit Einnahmen von rund 2,4 Mio. Franken pro Jahr rechnen können. Mit der Nutzung dieser eigenen Ressourcen hofften wir, eine grundlegende Verbesserung unserer Gemeindefinanzen zu erreichen, um unsere öffentlichen Aufgaben und dringende Vorhaben im Bereiche der Abwässer und des Gewässerschutzes, der Berglandwirtschaft, der Waldwirtschaft und der Lawinenverbauung realisieren zu können.

Die Gemeinde Vrin ist seit Bestehen des interkommunalen Finanzausgleichs (1958) finanzausgleichsberechtigt. Ohne jährliche Beiträge aus dem Finanzausgleichsfonds war die Gemeinde bisher – trotz Ausschöpfung aller zur Verfügung stehenden Einnahmequellen und Erhebung höchst zulässiger Steuern und Abgaben – nicht in der Lage, den ordentlichen Finanzhaushalt im Gleichgewicht zu halten. Die anstehenden und dringenden Investitionen, wie z.B. eine Abwasserreinigungsanlage für ca. 2,7 Mio. Franken, die Alpsanierung und die Aufforstung eines lawinengefährdeten Gebietes mußten immer wieder aufgeschoben werden. Die notwendige Sanierung des Schulhauses (ca. 3,4 Mio. Franken) kann laut Bericht des Gemeindeinspektorates nur realisiert werden, wenn zusätzliche Einnahmequellen erschlossen werden können. Dazu kommen noch weitere notwendige Investitionen.

Nicht viel besser ergeht es der Gemeinde Sumvitg, wenn man die sich laufend verschlechternde Finanzlage und die Nettoverschuldung (pro Kopf) im Verhältnis zur Bevölkerung vergleicht. 1980 betrug die Nettoverschuldung noch 600 Franken pro Kopf, 1984 bereits 4000 Franken und 1988 5000 Franken und 1992 6700 Franken. Während der Wald früher eine solide Einnahmequelle bildete, haben sich diese Einnahmen in den letzten Jahren um 73 Prozent verringert. Auf der anderen Seite belasteten die unabwendbaren Investitionen infolge Naturkatastrophen (Bergsturz 1980, Lawinenjahr 1984, Unwetter 1987, Vivian 1990) unsere Berggemeinde immer mehr. Die

Kosten für die in der Folge erstellten Projekte für einen Tunnelbau, Lawinenverbauungen, Aufforstungen und Wuhrbauten beliefen sich auf rund 45 Millionen Franken. Davon sind bis heute rund zwei Drittel verbaut worden. Auch wenn sich Bund und Kanton bei der Subventionszusprechung für diese Bauvorhaben großzügig gezeigt haben, verbleiben der Gemeinde noch Restkosten im Umfange von 15 Prozent. Eine Alpmelioration wird die Gemeindekasse mit 850 000 Franken belasten. Die Gemeindekanalisation kostet Sumvitg nach ihrer Fertigstellung 7,5 Millionen Franken. Die Kosten für die vorgesehene Sanierung der Gemeindestraße in Val Sumvitg sind auf ca. 3 Millionen Franken veranschlagt worden. Zu den zusätzlichen finanziellen Belastungen des Gemeindefiskus kommen noch die üblichen Auslagen eines öffentlichen Haushaltes. Aus der Sicht der Gemeinden ist klar, daß sie auf den Bau dieses Kraftwerkes und auf die entsprechenden Einnahmen sehr angewiesen waren und sich dadurch einen Aufschwung erhofft hatten.

Das geplante Wasserkraftwerk-Projekt Greina war indessen zusehends durch zahlreiche Auseinandersetzungen, insbesondere in Naturschutz- und Künstlerkreisen, begleitet. Schutz- und Nutzinteressen standen sich zeitweise unversöhnlich gegenüber. Die harten Auseinandersetzungen um die Erhaltung der Vorderrheinlandschaft und gegen den Bau der Ilanzer Kraftwerke ließen – aus der Sicht der Gemeinden – nichts Gutes erwarten. Entsprechend reichte der erste Präsident der Schweizerischen Greina-Stiftung (SGS), alt Nationalrat Dr. Erwin Akeret sel., 1983 einen entsprechenden Vorstoß im Nationalrat ein. Bereits damals wurden seitens der «Pro Rein Anteriur» mit der Energieinitiative und seitens der Schweizerischen Greina-Stiftung (SGS) mit dem Landschaftsrappen nicht nur der einseitige Schutz, sondern auch Ausgleichsleistungen zu Gunsten der Gemeinden verlangt. Da solche Ausgleichs-Lösungen noch nirgends realisiert waren, trauten unsere Gemeinden solchen Versprechungen wenig.

II. Eine neue Dimension im Umweltschutz
Im Herbst 1986 beschlossen die Nordostschweizerischen Kraftwerke (NOK) als Konzessionärin, den Bau des Greina-Kraftwerkes doch nicht auszuführen. Damit hatten die jahrelangen

Auseinandersetzungen und Konzessionsverlängerungen ein Ende. Eine neue Epoche begann. Bisher war man auf Bundesebene und in politischen Kreisen der Meinung, daß Gemeinden, welche Landschaften von nationaler Bedeutung erhalten, für diese nationalen Denkmäler selber aufzukommen hätten. Die Schweizerische Greina-Stiftung schlug hier einen neuen Weg vor. Gestützt auf Art. 24^{sexies} der Bundesverfassung (BV) sollten Ausgleichsleistungen im Sinne des Landschaftsrappens an die Gemeinden ausgerichtet werden. Mit der Belastung der Hydroelektrizität von max. 1 Rp./kWh sollten die Gemeinden angemessen entschädigt werden. Dies sollte vor allem für jene Gemeinden gelten, welche Landschaften von überregionaler oder von nationaler Bedeutung unter Schutz stellen. Denn damit erfüllen sie eine Bundesaufgabe, wofür sie angemessen entschädigt werden sollten. Die Unterschutzstellung einer Landschaft bedeutet nämlich für die Gemeinden Verzicht auf eine weitergehende Nutzung ihres kommunalen Hoheitsgebietes. Wenn die Unterschutzstellung und die Erhaltung von Landschaften von nationaler Bedeutung im Bundesinteresse liegt, so geht es nicht an, daß die Gemeinden diese Bundesaufgabe allein tragen.

Die Begründung für die verfassungskonforme Rechtsgrundlage zur Durchsetzung dieser Ansprüche zu Gunsten der Gemeinden in der Form des Landschaftsrappens setzte Ständerat Prof. Dr. René Rhinow mit seinem Rechtsgutachten im Oktober 1987. Gestützt darauf wurde ein entsprechender Vorstoß in der vorberatenden Kommission durch Ständerätin Esther Bührer lanciert. Bei der ersten Abstimmung in der Kommission erzielte sie eine Stimme, später im Rat unterlag der Antrag mit 19 zu 9 Stimmen. Doch bereits besser sah es in der zweiten Kammer aus, als im Juni 1989 der Nationalrat überraschend dem Landschaftsrappen zustimmte. In diesem Bereich erwiesen sich insbesondere die Stiftungsräte der SGS als sehr erfolgreich. Dreimal stimmte der Nationalrat zwischen 1987 und 1990 dem Konzept des Landschaftsrappens zu. Leider stimmte der Ständerat viermal dagegen.

Schließlich wurde eine Kompromißlösung gefunden, sodaß die Ausgleichsleistungen der Bundeskasse entnommen werden konnten. Diese gesetzliche Regelung wurde am 17. Mai 1992 durch die Volksabstimmung genehmigt. Einen erneuten

Angriff, diese Ausgleichsleistungen aufzuheben, unternahm der Bundesrat Ende 1994. Um angeblich Bundesausgaben einzusparen, sollten die Ausgleichsleistungen, welche soeben vom Volk angenommen worden waren, wieder aufgehoben werden. Dagegen wurde vor allem seitens der Schweizerischen Greina-Stiftung und der Parlamentarier im Stiftungsrat eine massive nationale Kampagne lanciert. Diese wurde unterstützt durch eine klare Stellungnahme von 18 der bedeutendsten Staats- und Verwaltungsrechtsprofessoren der Schweiz, welche eindringlich ersuchten, auf eine Streichung eines Bundesgesetzes, welches soeben vom Volk angenommen worden war, zu verzichten. Die Streichungsanträge hatten weder im Nationalrat noch im Ständerat Erfolg, sodaß die Ausgleichsregelung 1995 im Gesetz bestehen blieb.

Nach jahrelanger Arbeit und harten Auseinandersetzungen war das Ziel nun erreicht: Eine der schönsten alpinen Hochebenen zwischen Nizza und Wien kann erhalten werden, ohne daß dies zu Lasten der finanzschwachen Berggemeinden und deren Bergbevölkerung geht! Dieses Beispiel möge als Ansporn für weitere Taten im öffentlichen Interesse gelten: Die SGS wurde mit ihrer Idee des Landschaftsrappens zuerst kaum ernstgenommen und eher belächelt, dann politisch bekämpft. Heute ist diese «neue Dimension im Umweltschutz», wie die NZZ im August 1995 schrieb, eine Selbstverständlichkeit – und im Bundesrecht verankert.

1996 wurde der Landschaftsfranken durch den SGS-Stiftungsrat und Ständerat Dr. Thomas Onken eingeleitet. Sowohl Ständerat wie Nationalrat stimmten diesem Vorhaben anläßlich der Erhöhung des Wasserzinses von 54 auf 80 Franken zu, sodaß die Finanzierung der Ausgleichsleistungen nun verursachergerecht und ohne Belastung der Bundeskasse möglich wurde. 1996 war für die Gemeinden aber auch in anderer Hinsicht ein erfreuliches Jahr. Die Stiftung für Landschaftsschutz übergab eine Million Franken, welche sie von einem Vermächtnis zu Gunsten der Greina erhalten hatte.

Erfreulicherweise hat der Bundesrat nun beschlossen, das revidierte Wasserrechtsgesetz auf den 1. Mai 1997 in Kraft zu setzen. Aufgrund der Aufteilung zwischen den Gemeinden und dem Kanton Graubünden erhalten unsere Gemeinden ab Mai 1997 erstmals rund 1 Mio. Franken pro Jahr oder rund

40% des ursprünglich geplanten jährlichen Ertrages, wenn das Wasserkraftwerk gebaut worden wäre. In einer Motion der SGS-Vizepräsidentin Menga Danuser, welche der Nationalrat am 4. Oktober 1993 als Postulat überwies, wurde eine Million Franken für beide Gemeinden Vrin und Sumvitg gefordert. Nachdem dieses Ziel vor gut 10 Jahren durch die SGS gesetzt wurde und heute, rund 10 Jahre später, eingelöst ist, können wir als Vertreter der Gemeinden jetzt bekanntgeben: «Die SGS hat ihre Versprechen gehalten und unsere Gemeinden haben ihre Ziele 1997 erreicht. Wir danken allen für den uneigennützigen Einsatz, die unzählbaren Schreiben und Verhandlungen sowie für die sehr angenehme und erfolgreiche Zusammenarbeit zu Gunsten der Greina seit 1987. Eine einzigartige Landschaft von nationaler Bedeutung wird im heutigen Zustand für die kommenden Generationen erhalten.»

III. Bündner Gemeinden widmen die Greina-Hochebene dem Schweizer Volk

Mit dem «Pilotprojekt Greina» bekunden die betroffenen Gemeinden Vrin und Sumvitg, daß das Bewahren dieser einzigartigen naturnahen Hochebene für kommende Generationen keinen absoluten Verzicht auf Nutzung beinhalten muß. Vielmehr geht es ihnen darum, vorzuleben, daß «Schützer» und «Nutzer» im Dialog zu einer Lösung gelangen können, die eine nachhaltige Landschaftsentwicklung garantiert. Das entspricht der neuen Strategie im Natur- und Landschaftsschutz, wie sie im Entwurf zum Landschaftskonzept Schweiz, einem Konzept zur Verbesserung der Anliegen von Natur und Landschaft auf Bundesebene, mit dem Leitmotiv «Partnerschaft Landschaft» zum Ausdruck kommt und durch den Bund umgesetzt werden soll. Die Ausgleichsleistungen ermöglichen die bisherige karge Bewirtschaftung dieser alpinen Natur- und Kulturlandschaft. Für 40 Jahre garantieren die Gemeinden Sumvitg und Vrin die Erhaltung und Nutzung der Landschaft im heutigen Sinne.

Zur Greina gehören auch ihre einzigartige Fauna, neben den Wildtieren die Schafe, Ziegen, Kühe, Rinder und Kälber, die dort jeden Sommer weiden, ihre einzigartige Fauna mit den unersetzlichen Pflanzen sowie alle in diesem Raum lebenden Menschen.

Ein weiterer neuzeitlicher Faktor ist der Tourismus in den zur Greina angrenzenden Bündner und Tessiner Tälern. Die große Auslastung der Terri- und der Motterascio-Hütte belegt, daß die Greina-Wanderin und der Greina-Wanderer im Sinne eines sanften Tourismus ebenfalls zum Landschaftsbild gehören. Beizufügen ist aber auch, daß die Bewanderung dieses Gebietes nicht wildes Campieren bedeuten kann und darf. Auf der ganzen Strecke und im ganzen Greina-Gebiet dürfen keine Abfälle hinterlassen werden. Es geht auch nicht an, daß Greina-Wanderer kreuz und quer durch die noch ungemähten Wiesen und Felder laufen und alles niedertrampeln. Wer durch diese Fluß- und Gebirgslandschaft wandern will, soll keine Spuren hinterlassen, weder seltene Pflanzen ausreißen noch Hunde frei laufen, Herden vertreiben oder wilde Tiere jagen lassen. Wer keine Abfälle zurückläßt und die Greina-Route so verläßt, wie er sie angetroffen hat, ist aber stets willkommen (vgl. Greina-Wegleitung der Gemeinden mit der SGS und weiteren zuständigen Behörden).

Zum Anlaß des 150jährigen Geburtstags der Schweizerischen Eidgenossenschaft und als nachhaltiges Pilotprojekt für das 21. Jahrhundert widmen die beiden Gemeinden die einmalige Greina-Hochebene allen Einwohnerinnen und Einwohnern unseres Landes. Die Gemeinden Sumvitg und Vrin laden alle Einwohner/innen der Region, des Kantons und der Schweiz ein, unsere gemeinsame Greina-Region zu besuchen und sie im erwähnten partnerschaftlichen Sinne in Frieden mit der Natur zu erleben. Die Gemeinden Sumvitg und Vrin sind die Garanten dafür, daß diese Landschaft im heutigen Zustand und für die nächsten 40 Jahre für die 7 Mio. Einwohner unseres Landes erhalten wird. Die offizielle Widmung erfolgt am 5. August 1997 in Sumvitg durch die Gemeinden und im Beisein der kantonalen und der Bundesbehörden mit Frau Bundesrätin Ruth Dreifuss, Vorsteherin des Eidg. Departementes des Innern und Umweltministerin. Unsere Gemeinden haben sich als Garanten für diese Hochebene gegenüber dem Bund verpflichtet. Diese Pflicht ist auch ein Auftrag, das Schutzgebiet vor allen Veränderungen zu schützen, welche seine nationale Bedeutung schmälern könnten. Dafür bürgen unsere Gemeinden als Garanten eines nachhaltigen Landschaftskonzepts: Greina für das Schweizer Volk 1998.

**IV. Neuauflage Buch «La Greina.
Das Hochtal zwischen Sumvitg und Blenio»**

Am Ende dieses 20. Jahrhunderts zeigt sich, daß verschiedene Kräfte aus allen Landesteilen sich für das Greinagebiet interessierten und auch mitzubestimmen versuchten. Die betroffenen Gemeinden konnten nicht immer alles selbst entscheiden, sondern mußten teilweise Rücksicht nehmen auf wirtschaftliche, politische und rechtliche Entscheidungen, welche oft außerhalb dieser betroffenen Region getroffen wurden. Mit der heutigen Regelung der verfassungsmäßig begründeten und bundesrechtlich verankerten Ausgleichsleistungen ist nun im Rahmen des geltenden Rechts die Chance für die Gemeinden Vrin und Sumvitg gekommen, selbst die Entscheidungen zu treffen und neue Visionen für das 21. Jahrhundert umzusetzen. Anstelle und ergänzend zum damals wohl pionierhaften «Nationalpark-Gedanken», mit der praktisch uneingeschränkten Erhaltung eines klar ausgeschiedenen Naturschutz-Gebietes, soll für die Zukunft das nachhaltige und umweltverträgliche Leben, Wirtschaften, Erholung für Einheimische und Gäste in einer grenzüberschreitenden Landschaft, in einer ganzen Region, im ganzen Land möglich werden...

Diese wegweisende Richtung einer echten nachhaltigen Raumentwicklung für die Nutz- und Schutzinteressen im 21. Jahrhundert soll mit einer gemeinsamen Herausgabe und Neuauflage des 1995 – noch mitten in den Auseinandersetzungen konzipierten und 1996 als eines der «schönsten Schweizer Bücher» ausgezeichneten Bildbandes: «La Greina. Das Hochtal zwischen Sumvitg und Blenio» dokumentiert werden.

Sumvitg/Vrin, ils 5 d'uost 1997

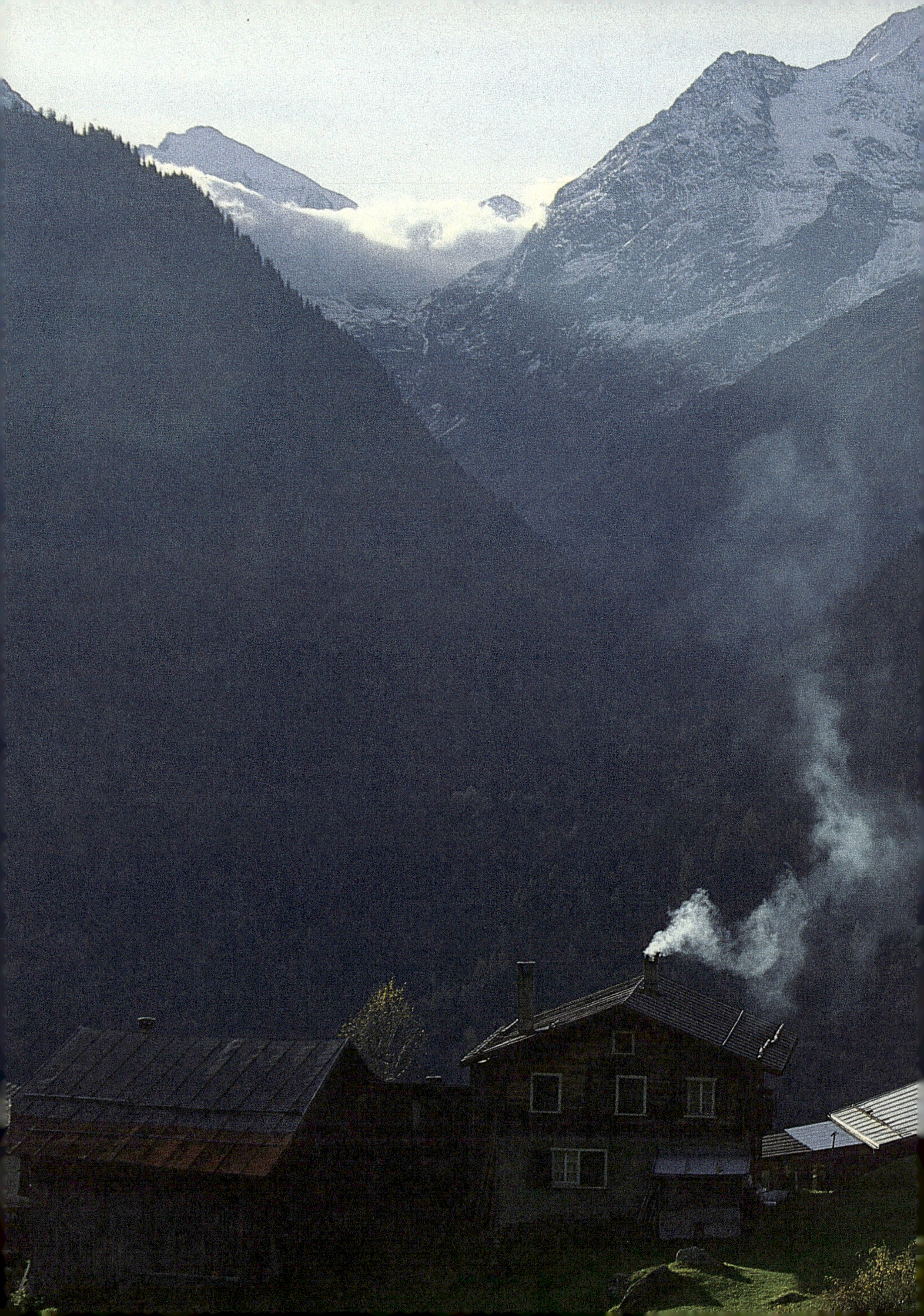

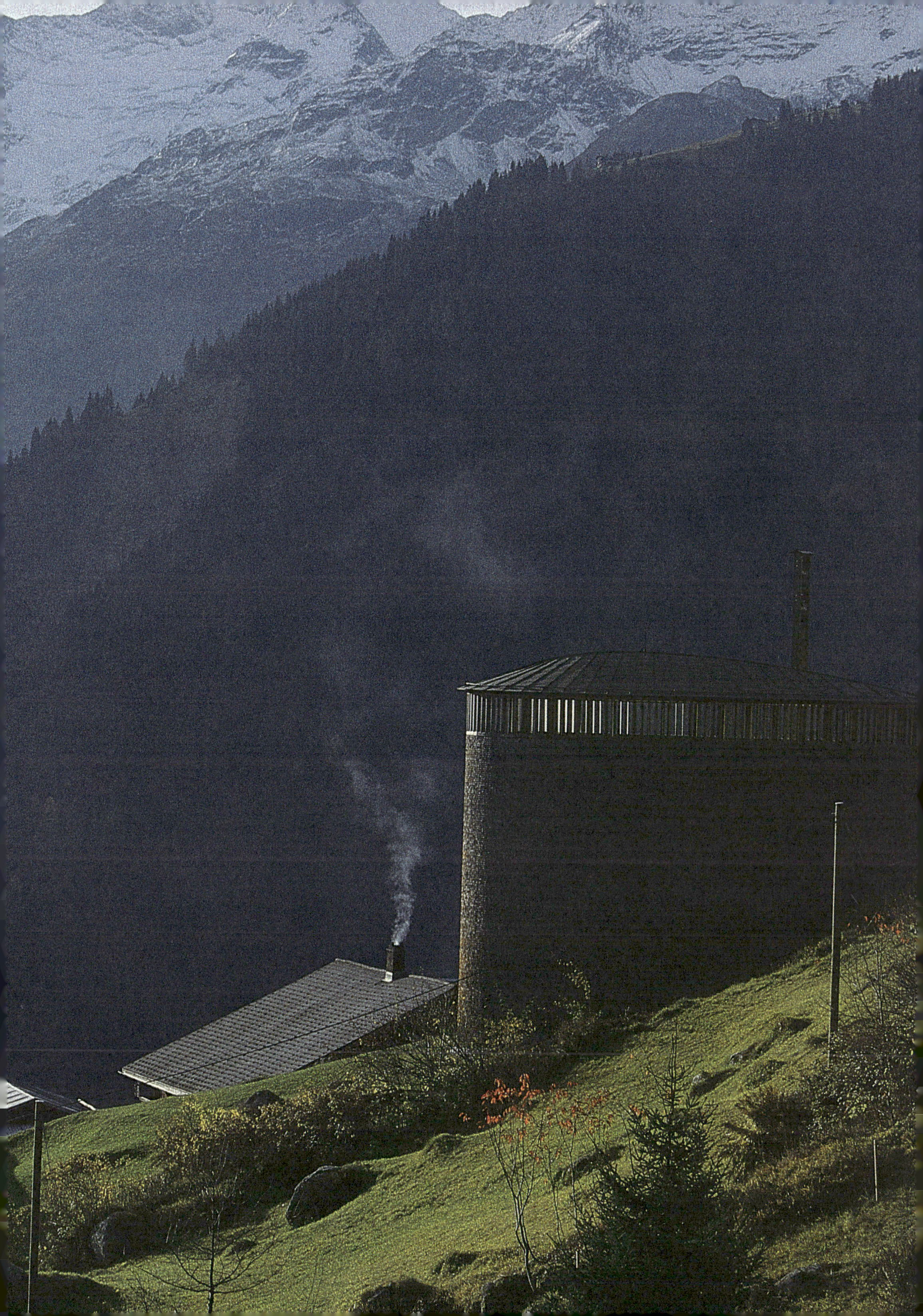

Die Greina, ihre Geschichte, ihre Menschen

Martin Bundi

Die Greinahochebene und ihr direktes Umland gehören nicht zu den geschichtsträchtigsten Landschaften der Alpen. Hier wickelte sich kaum je ein eigentlicher Transitverkehr ab. Die von Nordosten nach Südwesten orientierte Greinaachse lag im Schatten von Lukmanier und Gotthard einerseits und von Bernhardin- und Splügenpaß anderseits. Sie diente in der geschichtlichen Epoche vor allem einem lokalen Warenverkehr und der Viehwirtschaft. Nicht unbedeutend war aber ihre Verbindungsfunktion in vorgeschichtlicher Zeit.

Bronzezeitleute, Räter und Lepontier

Aus der Bronzezeit stammt die Siedlung Crestaulta in Surin bei Lumbrein, auf der rechten Seite des Glenners (Glogn) gelegen. Sie wurde in den dreißiger Jahren unseres Jahrhunderts entdeckt und ausgegraben und repräsentiert eine bis dahin unbekannte inneralpine Sonderkultur, die um 1400 vor Chr. begann und bis ca. 800 vor Chr. andauerte. Nebst zehn Wohnhütten im Ständerbau fanden sich hier ein Töpferbrennofen, mehrere Gräber, eine große Zahl von Bronzegegenständen und -schmuckstücken und eine reiche Ausbeute an Keramikscherben, nämlich Randstücke von etwa 450 Gefäßen. Die Siedlung gehört zur sogenannten bronzezeitlichen Urnenfelder- und Hügelgräberkultur. Technik und Dekor der Töpfe, insbesondere der sogenannten Buckelgefäße, verweisen auf Parallelen in Norditalien, Ungarn und in der Lausitz. Die Zugehörigkeit der Crestaulta-Volksgruppe zum Kreis der ligurischen und illyrischen Völker wurde von der Wissenschaft erwogen, aber nicht endgültig geklärt. Eine bei den Thermen in Vals aufgefundene Henkel-Scherbe und der Buckeltopf von Castione weisen Parallelen mit der Crestaulta-Kultur auf und deuten auf gegenseitige Kontakte im Raume der Greinalandschaft hin.

Diese Verbindungen setzten sich in der darauffolgenden Eisenzeit fort, die zur Hauptsache die Periode der Räter war (800 vor Chr. bis ca. Christi Geburt). Darauf weist schon einmal der Talname Lugnez hin, romanisch Lumnezia, mit seinen ältesten Formen «Legunitia, Leunicia, Leunizze» (zwischen 1204 bis 1281), der wie derjenige der Leventina im Tessin auf die Lepontier, einen Stamm der keltischen Volksgruppe im Tessin, zurückgeht und sich aus einer Urform Leponitia entwickelt hat. An die rätische Besiedlung erinnert der Flurname Patnaul; er eignet heute einer Alp südlich Vrin (2050 m) und der darüberliegenden nach Vals führenden Fuorcla (2773 m); seine Wurzel ist auch im jenseits des Kammes vorkommenden valserischen Alpgeländenamen «Bidanätsch» enthalten (erste urkundl. Nennungen 1375 «gut Padenaus», 1469 Alp «Pedenal»). Zugrunde liegt diesen Formen der rätische Wortstamm pitino, der ursprünglich eine befestigte Hügelburg oder Wehranlage bedeutete. Daraus sind die an etwa 30 Orten im alten churrätischen Raum nachweisbaren Namen Patnal mit seinen Nebenformen Pedenal, Padanal, Purnal, Patnaul entstanden. Nun scheint es im Falle von Vrin, daß ab dem Zeitpunkt, da der dortige Patnal nicht mehr als Hügelbefestigung benutzt wurde (wohl etwa die Epoche der römischen Eroberung), der Name gewandert ist, aufwärts zum Berggut Pardatsch, dann zur Alp und zur Fuorcla Patnaul und schließlich gar bis jenseits des Grats. Ursprünglich war aber Patnaul vermutlich die Bezeichnung für den markanten Hügel und Felskopf südlich Cons (1512 m), situiert in strategisch äußerst günstiger Position an der Abzweigung zweier Wege, die in Richtung Greinaebene und Bleniotal, aber auch nach Vals verliefen. Diese Lage deutet auf einen in diesem Talteil in urgeschichtlicher Zeit rechts des Glenners von Crestaulta/Sur-in einwärts führenden Weg.

Älteste schriftliche Belege

Seit den Zeugnissen der Archäologie und den Spuren im Gelände aus der prähistorischen Ära verging eine längere Zeit, in der keine Quellen Aufschluß geben über Land und Leute, Besiedlung und Bewirtschaftung des Greinaeinzugsgebietes. Es ist anzunehmen, daß mit der Eroberung Rätiens durch die Römer um Christi Geburt sich auch deren Machteinfluß schließlich bis in die hintersten Gebigstäler und befestigten Bergkuppen erstreckte. Allein die Römer unterließen es, neue Siedlungen in derart abgelegenen Gegenden, wie es die Landschaften rund um die Greinahochebene waren und die nicht für ihren Straßenverkehr in Frage kamen, zu bauen. So mag hier ein Rest von ehemals rätischen Niederlassungen weiterbestanden haben. Diese erhielten Verstärkung und Ausbau im Zuge der romanischen Landnahme des 8./9. Jahrhunderts und dann während der großen mittelalterlichen Rodungsbewegung des 12./13. Jahrhunderts. In diesem letztgenannten Zeitabschnitt treten denn auch die ersten urkundlichen Belege der Greina und der ihr benachbarten Siedlungen auf. Die frühesten stammen von der Alpensüdseite, vom Bleniotal. So erscheint der Name Greina als «culmen de Agrena» 1182, und zwar als Grenzbezeichnung des Souveränitätsgebietes der beiden Talschaften Leventina und Blenio im Osten. Die Nachbarn der beiden Täler hatten nämlich in diesem Jahr den berühmten Eid von Torre geleistet, in welchem sie erklärten, daß sie keinen Podestaten (insbesondere der Familie Torre) als Vorsitzenden ihrer Gerichtstage duldeten und daß keine Burgen ohne ihre Erlaubnis errichtet werden durften. Sie banden gleichzeitig den großen Einfluß der mächtigsten Talfamilie, der Torre, zurück, die über großen Besitz und Rechte an der Allmende von Olivone verfügte, so bis zur Preda Porcharia an der Greina und bis zum Kreuz auf dem Lukmanier. Von 1204 bis 1343 gingen große Teile von Alpen der Torre im Einzugsbereich von Olivone und Campo, vor allem im Camadratal und Luzzonegebiet, von den Torre an die freien Nachbarn (liberi vicini) von Olivone über. In den Urkunden der Zeit wurde das gesamte Gebiet nordöstlich von Olivone bis zur Greina-Hochebene Agairone genannt («ubi dicitur in pertinentia Agairono»). Die Namen Agairono und Ghirone, das Gebiet nördlich Campo di Blenio mit Baselga und Cozzera (ca. 1300 m), haben den gleichen Ursprung wie der Name Greina. In den Erklärungsversuchen des Wortes Greina erwog die Sprachwissenschaft einerseits die Entstehung aus dem rätoromanischen «crena» (Kerbe, Einschnitt) unter Beeinflussung durch die deutsche Form «Krinne», was als eine Vertiefung im Boden und eine Einsattelung zwischen Bergen zu verstehen wäre, und anderseits die Ableitung von einem lepontischen Typus «karena» in der Bedeutung von Hirsch. Die Urkunden bezeugen das Vorkommen des Namens früher auf der Südseite, wo er zuerst für niedriger gelegene Gebiete der Val Camadra verwendet und später auf das Areal der Greinaebene projiziert wurde.

Von der Nordseite her wird die Greina erstmals zwischen 1303 und 1311 erwähnt, und zwar als Grenzangabe der Grafschaft Laax nach Süden (neben Lukmanier, Bernhardin und

Septimer), in der Form «unz uf Agren»; «uff Agrenen» ist auch Grenzbezeichnung des Grauen Bundes 1451. Als Grenzpunkt muß wohl schon damals der Pass Crap (Passo della Greina) auf 2362 m gegolten haben, der die Wasserscheide zwischen Brenno und Somvixer Rhein bildet und Vrin von Olivone, das Lugnez vom Bleniotal und Graubünden vom Tessin trennt. – In Zusammenhang mit der Reduktion der Besitzungen der Torre im Bleniotal werden auch Beziehungen zum Lugnez sichtbar. Um 1298 war ein Johannes de Turre in Lumbrein im Lugnez niedergelassen («in Lamareno vallis Logoneze de Cruara»). Er mußte schon längere Zeit hier wohnhaft gewesen sein, da er sich entschloß, seinen gesamten Besitz an liegenden Gütern in Blenio einem andern Zweig seiner Familie zu veräußern. Die Verlegung seines Wohnsitzes ins Lugnez setzte enge wirtschaftliche Beziehungen voraus, die auch geeignet waren, den Besiedlungsvorgängen in den Hochlagen des Oberlugnez Vorschub zu leisten.

Intensive Besiedlung und Alpnutzung im Spätmittelalter

Vom 13. bis 16. Jahrhundert erlebte der Raum der Greinalandschaft seine dynamischste Entwicklung. Von Norden und Süden stießen die Leute in die Seitentäler hinein und errichteten in weitabgelegenen Höhenlagen neue Dauersiedlungen. Das Bleniotal war schon im 13. Jahrhundert stark ausgebaut und wies eine weit größere Bevölkerung auf als heute. In Baselga im Gebiet von Ghirone/Campo di Blenio stand bereits eine Pfarrkirche. Für die aufstrebende Landwirtschaft dieser Zeit besaßen die Bleniotaler Gemeinden, mit Ausnahme von Olivone, zu wenig Alpweiden. Sie richteten deshalb ihr Augenmerk auf die ausgedehnten Weidegründe der nördlichen Abdachung der Alpen. Nachdem es ihnen gelang, mit den Eigentümern im Norden Pacht- und Kaufverträge für die Alpnutzung abzuschließen, errichteten sie über die hohen Alpketten zum Teil kunstvoll angelegte Saum- und Viehwege. Manche Bewohner des Südens nahmen denn auch in Zusammenhang mit der sommerlichen Viehwirtschaft dauernd Domizil auf der Nordseite. Zu ihnen dürfte eine um 1325 in Vals bezeugte Familie Brenno gehört haben. Im Einzugsbereich der Gemeinde Vrin sind seit dem 14. Jahrhundert viele

Hofsiedlungen nachgewiesen. Im Jahre 1375 wohnt ein Johannes, Sohn eines Hans, in Vanescha (1789 m), einer damaligen Weilersiedlung mit Kapelle weit hinten am Glogn. Ihm übergab Adelhaid von Muntalta, geb. Belmont, das Gut Pardatsch/Padenaus (1586 m) weiter vorne als Erblehen. Im Hinterland von Vanescha, im Alpgebiet von Glengias, erwarben sich als erste Bleniotaler die Nachbarn von Aquila sukzessive Alprechte. Im Jahre 1447 verpfändeten einige Vriner den Nachbarn von «dadager von Blentz» – Ager/Egro oder Aigra/Daigra war die alte Bezeichnung für den Dorfkern von Aquila – ihre Rechte in den Alpen in Blengias; 1454 und 1455 kamen weitere dazu. – Seit 1469 beteiligte sich auch die im untersten Abschnitt des Bleniotales gelegene Gemeinde Semione am Wettbewerb um die Alpweiden nördlich der Wasserscheide. In diesem Jahr kauften nämlich die Nachbarn von Semione von Dorothea von Putz (Vrin) die Alp Pedenal (2050 m) und bis 1489 von diversen weiteren Privatpersonen von Vrin eine Reihe von Alprechten in Diesrut, Zamuor und Blengias (u. a. «zwölf Alprechte in Canal zu Vanescha»; Canal war damals die Bezeichnung für den oberen Teil der Alp Blengias). Diese Verkäufe waren ohne Erlaubnis der Talgemeinde Lugnez getätigt worden, was zu diversen späteren gerichtlichen Interventionen führte, die aber den Handel nicht rückgängig machen konnten. Um zu ihrem Alpgebiet in Patnaul zu gelangen, brauchten die Leute von Semione noch ein gesichertes Wegrecht. Sie erwarben es 1473 «durch unser alb hinder veneschen gelegen unz in die alpen genent plengas und ouch schlurboden ouch hinder veneschen gelegen» zusammen mit Aquila um 13 rheinische Gulden und einen Saum Wein. Im Jahre 1478 verkauften 21 Nachbarn von Vrin der Gemeinde Aquila alle ihre Alprechte in den Alpen Blengias und Scharboden um 1050 Gulden. Unter den Verkäufern befanden sich die Erben eines Tschwann von Vanescha, darunter elf namentlich genannte Kinder, die größtenteils abgewandert waren. Sie dürften in ärmlichen Verhältnissen gelebt haben und konnten den Erlös aus den Verkäufen wohl gut gebrauchen. Die Gemeinde Aquila strebte noch weiteren Alpbesitz an. 1494 erwarb sie sich von der Talgemeinde Lugnez die Alp Agrena, d. h. die eigentliche Greinaebene, zu Erblehen und bezahlte dafür ein Antrittsgeld («ehrschatz») von 80 Gulden und einen jährlichen Zins von fünf Goldgulden. Die Lugnezer behielten sich nur die Weiderechte für ihre im Tale gehaltenen Pferde vor.

Die Reisen mit dem Vieh und der Rücktransport der Alpprodukte waren sehr mühsam. Semione hatte die längste Strecke zurückzulegen. Schwirig war bereits die Passage durch die enge und häufig verrüfnete Sosto-Schlucht oberhalb Olivone. Von Campo die Blenio weg standen zwei Wegvarianten zur Verfügung, die auch beide benutzt wurden: entweder über Monte Cesura in die Val Luzzone und Valle di Garzora und von dort nördlich zur Alp Motterascio und zum Pass Crusch (2259 m) in den Plaun la Greina, oder der Aufstieg durch die Val Camadra über die Scaletta (2148 m) zum Passo della Greina (2362 m) in die Greinaebene. Für die Fortsetzung in die nördlichen Alpen von Aquila und Semione gab es wieder zwei Wegmöglichkeiten: entweder über den Diesrutpaß (2428 m) in den Alpen von Diesrut und Zamuor oder von der Mitte des Plaun la Greina in die Val Canal und hinauf zur oberen Canallücke (ca. 2655 m) südlich des Piz Zamuor und von dort südwestlich hinunter zum Laghet und über Canal (oberer Teil der Alp Blengias) nach Blengias, Scharboden und Patnaul. Dieser letzte Übergang entsprach der in den Urkunden des Mittelalters genannten Vanescher Furca. Die Namensgebung im Raume der Greina ist sehr schwankend und fließend. So wurden Canal und Vanescha (von den Bleniotalern «Vinesia» genannt) für verschiedene Geländestücke gebraucht: als Orts-, Weg-, Tal- und Paßbezeichnung. Es ist auffallend, wie gerade im Einzugsbereich von Vanescha rätoromanische, italienische und deutsche Namen vorkommen (deutsch: Scharboden). Die häufig in Vanescha anzutreffende Person Tschwann deutet ferner auf starken südlichen Einfluß; es ist nicht auszuschließen, daß während einer gewissen Periode italienischsprachige Familien in Vanescha wohnten.

Ähnliche Beziehungen zum Süden wie in Vrin existierten auch im Hinterland von Vals. Hier gab es damals im Talhintergrund am Valserrhein, unter dem heutigen Stausee auf ca. 1800 m, die Dauersiedlung Zafreila. Gemäß der Tradition standen dort die ältesten Häuser des Valsertales, und danach wäre der Ort von Süden her über den Soredapaß bevölkert worden. Für diese Annahme sprechen diverse Indizien, darunter auch der Ortsname selbst; um 1300 hieß die ganze Alplandschaft um Zafreila «Seurera». Zafreila, Seurera und der Name des Passes Soreda gehen auf den gleichen Stamm zurück, nämlich auf «alpis superaria», womit die oberste Alp, oder vom Süden aus betrachtet, die über dem Berg liegende Alp gemeint war. In diesen hintersten Teilen des Valsertales besaßen denn auch mehrere Gemeinden des Bleniotales seit dem Hochmittelalter Weidegebiete für ihr Vieh. Schon vor dem ersten urkundlichen Auftreten wurden diese Gebiete nämlich «Lampartisch Alpen» genannt, d.h. Alpen der Lombarden, der Bleniotaler. Der Name «Lampertsch Alp» eignet heute noch dem Stafelareal (1992 m) am Eingang ins Läntatal, während es einst Kollektivbezeichnung für den gesamten Alpbesitz der Leute des Südens war.

Am 15. Juni 1451 erwarben sich die drei Gemeinden Ponte Valentino, Marolta und Castro im Bleniotal zu dem, was sie bereits besaßen, weitere Alprechte im Raume Zafreila, und zwar als Erblehen aus der Hand der Herren von Mont und von Sax. Dafür leisteten sie nebst einem Zins an diese beiden Herren auch eine jährliche Abgabe von zwölf Pfund Schmalz an die Kirche St. Peter in Vals. Kurze Zeit darauf erwarb sich die Gemeinde Prugiasco Alpbesitz in der von Zafreila nach Süden abzweigenden Val Canal. Damit verfügten fast alle Bleniotaler Gemeinden über Alpbesitz im Norden, im Einzugsgebiet des Vriner- und Valserrheins. Die Wege zu den «Lampatisch Alpen» waren nicht minder anstrengend als diejenigen über die Greina. Hier mußte das Vieh über Olivone durch die Sosto-Schlucht ins Luzzonetal, dann auf die Alp Scaradra und über den 2759 m hohen Soredapaß getrieben werden. Reste von Wegspuren am Nordostaufgang zum Paß lassen einen kunstvoll angelegten, etwa zwei Meter breiten Saumweg erkennen, der noch bis etwa 1890 benutzt worden war.

Kultureller Einfluß und gegenseitige Kontakte zwischen Nord und Süd

Am stärksten beeinflußten die Leute des Südens die Gegend von Vrin und Umgebung. So trägt die älteste Glocke der Gemeinde von 1394 die Inschrift «magister Anriolus de Lugano fecit hoc opus». Es ist anzunehmen, daß der Meister Anriolus diese Glocke in Lugano verfertigte und daß sie über die Pässe ins Lugnez transportiet wurde. Eine Reihe von Orts- und Flurnamen gehen ferner auf italienischen Ursprung zurück, was auch darauf hindeutet, daß allenfalls Leute aus dem Bleniotal zu den ersten Kolonisatoren mancher dieser Gegenden gehörten. Da ist einmal die Parallele des Weilernamens Pruastg der Gemeinde Lumbrein mit dem Namen der Bleniotaler Gemeinde Prugiasco, vermutlich ursprünglich die Bezeichnung einer Ochsenweide. Häufig tritt uns der Name Camadra entgegen, zuerst wohl nur als Bezeichnung der südwestlich des Greinapasses sich erstreckenden Val Camadra. 1548 ist im Vriner Gebiet in der Nähe von Ligiazun (1548 m) und Cons ein Hof Camadreng nachgewiesen (heute Gadenstatt Camadrein). Camadruns ist ferner ein Maiensäß auf einem Plateau oberhalb des Dorfes Vrin. Weitere Nennungen lassen sich talauswärts belegen, so in Lumbrein Camadra für Bergwiesen und in Cumbel ein urkundlich 1282 nachgewiesener Hof Camadringes. Der Name Blengias für einen 1511 bezeugten Hof (Blengas) auf 1785 m und für das sich anschließende Alptal steht mit dem Talnamen Blenio in Zusammenhang, an das es angrenzt. Aussagekräftig ist ferner der Flurname Plaun Lumbards, welcher sowohl auf der Alp Suraua im Vaneschatal als auch unterhalb der Alp Diesrut zwischen der Aua da Diesrut und der Aua da Ramosa anzutreffen ist. Im Plaun Lumbard in Diesrut stapelten die Semioner ihr Holz, das sie in den umliegenden Wäldern gerüstet und mit Eseln herantransportiert hatten und das sie für die Milchverarbeitung in den verschiedenen Alphütten benötigten. Hier war auch der Ruheplatz der «Lombarden» auf ihrer Reise nach Vrin und ebenfalls Versammlungs- und Begegnungsort in den direkten Beziehungen mit den Leuten des Lugnez.

In umgekehrter Richtung, d.h. von Norden nach Süden, sind wenige Einflüsse bemerkbar, was aber auch verständlich ist angesichts der kontinuierlichen Präsenz der Bleniotaler im Sommer auf den Alpen der Nordseite. Eine Besonderheit ist wohl die rätoromanische Namensgebung Baselga für den Weiler und Pfarrort in Ghirone/Campo de Blenio, wo sonst im Süden regelmäßig «chiesa» für Kirche verwendet wird. – Im übrigen aber waren die Leute des Nordens doch auch häufig im Süden präsent und unterhielten enge Kontakte mit der dortigen Bevölkerung. Viehhändler und Kaufleute aus dem

Lugnez begaben sich des öfteren über die Greina auf den Martinimarkt in Malvaglia, den Bartholomäusmarkt in Bellinzona, den Gallusmarkt in Roveredo oder auf den großen Jahrmarkt von Lugano. Noch bis zu Beginn unseres Jahrhunderts trieben sie Marktvieh über den Paß ins Tessin. Am begehrtesten waren bei Tessiner und italienischen Viehhändlern zweijährige verschnittene Stiere (romanisch: mutgs). Noch um 1900 zogen jeweilen anfangs September etwa zwei Bauern und drei Knaben als Viehtreiber mit ca. 70 Stück Vieh in acht bis zehn Stunden von Diesrut über die Greina bis Ghirone. Dort sowie in Olivone, Biasca und Bellinzona stießen stets wieder Händler zum Viehzug und kauften sich laufend Tiere aus der Herde, so daß nicht selten das für Lugano bestimmte Kontingent schon in Bellinzona ausverkauft war. Bis in die dreißiger Jahre wanderten einzelne Vriner im Herbst nach Ghirone, um Schweine einzukaufen, die sie über die Greina nach Hause führten.

Gegen Ende des Sommers herrschte in den Alpen rund um die Greina ein emsiges Treiben, wie es das Beispiel der Semioner zeigt. Die meisten Milchprodukte aus der Alpwirtschaft wie Käse, Butter und Ziger waren während des ganzen Sommers zweimal wöchentlich mit zwei Eseln bis Ghirone transportiert worden, wo die Semioner einen guten Keller besaßen. Die schönen Fettkäse aber wurden erst kurz vor der Alpentladung verlegt. Zu diesem Zwecke kamen auf den 7. September 10 bis 15 junge Frauen aus Semione über die Greina nach Diesrut und trugen die Käselaibe nach Vrin, von wo diese mit Pferdefuhrwerken nach Ilanz, Disentis und über den Lukmanier nach Semione gefahren wurden. Das größte Ereignis war der 8. September, der Feiertag von Maria Geburt und Vortag der Alpentladung. Da gab es in Diesrut einen regelrechten Marktbetrieb. Am Nachmittag fanden sich in der Alp viele Bleniotaler und Lugnezer ein, darunter eine Schar von Bauern und Händlern aus Vrin und dem übrigen Tal, die dort 30 bis 40 Stück Vieh aufkauften oder es in Winterpacht nahmen. Jetzt priesen die «Italienerinnen» ihre mitgebrachten Birnen und Äpfel und sonstige Spezialitäten an und boten dem versammelten Volk zum Kaffee-Schnaps, Honig und Kastanien an. Der gesellschaftliche Kontakt an diesem Anlaß soll Bindungen geschaffen haben, die ihre Spuren im Vriner

Kirchenbuch hinterlassen haben. Am 9. September war die Alpentladung. Während das Alppersonal und Bleniotaler Bauern das Vieh aus den diversen Alpen heimtrieben, oblag es den jungen Frauen, die gesömmerten Schweine in gemächlichem Tempo und mit viel Geduld über die Greina zu treiben.

Kurz nach der Jahrhundertwende erfolgte in Etappen der Rückzug der Bleniotaler aus dem nördlichen Alpgebiet. Mit jeder Gemeinde, die sich entschloß, ihre Alp jenseits des Gebirges aufzugeben, d.h. sie nicht mehr selbst zu bewirtschaften, wuchsen die Schwierigkeiten bei den übriggebliebenen, Weg und Steg zu unterhalten. Die großen Kosten des Alpbetriebes erzwangen schließlich dessen Aufgabe. Letzte Rückzugsstationen kennzeichnen z.B. die folgenden Handänderungen: 1925 verkaufte Semione ihre Alp Diesrut an Bauern von Breil/Brigels, und erst in den fünfziger Jahren erwarb sich die Kraftwerke Zevreila AG die Lampertschalp käuflich von der Gemeinde Aquila. Der letzte Pächter dieser Alp hatte noch bis 1972 nach altem Recht und Brauch der Kirche in Vals jährlich zwölf Krinnen Butter abgeliefert. Aber auch umgekehrt verzichtete das Lugnez auf Weiderechte jenseits des Diesrutpasses. 1923 verkaufte es seine Roßweiderechte in der Greina an die Gemeinde Aquila, nachdem seit Jahren davon kein Gebrauch mehr gemacht worden war.

So wurde es in der Greinalandschaft stiller. Die Erlebnisse des jungen Roßhirten vor etwa hundert Jahren, so wie sie der rätoromanische Schriftsteller Toni Halter in seinem «Cavale dalla Greina» einprägsam beschrieben hat, können nur erfühlt, nicht mehr erfahren werden. Umso beständiger und nachhaltiger ist aber die Schafsweidewirtschaft im Greinagebiet geblieben, die mit Ausdauer und Hingabe durch die Nachbarn von Somvix betrieben wird, obwohl diese Gemeinde territorial nur am Vorgelände der eigentlichen Greinahochebene beteiligt ist. Junge Leute können hier als Schafhirten neue Erfahrungen sammeln und auch philosophierend persönlichen Gewinn davontragen. Im übrigen hat sich nun die Greina endgültig zum Paradies von Individualtouristen und Alpinisten, Naturliebhabern und Humanisten gewandelt.

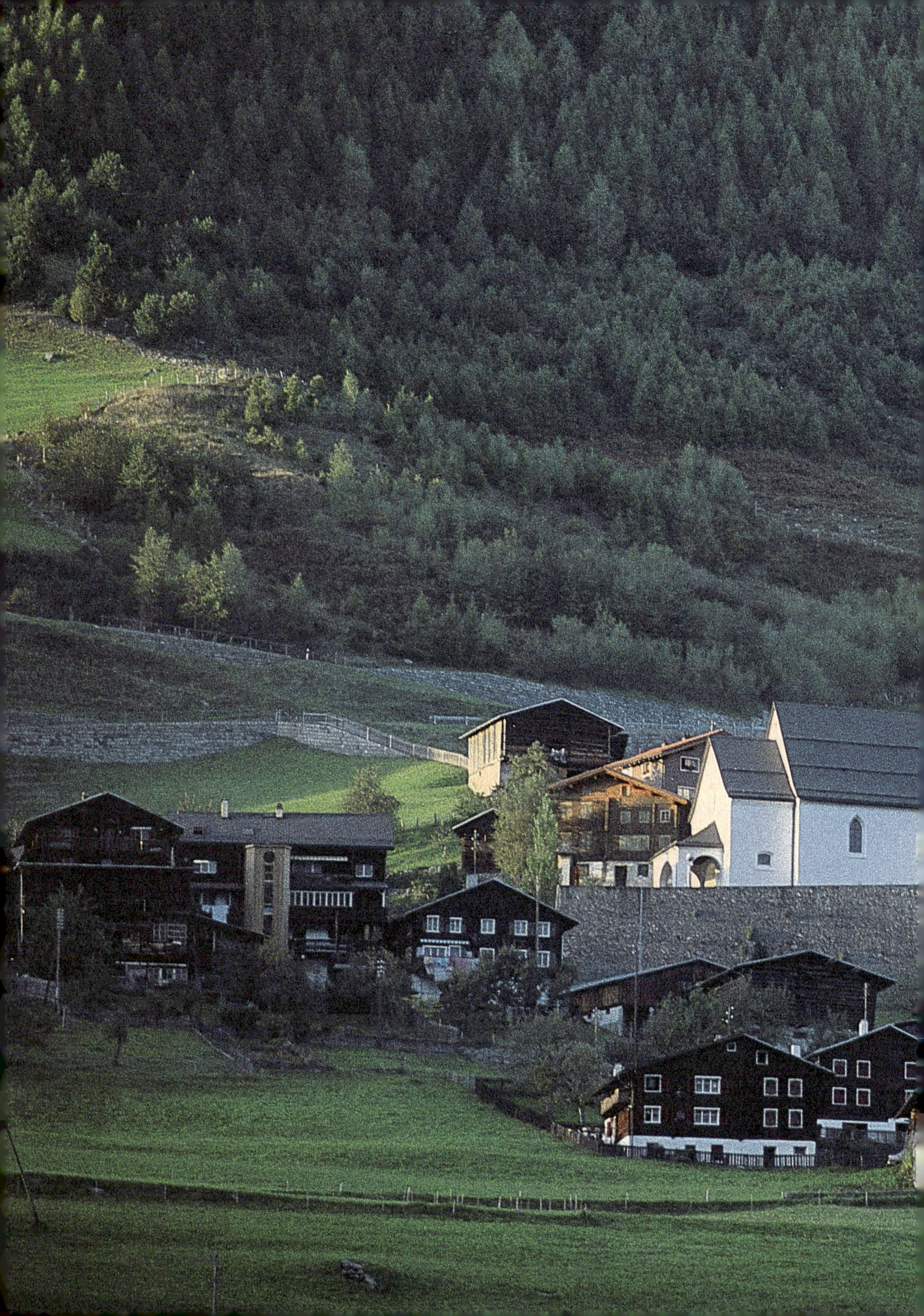

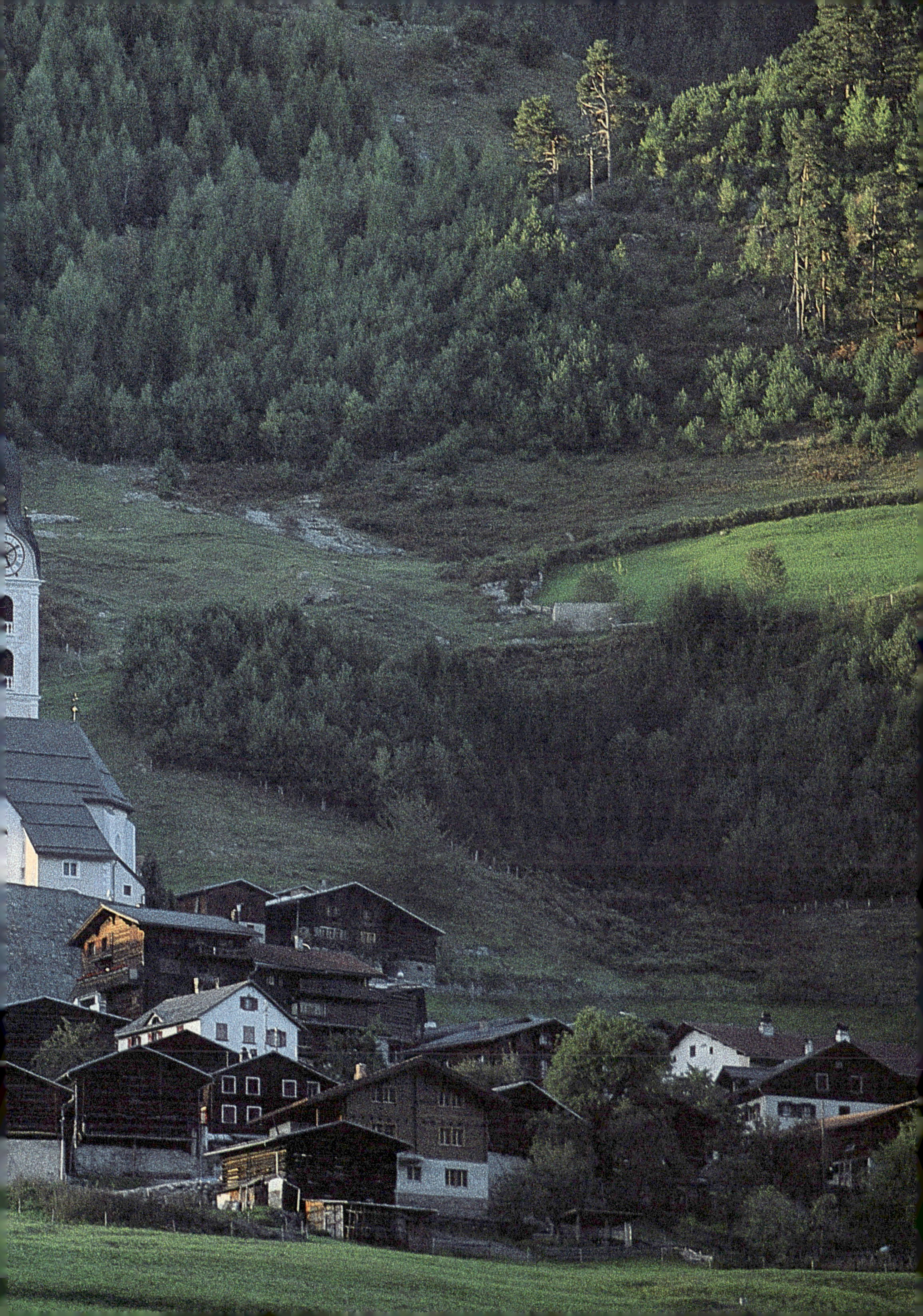

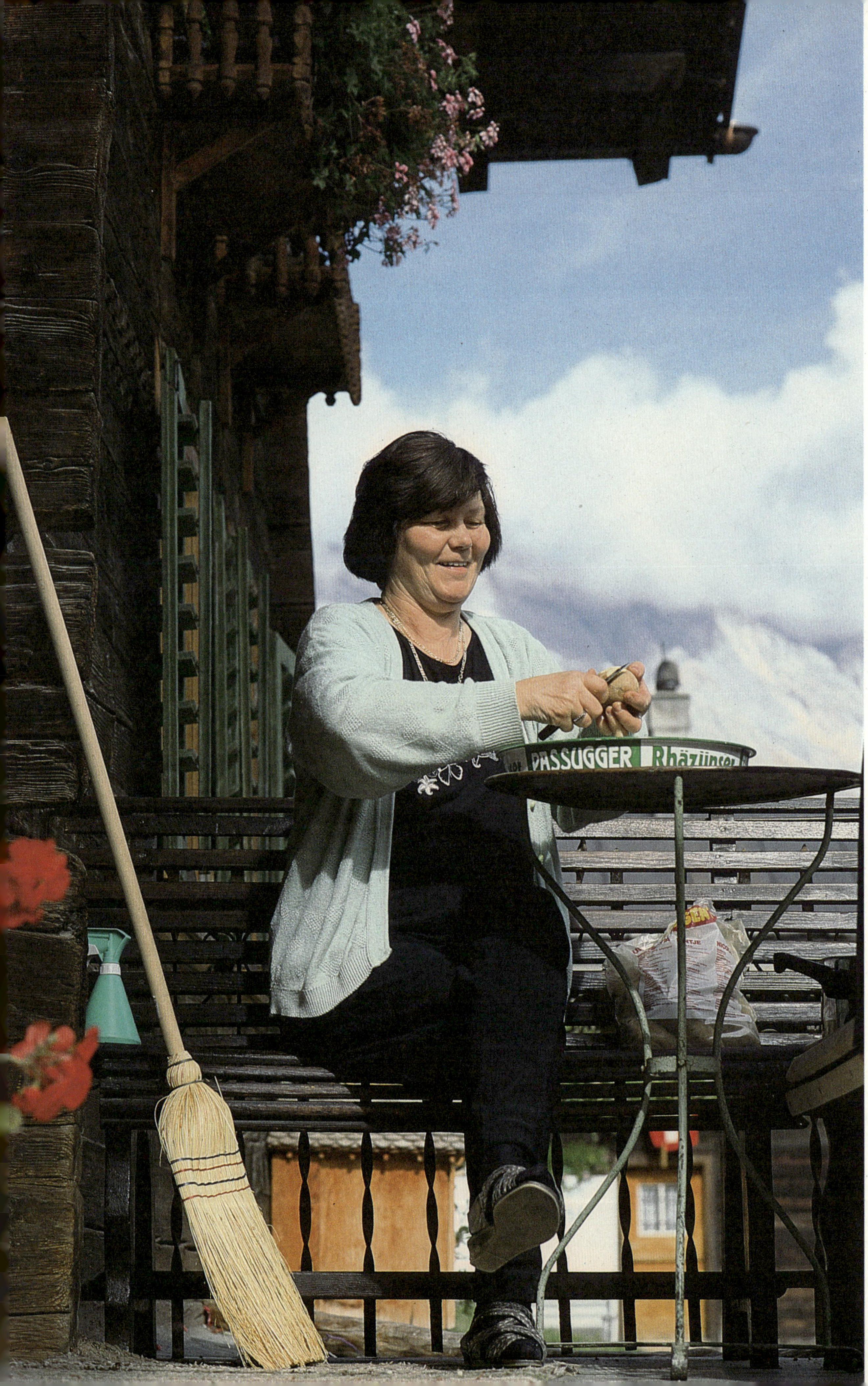
PASSUGGER

Seite 12/13: Blick von S. Benedetg ins Val Sumvitg.
Vorhergehende Doppelseite: Das Pfarrdorf Sumvitg (1056 m). Der Name leitet sich von Summus Vicus (oberster Weiler), ab.

Menschen der Greina. Erna Cathomas ist Wirtin im Val Sumvitg. Ihre Ustria Val (1028 m), auf einer sonnigen Terrasse hoch über der Schlucht gelegen, strahlt Behaglichkeit aus und ist schon manchem Greina-Wanderer zur Oase geworden.

Leo Tuor ist Bergler und Intellektueller. Er hat Philosophie, Literatur und Rätoromanisch studiert, ist als Sekundarlehrer tätig und war Schafhirt auf der Greina. «Giacumbert Nau», seine Betrachtung des Hirtenlebens, hat Aufsehen erregt.

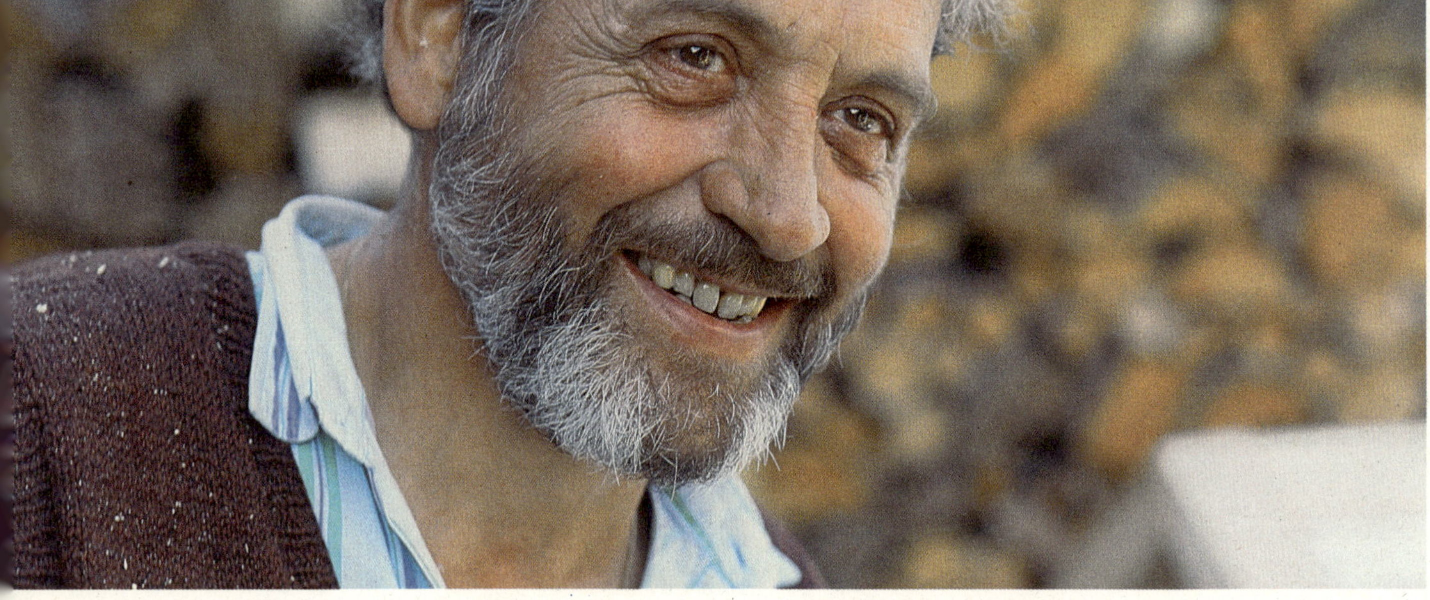

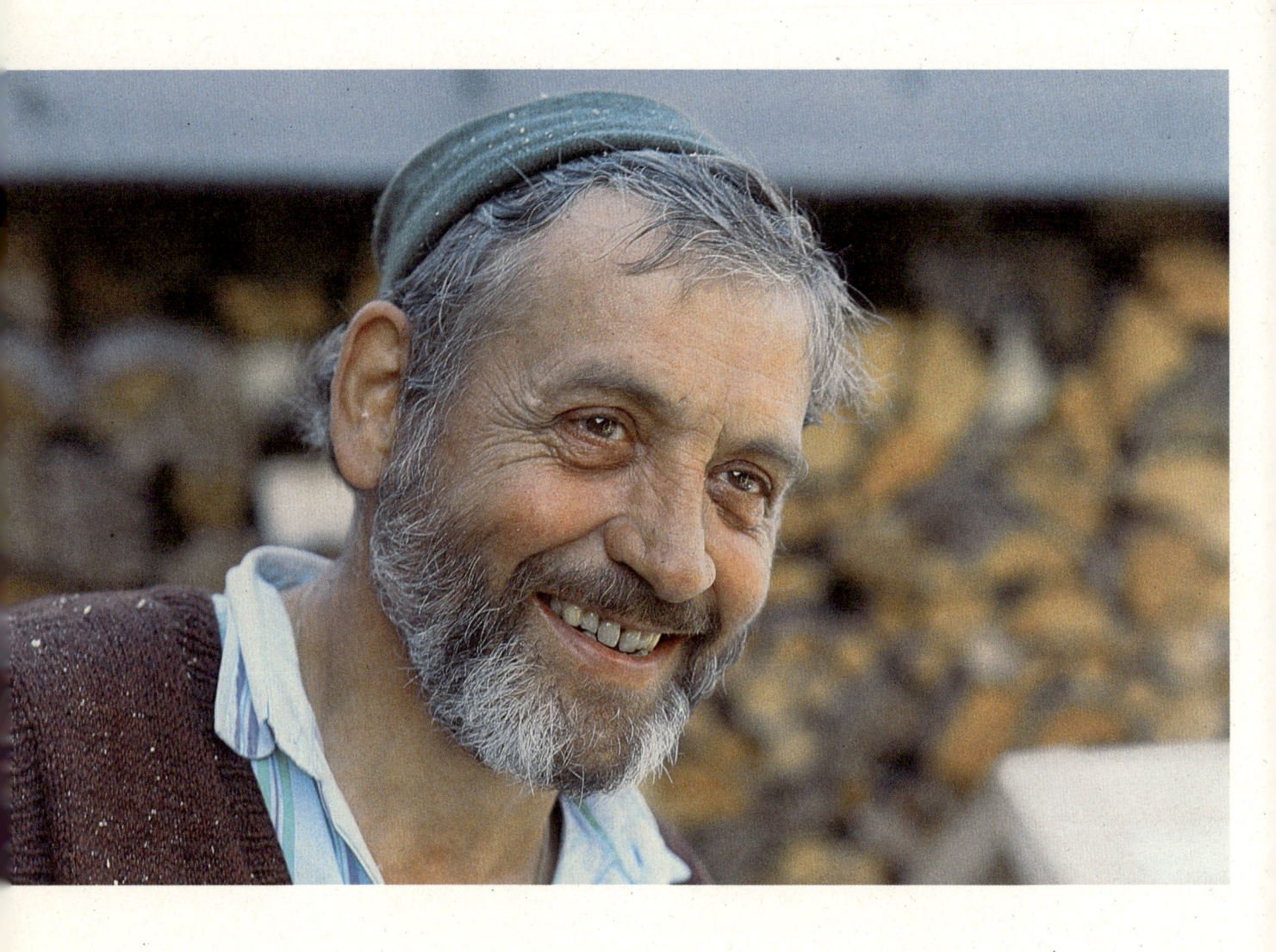

Der liebenswürdige Martin Antoni Caviezel aus Vrin entstammt einer kinderreichen Familie. Durch tragische Umstände hat Martin Antoni seine Eltern früh verloren. Seine große Leidenschaft ist die Jagd.

Gion A. Caminada, Architekt und Gemeinderat, ist im Weiler Cons hinter Vrin aufgewachsen und lebt auch dort mit seiner Frau Giusepa und seinen drei Kindern. Er glaubt an die Zukunft des Tales und ist überzeugt, daß man mit guter Arbeit auch in einem Bergdorf leben kann. Er schätzt den Wert einer intakten Landschaft und versteht Bauen als einen Kulturbeitrag.

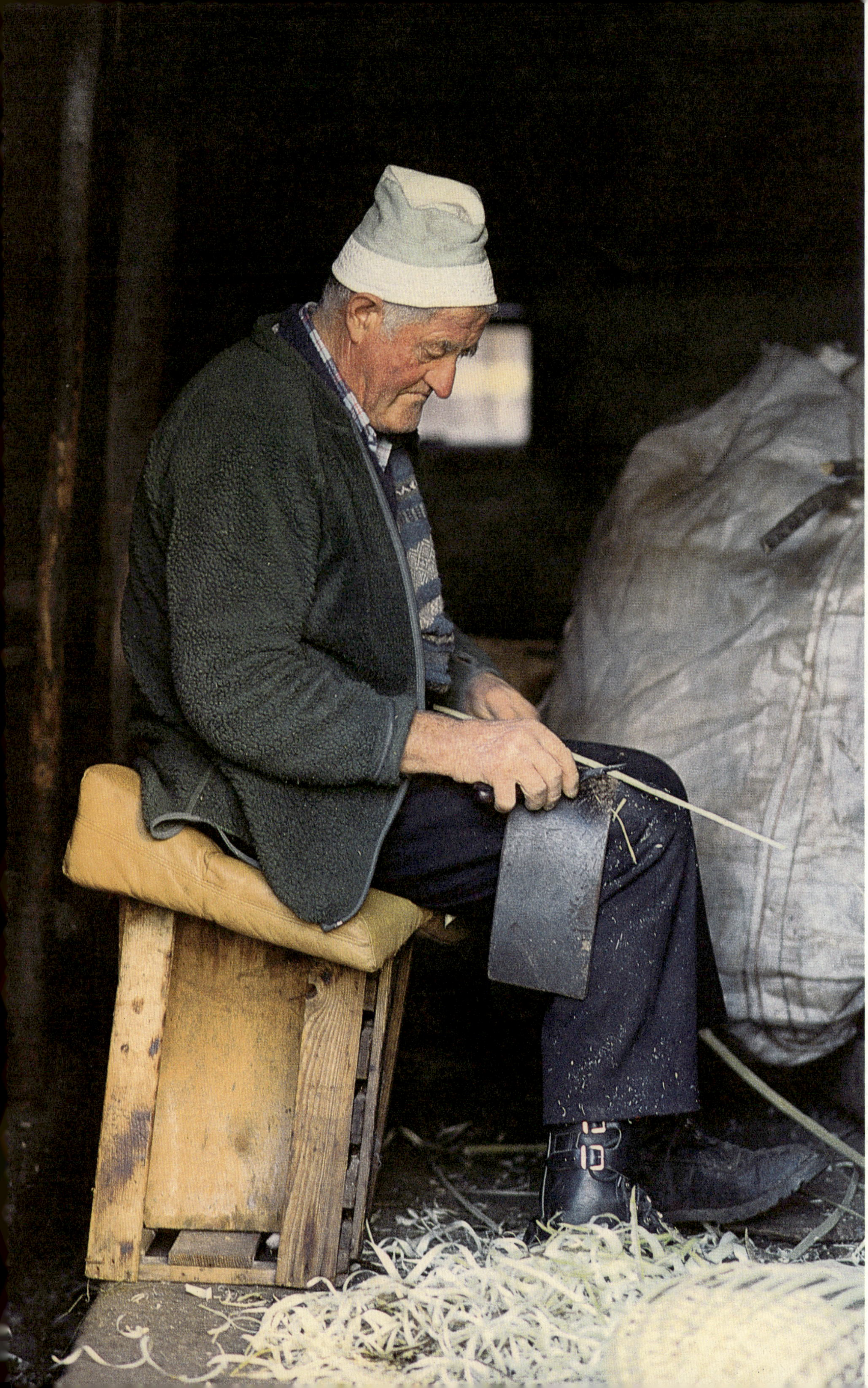

Felix Caviezel aus Vrin schält Weidenäste. Der alte Bauer ist auch ein «Canistrer», ein Korbmacher. Früher waren schön geformte «Canastras» überall im Gebrauch. Man trug mit ihnen das Heu in den Stall.

Gion Giusep Caminada aus Cons hat sein langes Leben in den Bergen verbracht. Als Bub und Jüngling war er Alphirt, dann Bauer auf seinem Hof. Er erinnert sich, wie sein Vater noch mit Rindern über den Greinapaß auf den Markt ins Bleniotal zog.

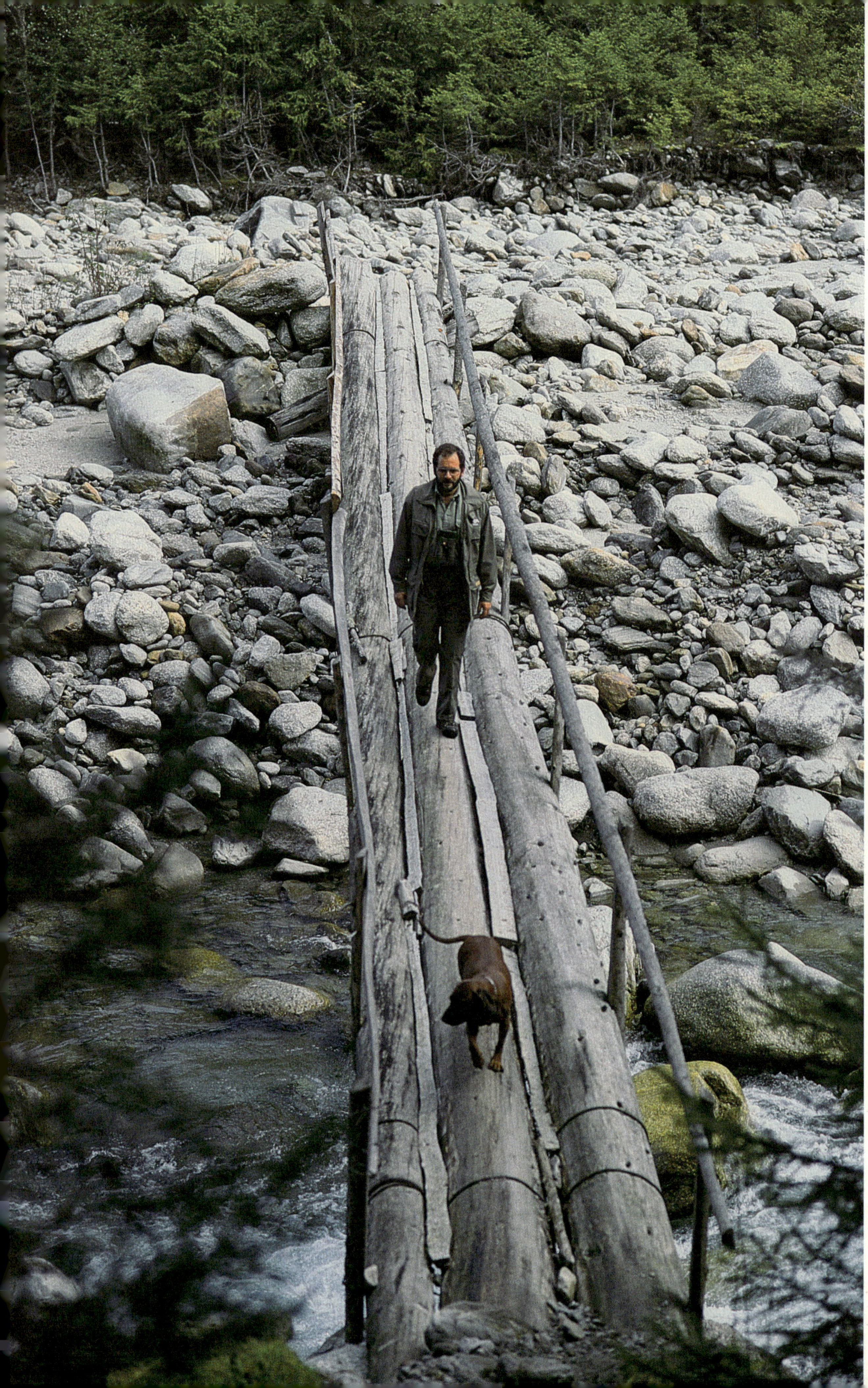

Wildhüter Werner Degonda aus Cumpadials ist als Bezirkschef des Jagdbezirks I Vorderrhein mit hegerischen, jagdplanerischen und jagdpolizeilichen Aufgaben betraut. Das Val Sumvitg, wo wir ihn hier auf einem Kontrollgang sehen, liegt ihm besonders am Herzen. Er ist Präsident der 1980 gegründeten Vereinigung «Pro Val Sumvitg», die in ihrem Zweckartikel die Werte und Schönheiten des Tales schützen und neues Interesse dafür wecken will.
Folgende Doppelseite: das Val Sumvitg.

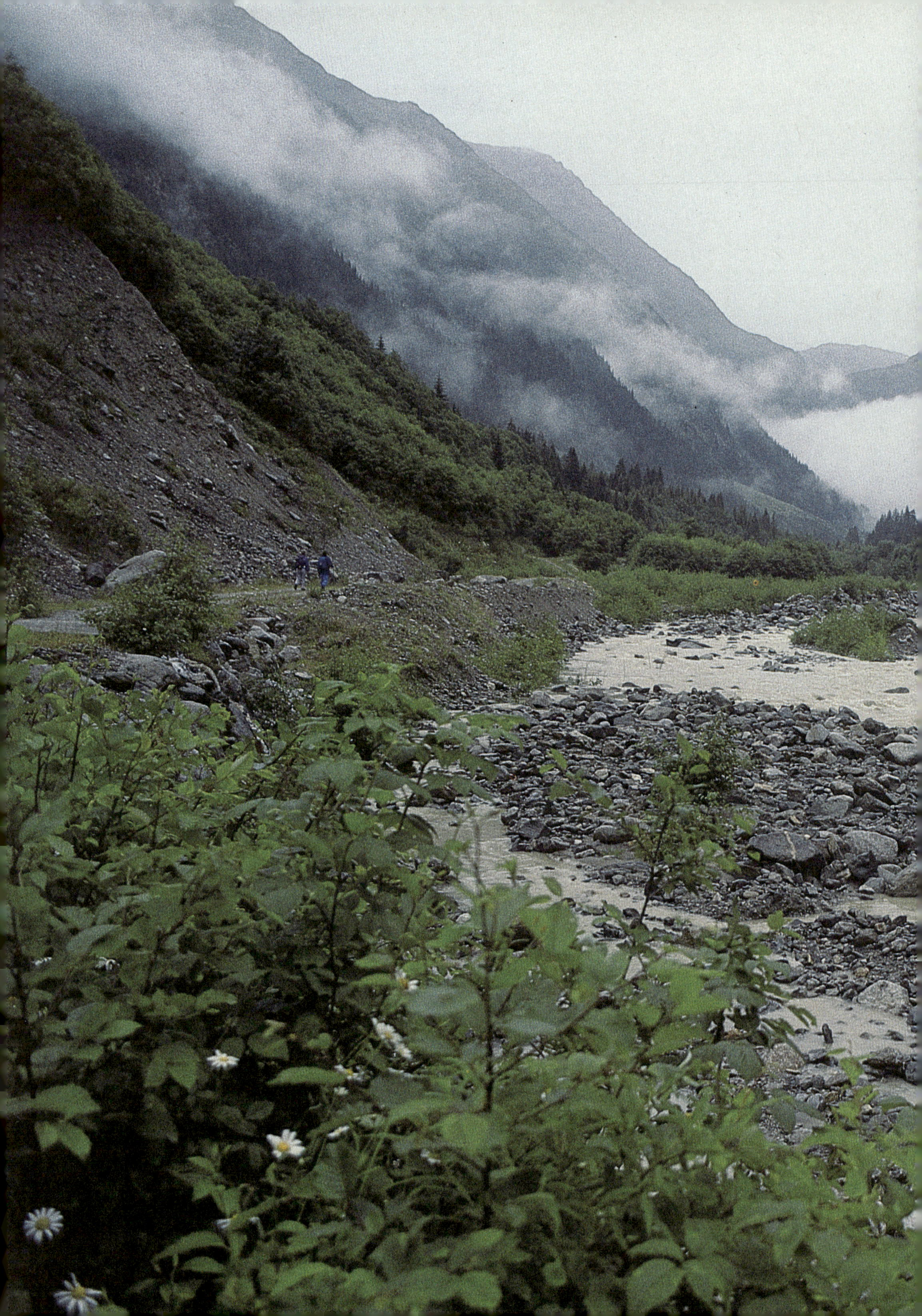

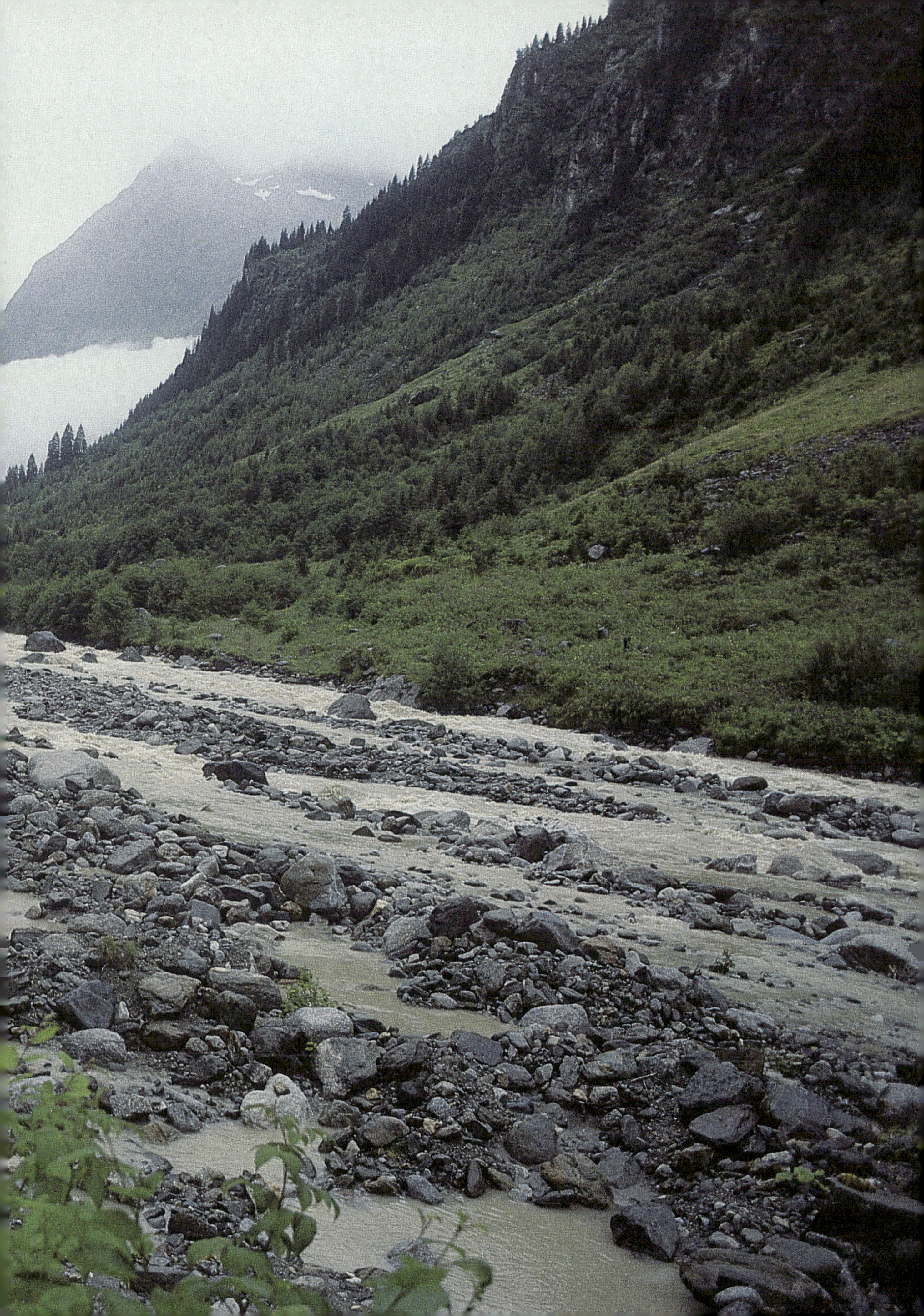

Die Rettung der Greina –
eine Chronik der Ereignisse

Gallus Cadonau

Die Vorderrhein-Landschaft in Gefahr

Auf die Skitour zur Biferten-Hütte hatte ich wegen der Gemeindeversammlung in Waltensburg verzichtet. Der Vorderrhein, den ich schon als Kind in all seinen Farben bewunderte, lag mir mehr am Herzen. Diese Gemeindeversammlung hatte am 4. März 1978 über eine Konzessionsverlängerung zum Bau der Ilanzer Kraftwerke zu entscheiden. Die Nordostschweizerischen Kraftwerke AG in Baden (NOK) wollten den Vorderrhein zwischen Tavanasa und Ilanz (Kraftwerk Ilanz I) und die Seitenbäche Schmuèr und Siaterbach zwischen Panix und Ilanz (Ilanz II) nutzen. «Sind die Ilanzer Kraftwerke gefährdet?» fragte die Bündner Zeitung nach dem negativen Entscheid der Waltensburger und stellte fest: «Umweltschutz und Tourismus waren die Gründe für die Ablehnung. Bemängelt wurden insbesondere die mangelnden Restwassermengen.»

Am 27. März 1978 trafen sich 23 Bürgerinnen und Bürger – unter ihnen Pater Flurin Maissen und Tarcisi Maissen, Bauunternehmer aus Trun – aus den betroffenen Konzessionsgemeinden sowie aus der Gemeinde Trun in Tavanasa zur Gründung des «Moviment democratic Pro Rein Anteriur». Damit begannen die Anstrengungen zur Erhaltung der Vorderrhein-Landschaft und insgeheim auch jene für die Rettung der Greina-Hochebene, welche ebenfalls durch ein NOK-Projekt bedroht war.

Kurz danach wurde die Vereinigung Pro Rein Anteriur (PRA) ins Leben gerufen. Zu deren Zielen zählte die Erhaltung einer intakten Vorderrhein-Landschaft, die Achtung der demokratischen Spielregeln und der Gemeindeautonomie sowie die Berücksichtigung der ökonomischen Interessen der Einheimischen. Das Echo für unsere Anliegen war groß. Innerhalb eines Jahres fanden verschiedene Veranstaltungen gegen die Ilanzer Kraftwerke statt. Bei den Ausstellungen war uns vor allem Bryan Cyril Thurston, ein englischer Architekt, Künstler und großer Freund der Greina, behilflich. Er betonte immer wieder, daß der Einsatz für den Vorderrhein eines Tages auch die Greina retten müsse.

Um das stets nach gleichem Schema verlaufende Trauerspiel gegen die Natur abzuwenden – «Finanzschwache Gemeinwesen sind auf Einnahmen angewiesen und müssen daher den Kraftwerksgesellschaften die schönsten Bäche, Flüsse und Was-

39

serfälle opfern» –, wurden die ersten Vorarbeiten für eine kantonale Volksinitiative im Frühsommer 1978 in Angriff genommen. Das Ziel dieser Bündner Energie-Initiative war es, die Wasserkraftproduzenten zu verpflichten, einen Teil ihrer Produktion dem Kanton als Gratisenergie abzugeben, weil das Bundesrecht diese Möglichkeit 1916 nicht ausgeschlossen hatte. Damit könnte der Kanton einen Teil dieser Energie der Bündner Volkswirtschaft zur Verfügung stellen und erhielte dafür einen finanziellen Gegenwert, um finanzschwache Gemeinden für einen allfälligen Ausfall an Wasserzinsen zu entschädigen.

Im Juni 1979 fand die erste, von über 1000 Personen besuchte Protestlandsgemeinde gegen die Ilanzer Kraftwerke, von Einheimischen organisiert und mit Unterstützung breiter Bevölkerungskreise auch aus dem Mittelland, dem Rhein entlang von Tavanasa/Waltensburg bis Ilanz statt. Etwa zur gleichen Zeit wurde auch ein nationales Komitee gegen die geplanten Ilanzer Kraftwerke gegründet, dem über sechzig National- und Ständerätinnen und -räte angehörten, mit dem SVP-Nationalrat Erwin Akeret aus Winterthur an der Spitze. Die Auseinandersetzungen um Ilanz I und II bildeten eine Art «Lebensschule» für die Rettung der einzigartigen Greina-Hochebene.

Im Sommer 1979 rekurrierten über hundert Einheimische, vor allem Bauern aus den Konzessionsgemeinden, gegen die Erteilung der Baubewilligung beim Verwaltungsgericht des Kantons Graubünden. Neben den Einheimischen waren am Anfang der Rheinaubund, die Schweizerische Gesellschaft für Umweltschutz und die Stiftung für Landschaftsschutz unsere wichtigsten Verbündeten, welche auch Sammlungen für den Rhein durchführten und die PRA damit finanziell unterstützten. Bei den Einsprachen gegen die beantragten Waldrodungen, die Nichtbeachtung von Natur- und Heimatschutzbestimmungen, kommunaler und kantonaler Normen sowie Fischereibewilligungen halfen später auch der Schweizerische Bund für Naturschutz und der WWF mit. Insgesamt liefen dreizehn Verfahren bis vor Bundesgericht gegen das Planauflageverfahren, gegen Rodungsbewilligungen, gegen Baupläne, gegen Kraftwerkzentralen... Gerügt wurde insbesondere, daß die Restwassermengen, hinter dem Rücken des Souveräns und entgegen der Gemeindebeschlüsse, massiv reduziert wurden.

Die einheimische Bevölkerung wehrte sich entschieden gegen «Chur und Baden», aber für den Rhein. Das Ansinnen der Kraftwerkpromotoren, die Kompetenz zur Festsetzung der Restwassermengen den betroffenen Gemeinden zu entreißen, mißlang deutlich.

Nach Einsicht in die Protokolle mehrerer Konzessionsgemeinden waren wir einerseits überzeugt, daß unsere Vorfahren während der Konzessionsverhandlungen zwischen 1955 und 1965 sich an den entsprechenden Gemeindeversammlungen deutlich für die Natur und für bessere Restwassermengen eingesetzt hatten. Andererseits wurden aber das Mißtrauen gegen oben und die Vermutung, daß manche Politiker mit der NOK unter einer Decke steckten und mit fast allen Mitteln versuchten, dieses Kraftwerk durchzudrücken, bei der PRA verstärkt. Für uns galt es nun, die demokratischen Beschlüsse der Konzessionsgemeinden zu verteidigen.

Erwin Akeret brachte 1979 mittels Motion die Kraftwerksproblematik um die umstrittenen Ilanzer Kraftwerke auch im Nationalrat zur Sprache. Bezüglich der Restwassermenge Null bei Ilanz II sprach er Klartext: «Die NOK sind Gesetzesbrecher». Erwin Akeret war als Parlamentarier hochgeachtet und glaubwürdig und gehörte u.a. der Kommission an, welche die Bundesrichter dem Parlament zur Wahl vorschlug. Doch die Sanktionierung der Restwassermenge Null hatte ihn und alle, die einen ungebrochenen Glauben in den Rechtsstaat hatten, schwer getroffen. Nach einem dieser Bundesgerichtsentscheide zu Ilanz I und II schrieb er: «Die Patrioten gegen die Höflinge der Energie-Baronen. La lutte continue. Ilanz: Sturm auf die Bastille. Vive Pro Rein Anteriur.»

Unbegreiflich für Erwin Akeret, Pater Flurin Maissen und für die PRA war vor allem, daß man eine veraltete Technologie von Monopolisten, wie es viele Elektrizitätsunternehmen in der Schweiz sind, mit der Drosselung der Restwassermengen im planwirtschaftlichen Sinne behördlich protegierte, anstatt die Restwassermengen nach bestem Wissen und Gewissen festzusetzen. Glücklicherweise hat sich die energiepolitische Situation inzwischen in den meisten Gemeinden der Surselva grundlegend geändert. Zahlreiche Politiker der Surselva gehören heute in energiepolitischer Hinsicht zu den fortschrittlichsten Gemeindevorstehern des Kantons und vielleicht gar der Schweiz. 1991 durfte der Disentiser Gemeindepräsident und Großrat Simon Camartin von Bundesrat Adolf Ogi und zwei Jahre später die Lugnezer Gemeinde Cumbel mit Gemeindepräsident Silvio Capeder von Bundesrat Jean-Pascal Delamuraz den Schweizer Solarpreis entgegennehmen.

Rettet die Greina

«Lieber nüd als Greina-Süd!» Getreu diesem Schlagwort stimmte das Bündner Volk 1949 mit großem Mehr der sog. «Wasserrechtsinitiative» zu. Diese verbot, Wasser von einem Stromgebiet in ein anderes abzuleiten. Damit war das «Greina-Blenio-Projekt», welches eine Wassernutzung unterhalb von Biasca vorsah, erledigt. Die Rhätischen Werke für Elektrizität in Thusis und die NOK in Baden unterbreiteten im Mai 1957 ein neues Greina-Konzessionsprojekt und erwarben von den beiden Gemeinden Vrin und Sumvitg die Wasserrechtskonzession zur Überflutung der Greina-Hochebene. Dieses Kraftwerkprojekt sah eine 80 m hohe Staumauer an der Camonaschlucht sowie eine Leistung von rund 80 Megawatt und mit einer Jahresproduktion von 140 Mio. kWh vor. Ab 1981 wurde bekannt, daß die NOK «mit einer jährlichen Produktion an hochwertiger Spitzenenergie von 150 Mio. kWh und weiteren 75 Mio. kWh aus dem Pumpspeicherbetrieb» rechnete. Die Konzession wurde von beiden Berggemeinden, welche auf zusätzliche Einnahmen zur Finanzierung ihrer Infrastrukturaufgaben angewiesen waren, immer wieder verlängert.

Bereits zu Beginn der 80er Jahre wurden die Aktivitäten zur Rettung der Greina-Hochebene lanciert. Es entstanden die Bewegung «Rettet den Rhein» und später die Vereinigung Bündner Umweltorganisationen (VBU). Nachdem die Bündner Energie-Initiative zustande gekommen, vom Großen Rat aber für ungültig erklärt und die dagegen gerichtete staatsrechtliche Beschwerde abgewiesen worden war, setzte sich die Meinung durch, daß die entsprechenden Änderungen auf Bundesebene vorzunehmen seien. Erwin Akeret reichte in Bern parlamentarische Vorstöße ein und gewann weitere Ratsmitglieder für die Greina und den Landschaftsschutz.

Der Gedanke an die finanziellen Sorgen und existentiellen Fragen der Berggemeinden war für mich als PRA-Vorsitzenden immer ein dem Naturschutz gleichberechtigtes Anliegen. Wir unternahmen deshalb alles, um dieser Strategie zum Durchbruch zu verhelfen. Zusammen mit dem Schweizerischen Fischereiverband (SFV) wurde eine neue Gewässerschutzinitiative vorbereitet und mit den übrigen Umweltorganisationen lanciert – nicht zuletzt auch, um die Greina dadurch definitiv zu retten. Am 9. Oktober 1984 wurde die Volksinitiative zur Rettung unserer Gewässer mit 176 887 gültigen Unterschriften in Bern eingereicht.

Unter dem Titel «Rettet die Greina, die einzigartige Gebirgslandschaft zwischen Graubünden und Tessin» veröffentlichte die PRA 1984 eine Broschüre. Alle Beteiligten waren begeistert von den wunderschönen Bildern über die Greina des 1983 gewählten, parteilosen Appenzeller Nationalrates Herbert Maeder. In einem seiner letzten parlamentarischen Vorstöße forderte Nationalrat Erwin Akeret im Oktober 1983 mit einem Postulat die Unterschutzstellung der Greina. Die PRA doppelte nach und ersuchte den Bundesrat, die Hochgebirgslandschaft Greina – Piz Medel ins Bundesinventar der Landschaften und Naturdenkmäler von nationaler Bedeutung (BLN) aufzunehmen und unter Schutz zu stellen.

Das BLN-Inventar zur Greina-Hochebene ließ auf sich warten. Als 1985/86 von Restwassermengen beim geplanten Greina-Kraftwerk die Rede war, leuchteten bei der PRA die Alarmlampen auf. Aufgrund der Erfahrungen bei Ilanz I und II mußte man mit dem Schlimmsten rechnen. Wir fragten uns damals: Wird nun eine Kompromißlösung gesucht, um die Greina-Hochebene unter Wasser zu setzen? Der Bundesrat hatte Ende 1983 den Anhang zur BLN-Verordnung ergänzt, aber leider ohne die Hochgebirgslandschaft Greina – Piz Medel zu berücksichtigen. Um der drohenden Gefahr zu begegnen, wurde die Rechtsform des nationalen Komitees von 1978 in die «Schweizerische Greina-Stiftung zur Erhaltung der alpinen Fließgewässer» (SGS) umgewandelt. Am 15. August 1986 fand die formelle Gründung in Zürich statt; Erwin Akeret wurde zum Präsidenten, Herbert Maeder zum Vizepräsidenten gewählt. Über 50 Persönlichkeiten umfaßte der SGS-Stiftungsrat, darunter etwa 20 National- und Ständerätinnen und -räte sowie Vertreter aus Kultur, Wissenschaft, Wirtschaft und Sport. Dank dieser Zusammensetzung erfreute sich das Gremium von Anfang an einer breiten politischen Abstützung.

Die Erfahrungen aus den Auseinandersetzungen um die Ilanzer Kraftwerke waren nun dienlich. Im September 1986 wurde die Kampagne zur Rettung der Greina-Hochebene in den Medien lanciert. Der Einsatz erfolgte in zwei Richtungen: Einerseits ging es darum, den Kraftwerkbau der NOK an der Greina zu verhindern und die Greina-Hochebene unter Schutz zu stellen; andererseits peilten wir von Anfang an auch eine Lösung für die betroffenen Gemeinden an, da es ja nicht angeht, daß die Erhaltung von nationalen Natur- und Kulturdenkmälern allein zu Lasten der Bergbevölkerung erfolgt. Nachdem der Bündner Energie-Initiative kein Erfolg beschieden war, entschloß sich die SGS für eine Ergänzung des geltenden Wasserrechts auf Bundesebene.

Neben dem Schutz der Greinalandschaft setzt sich die SGS für die Erhaltung der alpinen Fließgewässer, für angemessene Restwassermengen sowie für die Verbesserung der ökonomischen Situation im Berggebiet ein. Damit sollen finanzschwache Gemeinden eine Alternative zur Erteilung von Wasserrechtskonzessionen erhalten. Im weiteren engagiert sie sich auch für die Forderung von erneuerbaren Energien, für die Sonnenenergienutzung und für einen rationelleren Energieeinsatz. Kostenwahrheit und zukunftsgerichtete Technologien des 21. Jahrhunderts sollen die veralteten, natur- und menschenverachtenden Energiesysteme möglichst bald ersetzen.

Die Kampagne zur Rettung der Greina wurde im Oktober 1986 nochmals verstärkt und die Schweizer Bevölkerung erneut auf die Greina und andere schützenswerte Landschaften aufmerksam gemacht. Mit dem jährlich erscheinenden SGS-Landschaftskalender und den prächtigen Landschaftsbildern von Herbert Maeder wurde versucht, einen Quadratmeter «Greina-Landschaft» in möglichst vielen «Schweizer Stuben» zu plazieren. Das Echo für die Erhaltung dieser einzigartigen Hochgebirgsebene war außerordentlich groß.

Mitte November 1986 konnte die SGS folgende Pressemitteilung veröffentlichen: «Wir sind sehr erfreut, daß die NOK aufgrund des großen Widerstandes aus breiten Kreisen der Bevölkerung auf den Bau des Greina-Kraftwerkes verzichten will. Die erfolgte Aufklärungsarbeit hat ihre Wirkung nicht verfehlt: Eine einzigartige Hochgebirgslandschaft zwischen Graubünden und Tessin konnte gerettet werden. Zugleich ist aber auch darauf hinzuweisen, daß 40 bis 60 Wasserkraftwerkprojekte in der Schweiz noch geplant sind, obwohl über 90% der nutzbaren Gewässer bereits heute verbaut sind. Die SGS faßt diesen Erfolg auch als Ansporn auf, die letzten noch intakten Alpenlandschaften zu schützen, wie z.B. Bernina, Val Curciusa, Grimsel, Gletsch, Alp Madris, Alpenrhein usw. Die SGS ist deshalb bestrebt, mit den Berggemeinden Alternativen zum Verkauf der letzten freifließenden alpinen Gewässer zu erarbeiten. Darüber hinaus ist sie überzeugt, daß mit einer vernünftigeren und effizienten Energiepolitik auch die übrigen erhaltenswürdigen Bergtäler gerettet werden können.»

Für die Freunde der Greina war nun die Stunde der Wahrheit erst recht gekommen. Jetzt galt es zu belegen, daß die SGS nicht nur Landschaften retten, sondern auch ihre Versprechen gegenüber den Gemeinden halten will: «Die betroffenen Berggemeinden Vrin und Sumvitg haben Anrecht auf unsere Hilfe und auf Ausgleichsleistungen; Alternativen zu den Einnahmen aus Wasserrechts-Konzessionen und Landschaftszerstörung müssen erarbeitet und zugunsten der Berggemeinden umgesetzt werden.» Dieses zweite Hauptziel der SGS galt es nun zu realisieren. Die Zusammenarbeit mit den betroffenen Greina-Gemeinden war ausgezeichnet und in Richtung Bern sehr wirksam. 1989 konnte die SGS dem Präsidenten der Arbeitsgemeinschaft Greina, Regierungsrat Joachim Caluori, welcher sich stets für die Interessen der beiden Gemeinden einsetzte, 100 000 Franken an Spendengeldern zu Gunsten von Vrin und Sumvitg überreichen.

Ausgleichsleistungen sind gerechtfertigt

Am 18. Juni 1987 reichte der neue SGS-Präsident Herbert Maeder eine Motion ein, welche von 75 Nationalrätinnen und -räten mitunterzeichnet wurde. Sie forderte u.a. die Einführung des Landschaftsrappens: «Der Bund leistet angemessene Ausgleichsleistungsbeiträge zur Erhaltung und Unterschutzstellung von schützenswerten Landschaften von nationaler und überregionaler Bedeutung sowie zur Sicherung angemessener Restwassermengen, sofern es sich nicht um finanzstarke Kantone oder Gemeinden handelt. Der Bund öffnet zu diesem Zweck einen Fonds für Ausgleichsbeiträge. Er erhebt eine Abgabe von höchstens einem Rappen pro Kilowattstunde der in der Schweiz erzeugten Hydroelektrizität. Der Bundesrat erläßt die notwendigen Ausführungsbestimmungen und bewilligt die entsprechenden Ausgleichsbeiträge.» Der Bundesrat beantragte die Ablehnung dieser Motion, und der Nationalrat folgte ihm mehrheitlich.

Die SGS hat sich stets dafür eingesetzt, daß die Erfüllung eines Verfassungsauftrages nicht einseitig auf Kosten der Bergbevölkerung erfolgen darf. Mit dem Verzicht auf den Bau des Greina-Kraftwerkes und der Unterschutzstellung der Greina wird bekanntlich nicht nur eine einzigartige Hochgebirgslandschaft in der Schweiz erhalten, sondern damit verlieren die beiden Berggemeinden Sumvitg und Vrin jährlich rund 2,3 Mio. Franken an Einnahmen, die sie dringend benötigen. Beim Kanton macht dies nochmals etwa denselben Betrag aus. Ohne Ausgleichsleistungen würde die konkrete Erfüllung dieses Verfassungsauftrages praktisch ausschließlich zu Lasten der nicht gerade auf Rosen gebetteten Berggemeinden gehen. Nachdem in den parlamentarischen Beratungen die Summe von einer Million Franken für beide Gemeinden zusammen mehrfach gefordert wurde, gingen wir davon aus, daß die Gemeinden wenigstens mit diesem Betrag rechnen könnten.

Noch mehr als die Ablehnung des Landschaftsrappens schmerzte uns dann der Hinschied unseres treuen Verbündeten und ersten SGS-Präsidenten Erwin Akeret im Herbst 1987. Eine liebenswürdige und kämpferische Person hatte uns für immer verlassen, aber wir hatten ihm innerlich die Treue geschworen und wollten uns für seine Ziele einsetzen und alles unternehmen, um sie in die Tat umzusetzen.

Nach dem erwarteten Nein zum Landschaftsrappen im Ständerat konzentrierte sich die Arbeit vom Herbst 1988 auf den Nationalrat. Diese lief vor allem dank SGS-Präsident Herbert Maeder und Vizepräsidentin Menga Danuser sowie der im Parlament vertretenen 18 Stiftungsräte/-innen, welche über einen guten Rückhalt in den Bundesratsparteien und Kommissionen verfügten, ausgezeichnet. Selbstverständlich halfen auch die kleinen Parteien tatkräftig mit. Wichtig war auch die gute Koordination mit den Gemeinden Vrin und Sumvitg. Nach zahlreichen Besprechungen sowie unzähligen Repliken auf Hypothesen der Landschaftsrappen-Gegner schaffte der Antrag der SGS-Stiftungsrätin und Nationalrätin Lili Nabholz am 22. Juni 1989 den überraschenden Durchbruch. Weil dem Landschaftsrappen im Vorfeld keine Chance eingeräumt wurde, war der Sieg im Nationalrat für viele eine Sensation. In der Wintersession 1989 verwässerte der Ständerat erneut die Gewässerschutzvorlage des Nationalrates erheblich und strich auch den Landschaftsrappen.

Zum erwähnten Rechtsgutachten von René Rhinow vom Oktober 1987 ließ der Bundesrat ein weiteres durch Jürg Paul Müller und Hans Schmid von der Universität Bern erstellen. Auch dieses kam zum Schluß: «Anzuknüpfen ist an die Sachaufgabe des Bundes. Sie besteht darin, eine von der Verfassung geforderte Koordination von Landschaftserhaltungs- und Wasserkraftnutzungsinteressen zu verwirklichen, welche erst die konkreten Verfügungsbefugnisse der Kantone und Gemeinden über die Wasservorkommen bestimmt und konkrete Nutzung rechtlich möglich macht... Soweit erhebliche Benachteiligungen einzelner Wasserherkunftsgebiete als unzumutbar erscheinen, drängt sich ein Lastenausgleich auf, zu dessen Verwirklichung aufgrund der Sachkompetenz ebenfalls der Bund zuständig ist... In diesem Sinn ist davon auszugehen, daß die Sachkompetenz des Bundes die Zuständigkeit zur Erhebung der in Erwägung gezogenen Ausgleichsfinanzierung mitumfaßt.»

Am 21. März 1990 stimmte der Nationalrat auch unter Namensaufruf mit 87 zu 40 Stimmen für den Landschaftsrappen. Dies bewog den Ständerat in der Sommersession immerhin zu einer Kann-Formulierung für die Ausgleichsleistungen. Im September 1990 sprach sich der Nationalrat erneut für den Landschaftsrappen aus. Der Rat entsprach auf diese Weise auch dem Antrag des Bundesrates, welcher sich von der anfänglich negativen Haltung zum Antrag für den Landschaftsrappen im Nationalrat durchgerungen hatte. In der Dezembersession 1990 lenkte schließlich auch der Ständerat ein und genehmigte die Formulierung, wonach der Bund nicht nur Ausgleichsbeiträge leisten kann, sondern Ausgleichsbeiträge leistet.

Die SGS hat in der Folge alles in Bewegung gesetzt, um die Gewässerschutzvorlagen vom 17. Mai 1992 zu gewinnen. Die Gewässerschutz-Initiative wurde verworfen; aber erfreulicherweise stimmte der Souverän mit 1 151 706 Ja gegen 591 214 Nein und mit 21 zu 5 Kantonen dem neuen Gewässerschutz-Gesetz zu. Damit waren auch die Ausgleichsleistungen bundesrechtlich verankert. Die Verlierer dieser Abstimmung wollten die Inkraftsetzung des neuen Gesetzes zunächst hinauszögern. Erneut war der Einsatz der Umweltorganisationen notwendig, um die Öffentlichkeit auf diese Verzögerungstaktik aufmerksam zu machen. Schließlich setzte Umweltminister Flavio Cotti im Bundesrat durch, daß das Bundesgesetz am 1. November 1992 in Kraft gesetzt wurde, und bedankte sich persönlich für den SGS-Einsatz zu Gunsten des neuen Gesetzes.

Auf die Verordnung über die Ausgleichsleistungen mußte man etwas länger warten. Im Herbst 1993 sollten diese den Gemeinden Vrin und Sumvitg entrichtet werden, damit die Greina-Hochebene im Gegenzug unter Schutz gestellt werde. Diese Ausgleichsbeiträge würden nicht «für ein Nichtstun» entrichtet, wie Politiker, welche die Bundesverfassung offenbar schlecht kennen, polemisierten, sondern für eine positive Leistung: Unterschutzstellung und Verzicht auf eine intensivere oder andere wirtschaftliche Nutzung eines kommunalen Hoheitsgebietes. Die SGS stieß immer wieder nach und ersuchte den Bundesrat, geltendes Bundesrecht zu vollziehen und die Ausgleichsleistungen den Gemeinden zu entrichten.

Mit größtem Erstaunen mußte die SGS im Sommer 1994 aber erfahren, daß der Bundesrat bzw. die zuständigen Departemente die Abschaffung der Ausgleichsleistungen im Schilde führten. Anläßlich der Stiftungsratsversammlung vom 3. September 1994 in Buchs/SG wurde beschlossen, gegen eine allfällige Streichung dieser Ausgleichsleistung – und die Mißachtung des eindeutigen Volksentscheides von 1992 – das Referendum zu ergreifen. Im November 1994 gewann das Finanzdepartement die erste Runde. Die nationalrätliche Finanzkommission folgte Bundesrat Stich und stimmte für die Streichung der Ausgleichsleistungen! Um die Interessen der Gemeinden nicht zu gefährden, arbeitete auch die SGS an einem Notszenario auf Bundesebene mit, damit die Gemeinden Vrin und Sumvitg mit einer Pauschal-Ausgleichsleistung rechnen konnten, falls die Ausgleichsleistungen im Gesetz tatsächlich gestrichen werden sollten.

Die SGS hat jedoch stets erklärt, daß sie alles in Bewegung setzen werde, um einen solchen Anschlag auf die direkte Demokratie zu verhindern. Im Vorfeld der Abstimmungen im National- und Ständerat setzten sich insbesondere Lili Nabholz, René Rhinow, Christine Beerli, Gilles Petitpierre, Fritz Schiesser, Marc Suter und Rolf Büttiker in der FDP-Fraktion für die Beachtung des klaren Volksentscheides von 1992 ein. Bei der CVP waren es vor allem Eugen David, Rolf Engler und Rolf Seiler sowie später Dumeni Columberg. Die National- und Ständerätinnen und -räte der SP traten geschlossen gegen den Finanzminister an, um den Gewässerschutzentscheid des Schweizer Volkes zu verteidigen.

Eine außergewöhnliche Beachtung und damit auch einen wesentlichen Einfluß auf die Parlamentsdebatte fand die deutliche Stellungnahme der wohl sechzehn bedeutendsten Staats- und Verwaltungsrechtsprofessoren aller Schweizer Hochschulen, die klar gegen die Streichung der Ausgleichsleistungen Stellung bezogen.

Am 25. Januar 1995 wurde im Nationalrat für die Ausgleichsleistungen und für die Achtung der direkten Demokratie gekämpft. Als einer der ersten ergriff der SGS-Präsident Herbert Maeder im Nationalrat das Wort und kritisierte das Vorhaben des Bundesrates massiv: «Bevor nun aber vom Bund auch nur ein einziger Rappen für in Frage kommende Gemeinden ausbezahlt wurde – ich denke an Vrin und Sumvitg, denen aus dem Verzicht auf ein Greina-Kraftwerk Millionenbeträge an Wasserzinsen entgehen –, wollen Bundesrat und Parlament in einem eigentlichen Staatsstreich von oben den Gesetzesartikel streichen. Welchen Wert hat eigentlich die gesetzgeberische Arbeit im Rat, und welchen Wert messen wir in der Schweiz einer Volksabstimmung bei?» Menga Danuser sprach für die SP-Fraktion: «Es ist sehr befremdlich, wie der Bundesrat das Naturschutzjahr 1995 einläutet. Taten und Worte klaffen oft ganz schön auseinander. Wo Recht zu Unrecht wird, wird Widerstand zur Pflicht. Diese Pflicht nehmen über ein Dutzend Rechtsprofessoren ernst, die sich vor wenigen Tagen in einer gemeinsamen Eingabe mit aller Vehemenz gegen die geplante Streichung der Ausgleichsbeiträge im Gewässerschutz-Gesetz gewandt haben.» Dumeni Columberg meinte: «Die CVP-Fraktion lehnt die beantragte Streichung der Ausgleichsbeiträge für Gewässerschutzbereiche klar und eindeutig ab. Das Schweizer Volk hat am 17. Mai 1992 entschieden, und daran haben wir uns zu halten. Es wäre eine grobe Mißachtung der elementarsten Grundsätze der direkten Demokratie, wenn wir nun eine zentrale Bestimmung dieser Vorlage aufheben würden. So können wir mit den Volksrechten nicht umspringen.» Nationalrätin Lili Nabholz sprach für die FDP-Fraktion, «die in ihrer deutlichen Mehrheit dem Streichungsantrag opponiert... Wenn wir nun hingehen, und im Rahmen eines Finanzpaketes einen auch politisch derart substantiellen Bestandteil in einer Nacht- und Nebelaktion aus einem vom Volk beschlossenen Gesetz herauskippen, dann tun wir unseren demokratischen Spielregeln ganz erheblichen Abbruch. Wir würden nicht bloß der Umwelt einen Bärendienst erweisen, wir würden auch unserem parlamentarischen Ansehen, überhaupt dem Ansehen unserer politischen Institutionen Schaden zufügen.»

Der Entscheid im Nationalrat war eindeutig: 103 gegen 67 Stimmen für das Belassen der Ausgleichsleistungen im Gewässerschutz-Gesetz bzw. Wasserrechts-Gesetz. Überraschenderweise schwenkte dann die ständerätliche Finanzkommission nochmals um und plädierte mehrheitlich erneut für die Streichung der Ausgleichsleistungen. Doch am 8. März 1995 sprach auch der Ständerat Klartext: Die von Ständerat Loretan angeführte Minderheit obsiegte klar gegen den Kommissionsantrag. Der große Dank für die Verteidigung der Ausgleichsleistungen und der Volksrechte gilt hier insbesondere auch René Rhinow, Thomas Onken, Christine Beerli, Hans Danioth, Bruno Frick, Ricardo Jagmetti, Gilles Petitpierre, Gian R. Plattner, Fritz Schiesser und Kurt Schüle.

Mit diesen Entscheiden bestätigte das Parlament nun die Ausgleichsleistungen zum zweiten Mal, wie es der Souverän bereits am 17. Mai 1992 entschieden hatte. Dank dieser Ausgleichsleistungen haben die Gemeinwesen in der Schweiz und vor allem finanzschwache Berggemeinden, nach jahrelangem Engagement für die Erhaltung unserer Flüsse und Bäche, eine Chance, die Natur- und Flußlandschaften, die Seele der Natur in diesen Bergtälern, nicht mehr aus finanzieller Not verkaufen zu müssen. Es ist zu hoffen, daß das geltende Bundesrecht endlich durch den Bundesrat vollzogen wird, wie von Volk und Parlament entschieden.

Die SGS hat einerseits ihr Versprechen eingelöst. Sie hat hartnäckig gearbeitet, um den Traum von Erwin Akeret und vieler Einwohnerinnen und Einwohner unseres Landes zu realisieren. Andrerseits stimmt es auch nachdenklich, daß ein solcher Aufwand und ein jahrelanges Engagement von all den erwähnten und nicht erwähnten, aber nicht weniger wichtigen Persönlichkeiten notwendig sind, um einen Verfassungsauftrag nach Jahrzehnten endlich zu erfüllen.

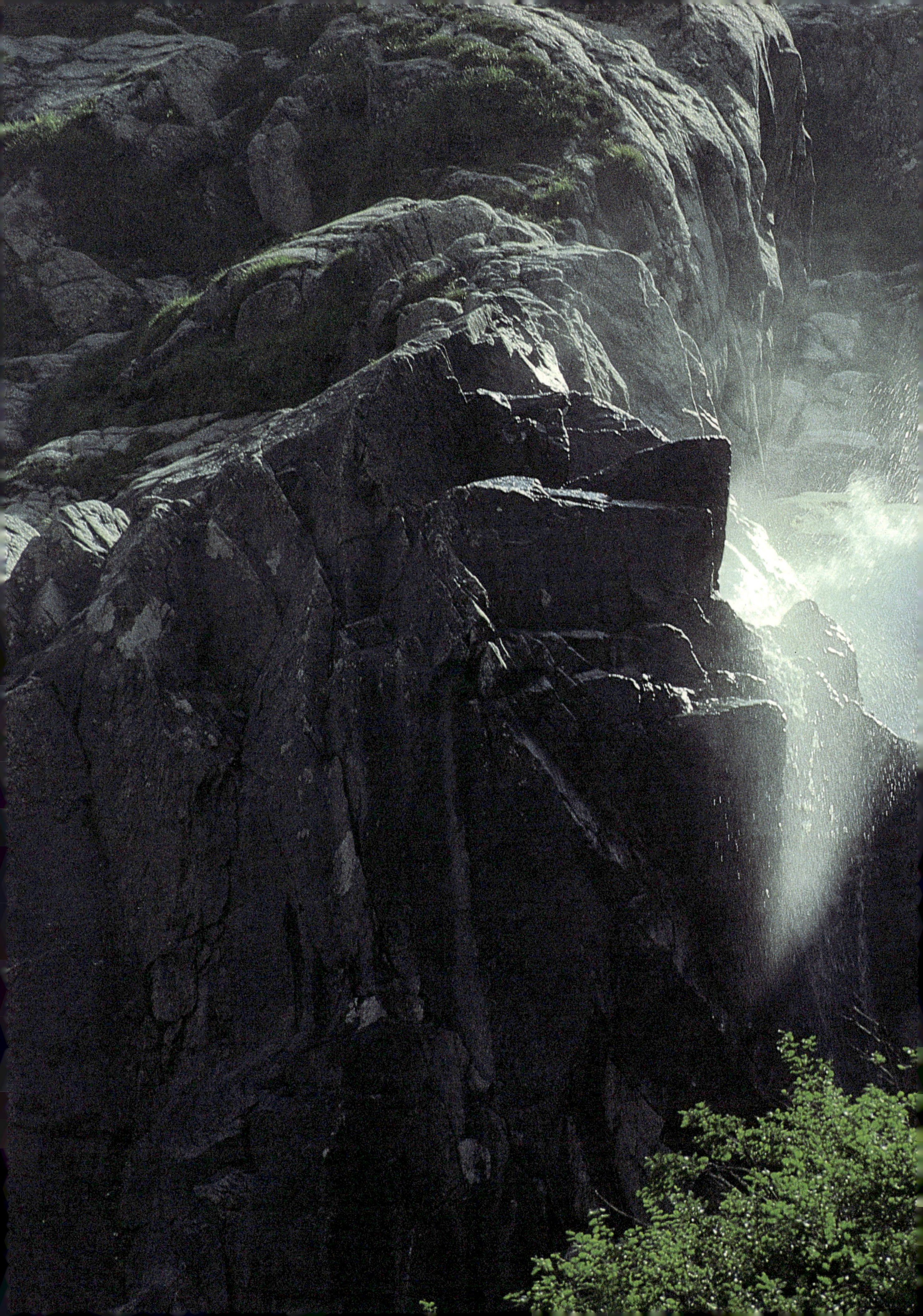

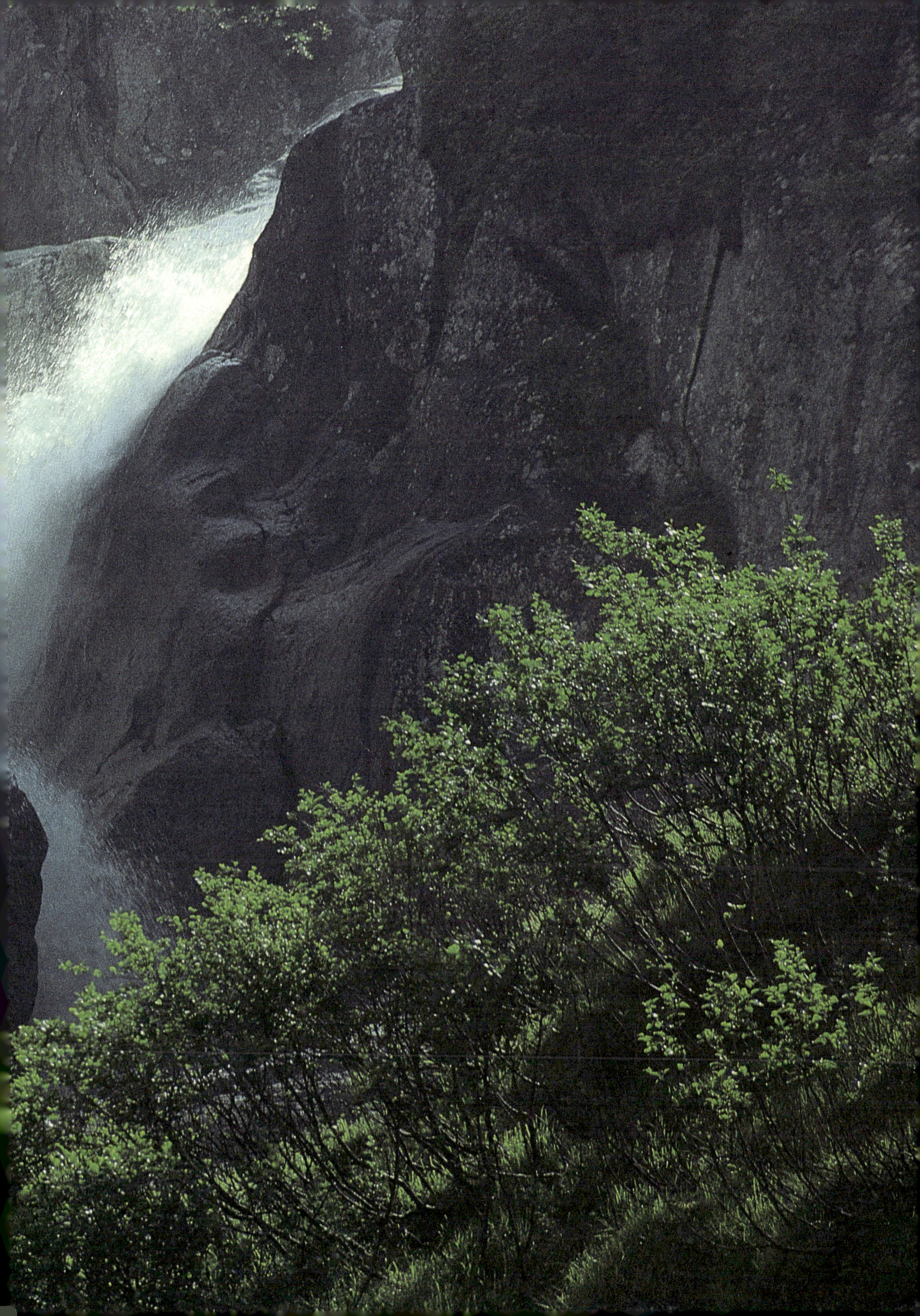

In seinem Lauf nach Norden bricht der Rein da Sumvitg in prächtigen Kaskaden ins Val Sumvitg ab. Besonders zur Zeit der Schneeschmelze oder nach ausgiebigen Regenfällen wird die Frontscha für den Wanderer, der zur Terri-Hütte unterwegs ist, zu einem starken Erlebnis.
Vorhergehende Doppelseite: Frontscha.

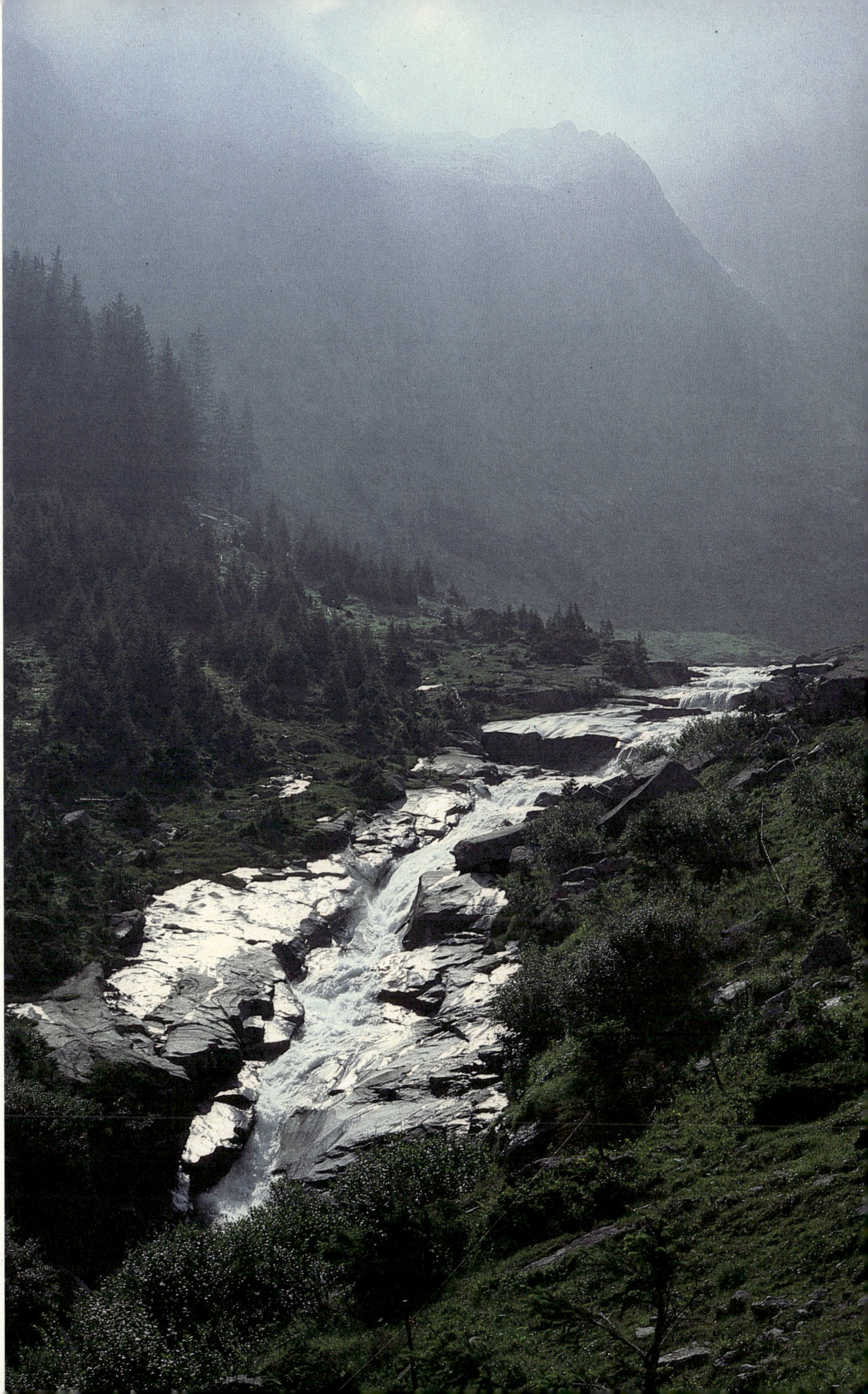

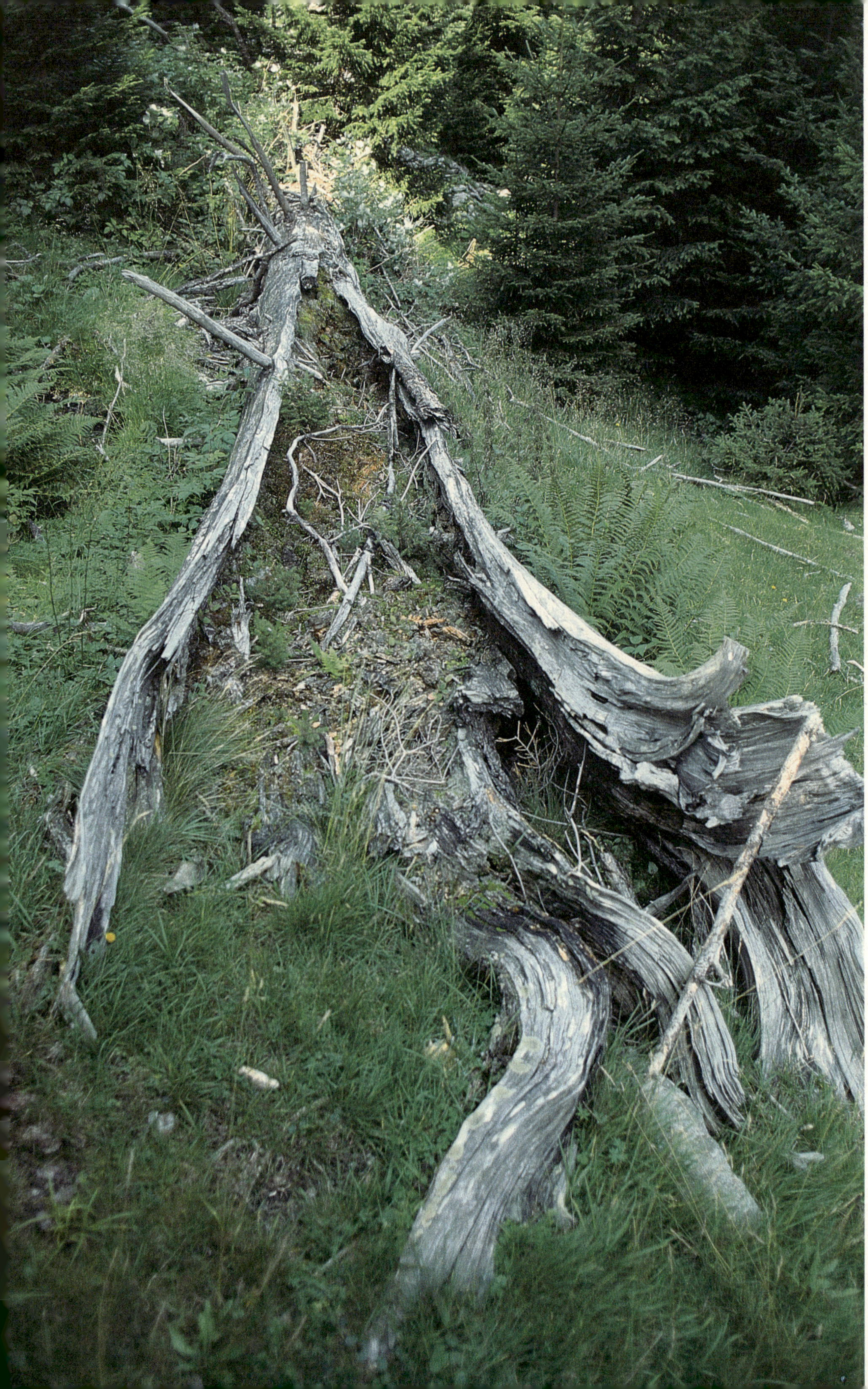

Am Wege zur Frontscha liegt dieser vor Jahrzehnten vom Sturm oder von einer Lawine gefällte Stamm. Der mächtige Holzleib hat sich durch die Verwitterung weit geöffnet und ist zu einem geschützten Lebensraum für Pflanzen und Kleintiere geworden. In den Tälern der Greina ist die Heidelbeere weit verbreitet. Welche Labsal nach vielstündiger Wanderung! Selbst in den höchsten Lagen der Greina kämpft pflanzliches Leben um seinen Platz.

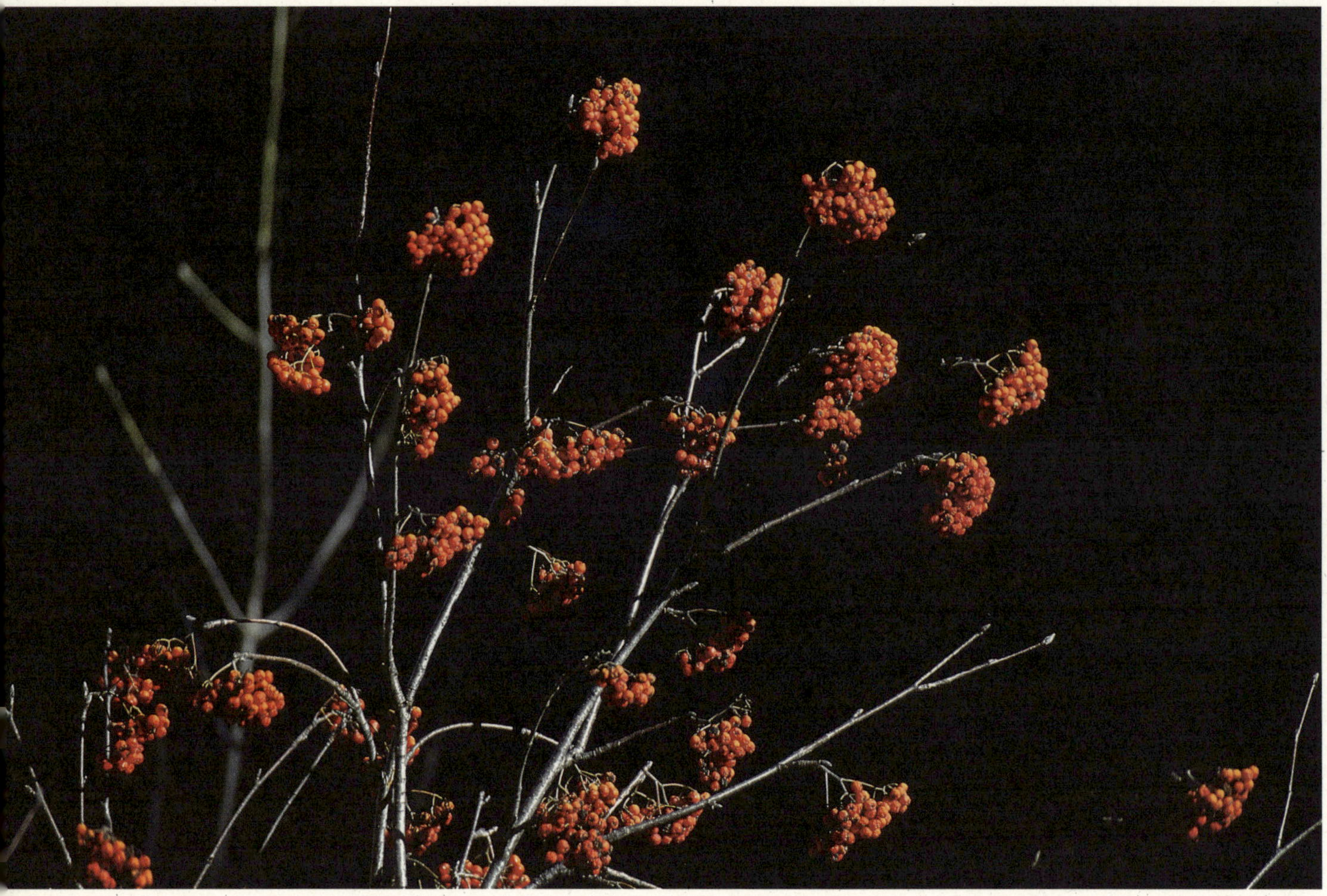

Die Vielfalt der Pflanzenwelt der Greina hält sich in jenen Grenzen, die das rauhe Klima setzt. Der Winter ist hart und lang, die Vegetationszeit entsprechend kurz. Aber die weitgehend unberührte Natur schenkt in diesen wenigen Monaten dem Wanderer bunte Überraschungen, sei es mit den rot leuchtenden Früchten des Vogelbeerbaums im Val Camadra, der blauvioletten Pracht des Eisenhutes an der Plaunca da Stiarls oder den hellen Blüten des Studentenrösleins auf Plaun la Greina. Neben dem dunkelblauen Eisenhut hebt sich die Stachlige Kratzdistel besonders schön ab.

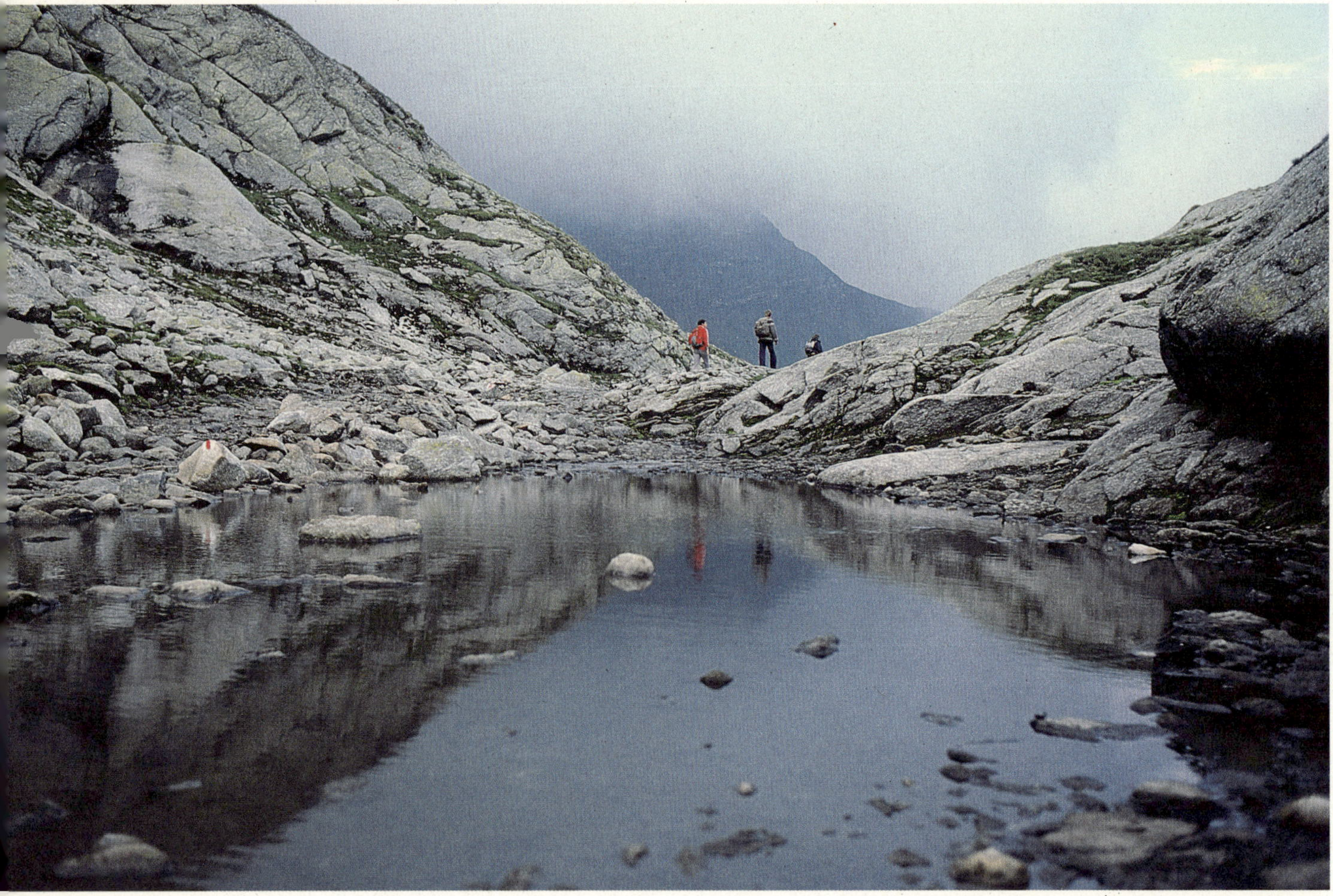

Die Terri-Hütte des Schweizer Alpenclubs (2170 m) wird von vielen Greina-Wanderern als Stützpunkt gewählt. Sowohl aus dem Val Sumvitg wie auch von Vrin über den Paß Diesrut ist die gastliche Unterkunft auf markierten Bergwegen erreichbar. Wenn dichter Nebel oder gar Schneetreiben die Orientierung erschwert, ist man für jedes «Steinmannli» dankbar.
Folgende Doppelseite: die Mäander des jungen Rein da Sumvitg auf der Greinahochebene.

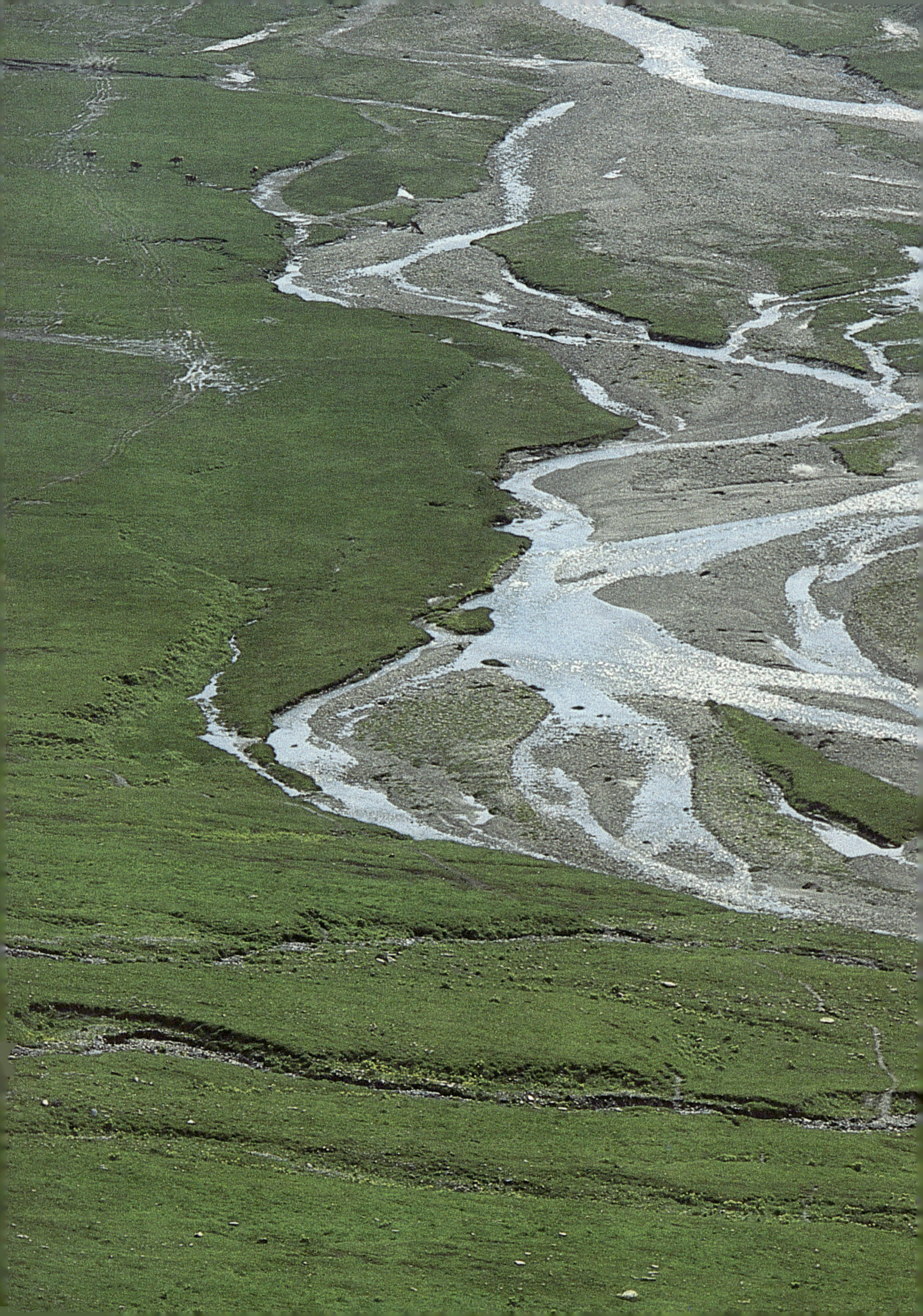

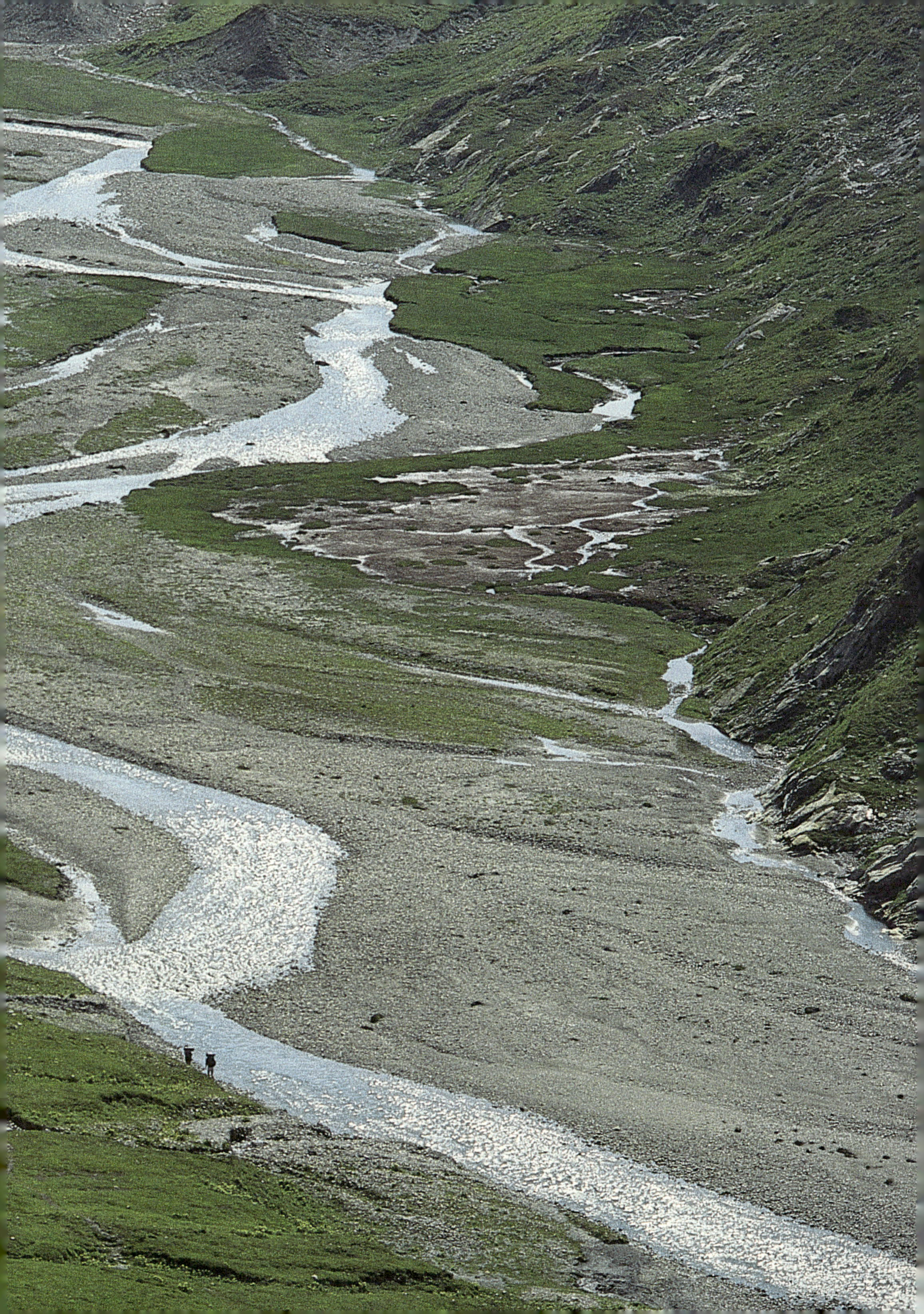

Die Greina erleben

Hans-Urs Wanner

Unvergeßliche Bilder von einer Greina-Wanderung im Spätsommer: Der Ausblick vom Paß Diesrut in die weite und offene Plaun la Greina, die in der Abendsonne glänzenden Mäander des Rein da Sumvitg, die zerklüfteten Felsbänder des Muot la Greina und der Gaglianera, in leichten Nebelschwaden verhüllt der Piz Coroi und der Piz Ner. Bilder von einer herrlichen Landschaft – intakt und unbebaut – ohne Spuren unserer Zivilisation.

Nach einer kurzen Rast beginnen wir den Abstieg in die Talebene, um noch rechtzeitig vor dem Einnachten die Terri-Hütte zu erreichen. Glücklich, wieder einmal die Greina in ihrer Einmaligkeit erleben zu können! Dennoch beschäftigen mich auch beunruhigende Fragen: Wie war es möglich, daß während Jahrzehnten ein Projekt bearbeitet und verfolgt wurde, den Somvixer-Rhein zu stauen und die Greina-Hochebene zu überschwemmen? Ich höre die immer wieder vorgebrachten Argumente, daß der steigende Energiebedarf gedeckt werden müsse, da sonst die für unsern Lebensstandard nötigen Kilowattstunden fehlen. Die Statistiken der letzten Jahre zeigen tatsächlich immer noch einen Anstieg des Endverbrauches an Energie; dabei hat der Gesamtwirkungsgrad abgenommen. Wozu brauchen wir eigentlich immer mehr Energie? Wie ernst ist es uns eigentlich mit dem Programm «Energie 2000», das in den nächsten fünf Jahren eine Stabilisierung und dann sukzessive eine Verminderung des Energieverbrauches bringen soll? Ansätze dazu sind sicher vorhanden, doch sind all die Möglichkeiten für einen effizienten und sparsamen Umgang mit der Energie bei weitem noch nicht ausgeschöpft. Große Möglichkeiten bestehen auch noch bei der Nutzung von erneuerbaren Energien, insbesondere der Sonnenenergie. Die Energie/Umwelt- sowie die Solar-Initiative können dazu viele wertvolle Impulse geben!

Beim Überqueren der Brücke über den rauschenden Somvixer-Rhein versuchen wir uns vorzustellen, daß hier eine Staumauer hätte gebaut werden sollen. Dank der unermüdlichen und hartnäckigen Bemühungen ist es gelungen, daß dieses Projekt schließlich nicht ausgeführt wurde. Die Greina-Hochebene bleibt in ihrem ursprünglichen Zustand und in ihrer einmaligen Schönheit erhalten, und der Somvixer-Rhein wird weiterhin mit seiner vollen Kraft über die Felsen der Frontscha stürzen. Hoffentlich können auch bei den zur Zeit noch bestehenden Stauseeprojekten rechtzeitig die nötigen

Voraussetzungen geschaffen werden, daß auf deren Realisierung verzichtet werden kann. Es sollte doch möglich sein, herrliche Bergtäler wie das Val Curciusa, das Val Madris und das Val Bercla zu erhalten!

Dazu braucht es wirksame Rahmenbedingungen für einen sparsameren Umgang mit der Energie sowie auch angemessene Ausgleichsleistungen an die betroffenen Gemeinden. Notwendig ist aber auch ein Umdenken in unserer Haltung gegenüber der Natur. Es braucht die Einsicht und Überzeugung, daß die Natur nicht unbegrenzt verfügbar ist und nicht mehr länger nur als «Objekt» gesehen werden darf, das für all unsere Bedürfnisse genutzt werden kann. Beim heute notwendigen Schutz der Atmosphäre, der Gewässer, des Bodens und von Landschaften geht es noch um mehr als um unsere Gesundheit und unser physisches Überleben: es geht vor allem auch darum, den verlorengegangenen Kontakt mit der Natur wiederzufinden und sich mit ihr auseinanderzusetzen. In einer nur auf die Bedürfnisse ausgerichteten Umwelt kann sich der Mensch nicht mehr heimisch fühlen. Vielmehr brauchen wir Freiräume, in denen wir die Natur in ihrer Ursprünglichkeit erleben und erfahren können. Darin liegt wohl auch die Bedeutung, daß bisher noch unberührte Landschaften wie die Greina als solche erhalten bleiben – «intakte» und «nicht genutzte» Landschaften, die uns einen unmittelbaren Zugang zur Natur ermöglichen.

Philosophische Überlegungen allein bringen uns aber nicht weiter, wie ich selber kurz vor Erreichen der Terri-Hütte – beim Ausrutschen auf einer glitschigen Steinplatte – erfahren muß. Gefragt sind realisierbare Zielsetzungen und ein möglichst konkretes Handeln im Alltag. Dazu gehört sicher ein sorgfältiger Umgang mit der Energie und mit den uns verfügbaren Ressourcen. Auf diese Weise können wir viel dazu beitragen, daß uns die Lebensgrundlagen erhalten bleiben. Verzicht auf einen maßlosen und respektlosen Gebrauch von Gütern ist sicher nicht gleichbedeutend mit Verzicht auf Freude und Erleben, oder etwa Verzicht auf Lebensqualität. Vielmehr können wir dadurch Raum schaffen für neue Begegnungen und neue Erkenntnisse, die viel Gewinn und glückliche Stunden bringen, wie wir dies auf der heutigen Greina-Wanderung erleben konnten.

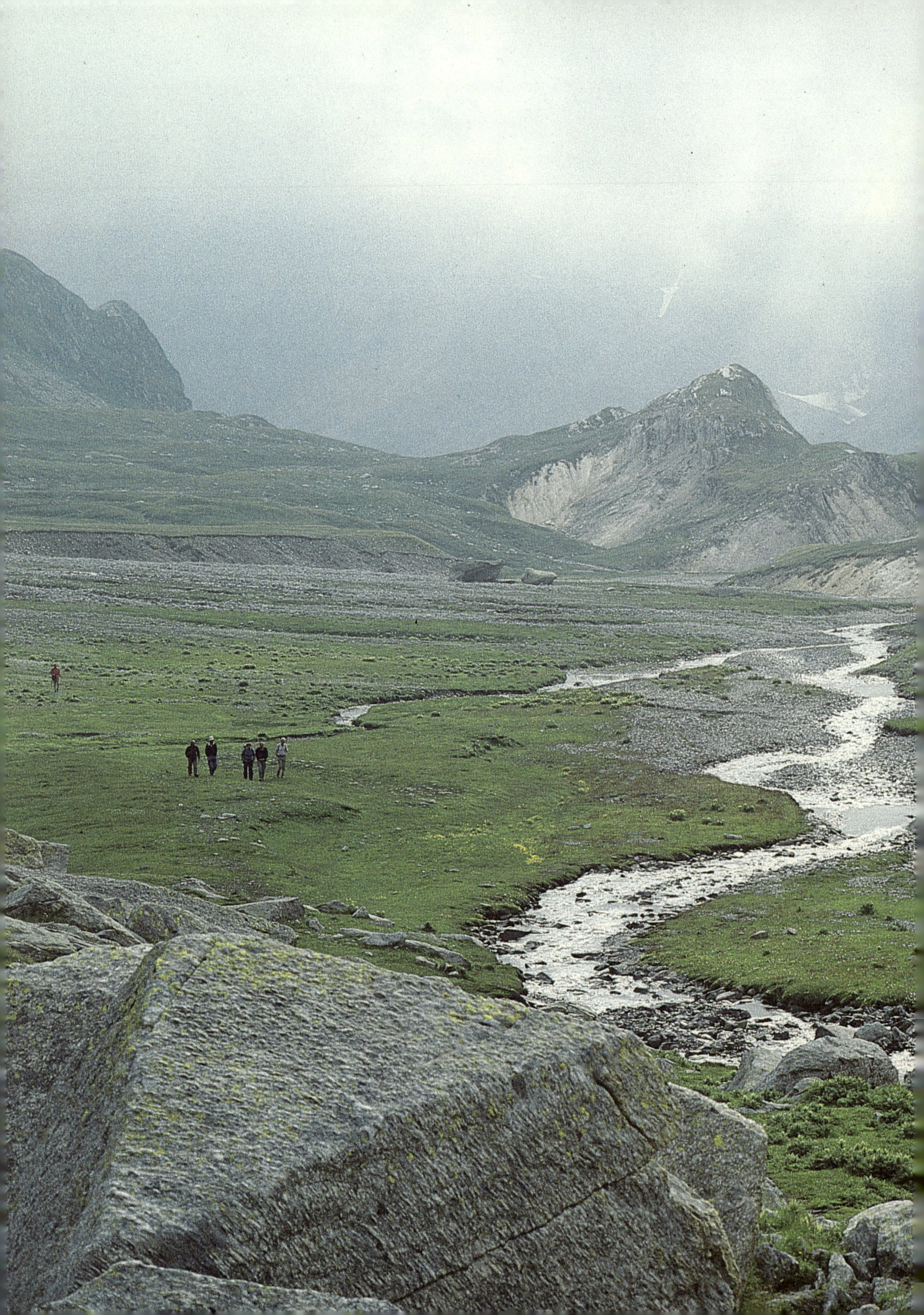

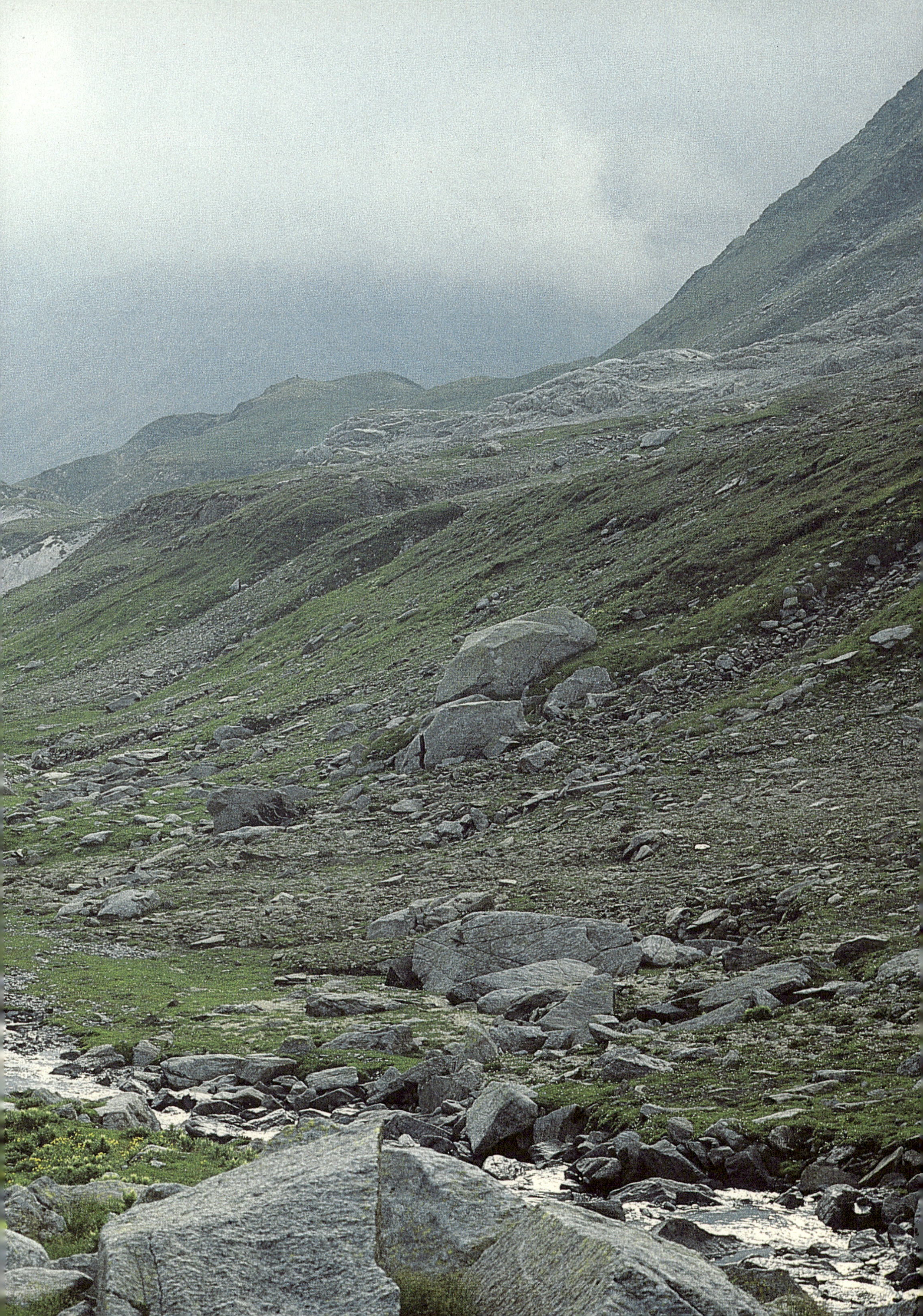

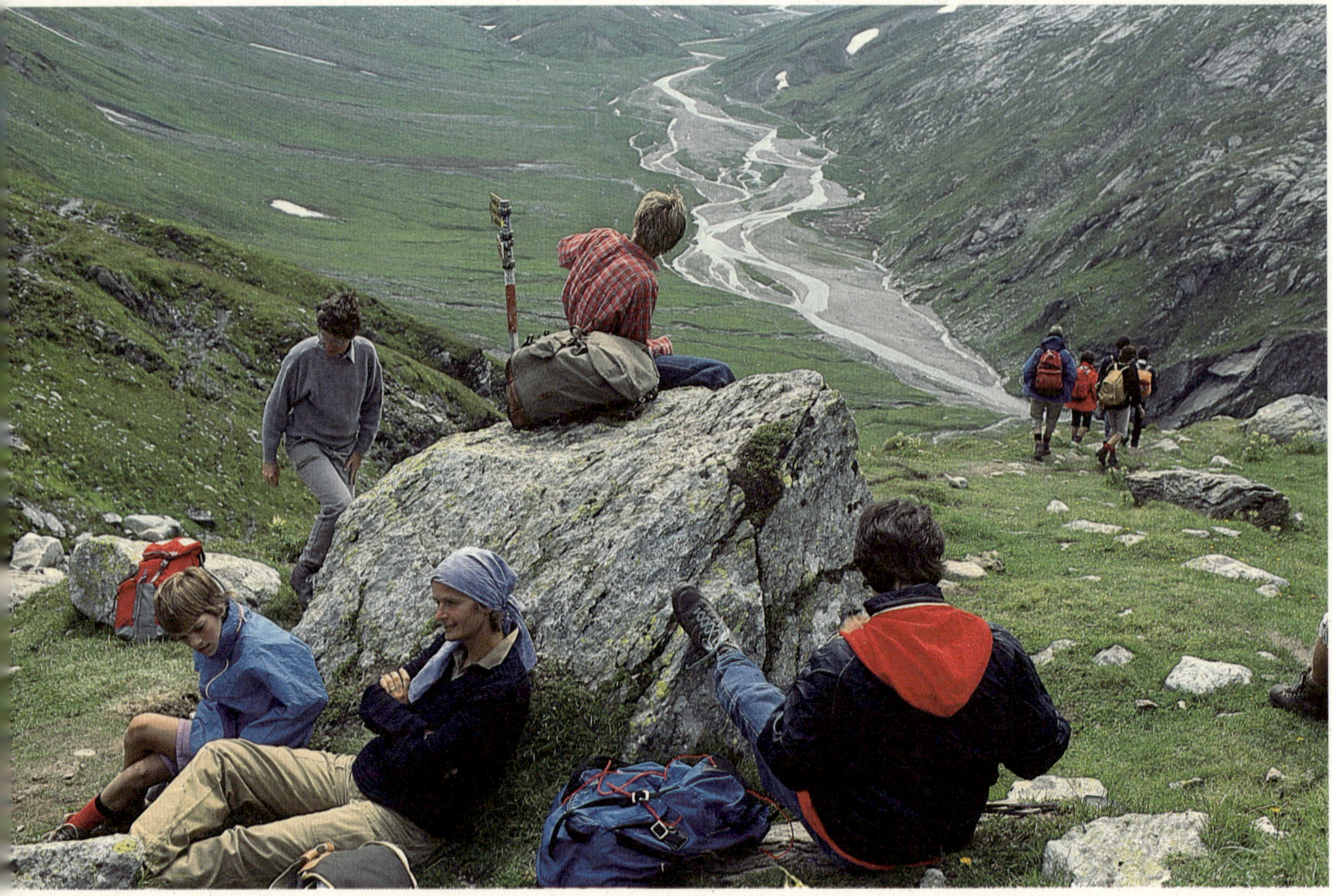

Vorhergehende Doppelseite: im oberen Teil der Greinahochebene.

Vom Paß Diesrut herkommend, hat eine Gruppe von Wanderern jenen Punkt erreicht, von welchem sich unvermittelt der Blick auf die Greinaebene öffnet. Im Süden schließt der Pizzo Coroi (2785 m) das mit Tümpeln und Bächlein durchsetzte Hochtal ab. Über seinen Rücken verläuft die Grenze zwischen den Kantonen Graubünden und Tessin, aber auch der Übergang von der Alpennord- zur Alpensüdseite.

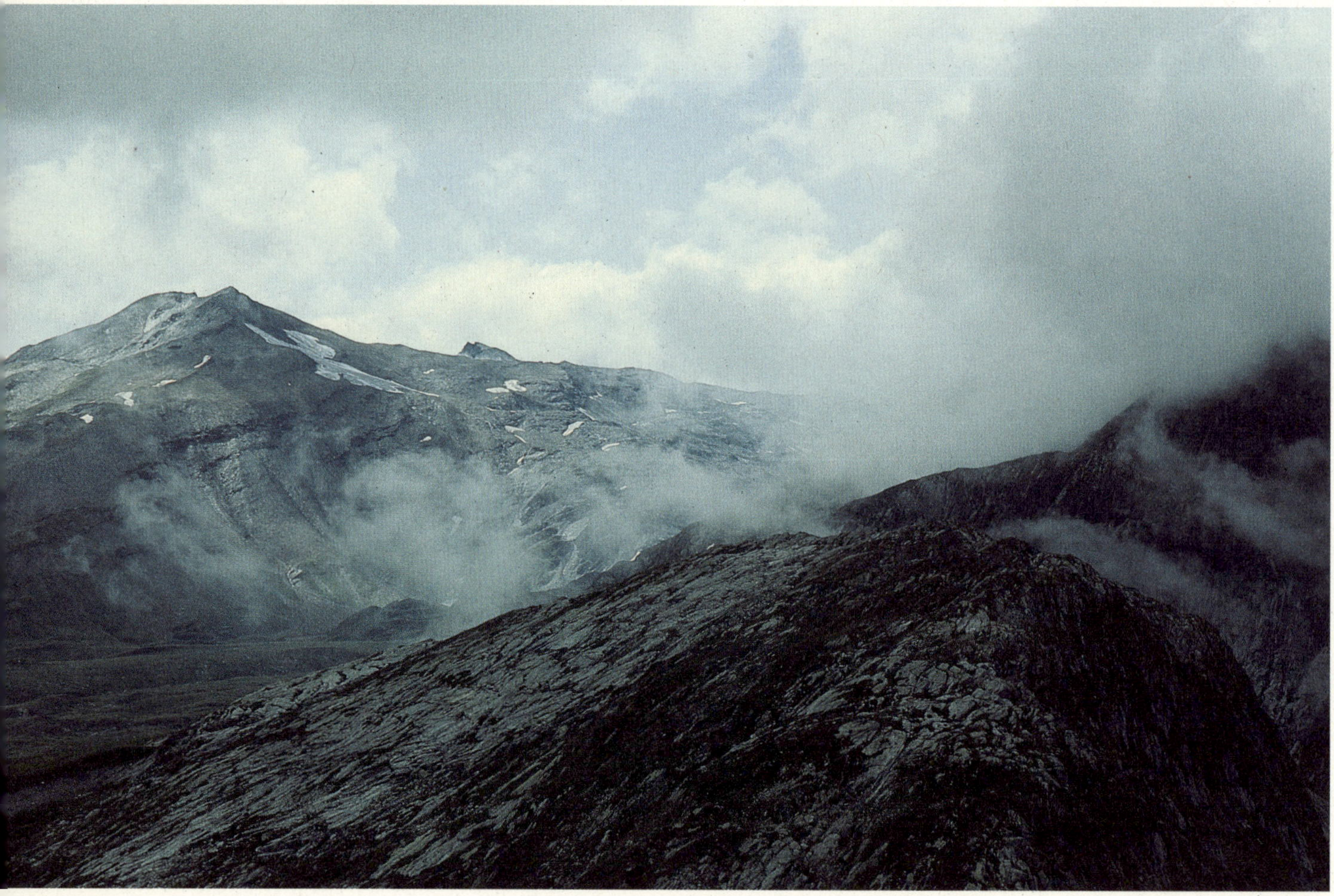

Zwischen dem Pizzo Coroi und dem Piz Gaglianera treibt der Westwind Nebelschwaden über die Greinalandschaft. Das zwei Stunden lange, grüne Hochtal La Greina bildet als breites und sonnenreiches Längstal einen schroffen Gegensatz zum engen und tiefeingeschnittenen Val Sumvitg. Es ist das Land des jungen Rein da Sumvitg und ungezählter Bächlein und Tümpel, die im Spätsommer von den weißen Kugeln des Scheuchzerschen Wollgrases gesäumt sind.

Folgende Doppelseite: die Greinaebene unterhalb Crap la Crusch mit Blick auf den Piz Medel (3210 m).

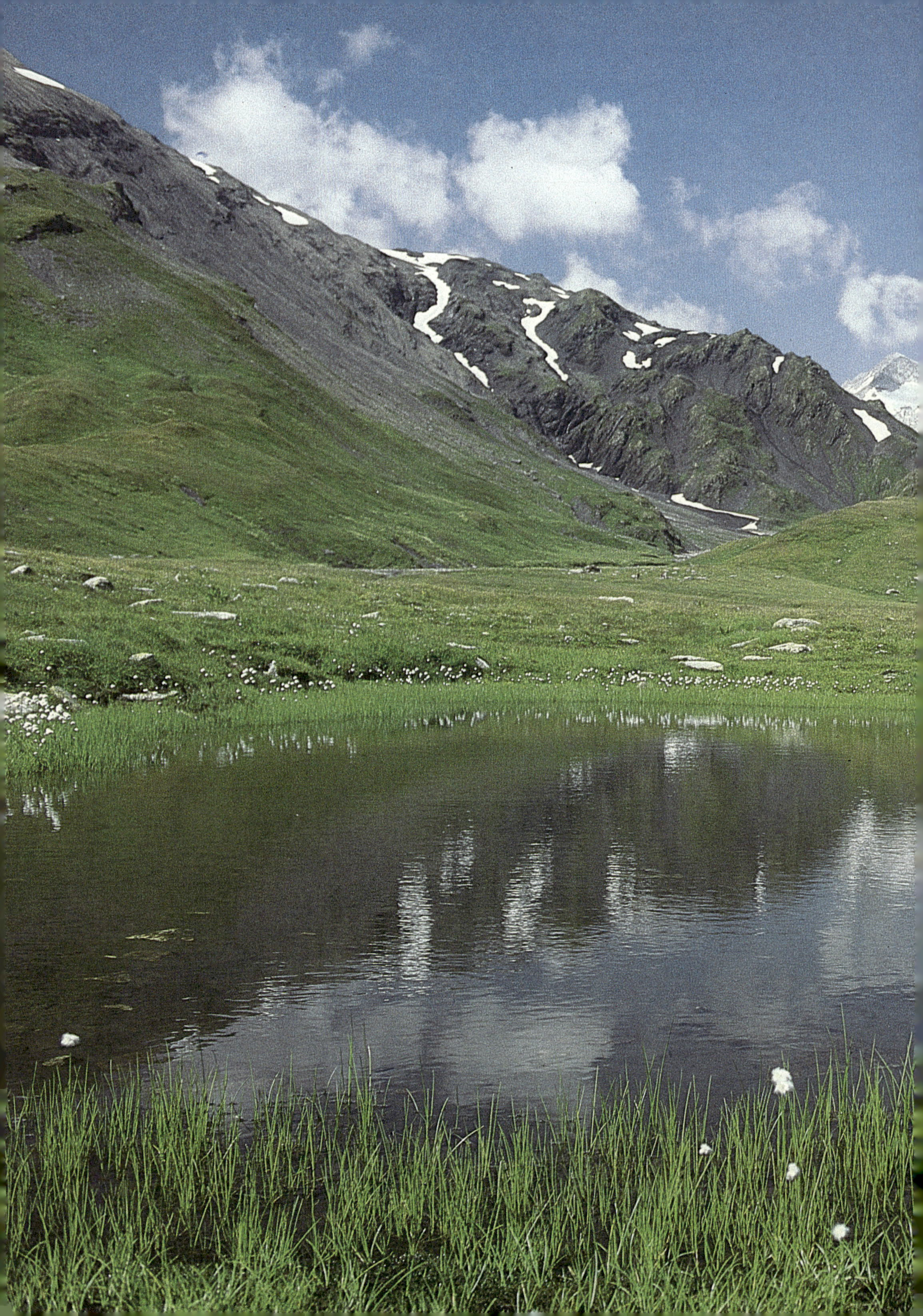

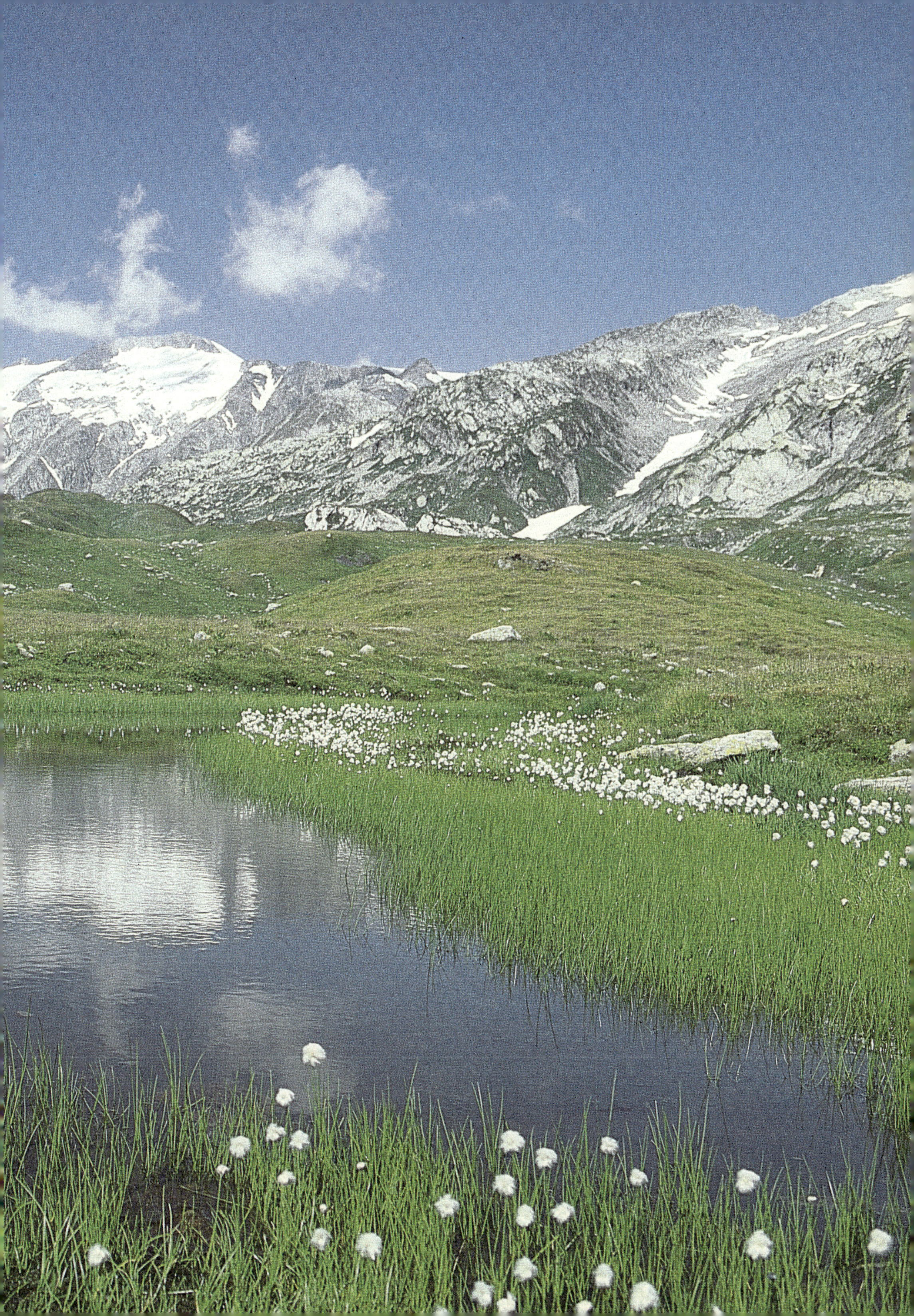

Die Greina und das Spiel der Elemente

Bernhard Wehrli

Elementare Erfahrungen

Wer die Greina erlebt hat, erinnert sich: Der Wind auf dem Diesrut-Paß bläst dir ins verschwitzte Gesicht, kurz bevor sich die Perspektive öffnet auf eine der letzten großen Schwemmlandschaften Graubündens. Die nasse Kälte des Somvixerrheins beißt deine nackten Füße beim Überqueren auf die andere Talseite. Harter Fels, schwammiger Sumpf und brüchige Schieferhaufen wechseln sich ab unter deinen Tritten. Auch das Licht über der Hochebene ändert sich ständig: Einmal hinterläßt die pralle Sonne Brandspuren auf deiner Haut. Ein andermal blendet dich das diffuse Nebellicht über den Muot la Greina.

Die elementaren Erfahrungen von Erde, Wasser, Luft und Feuer sind in unserem Alltag mit Asphalt verdeckt, in Röhren kanalisiert, mit Abgasen belastet und durch Kunstlicht ersetzt. Wir leben in einer Welt der Derivate. Elementare Wirklichkeit ist für die Zivilisationsmenschen rar und kostbar geworden. Die schwer zugängliche alpine Welt der Greina wird jedes Jahr von Tausenden durchwandert, die eine direkte Begegnung mit Bergen, Wasser, Sonne und Wind suchen. Dieses Suchen nach sinnlich-ästhetischen Erfahrungen ist für die moderne Naturwissenschaft leider kein Thema. Das war früher anders: Die alten Naturforscher haben ihre präzisen Beschreibungen häufig mit ästhetischen Kommentaren versehen. Der Benediktinerpater Placidus a Spescha hat die Greina als erster wissenschaftlich erforscht und dabei sogar den Piz Terri bestiegen. Über die Landschaft am Crap la Crusch hat er 1820 geschrieben: «Wenn eine unschuldige Seele, das was man von hier aus sieht, mit unparteiischem Gemüte betrachtet und überlegt und vorzüglich die zahme Weide mit der Wildheit der Gebirge vergleicht, so wird er ungern diese Stelle verlassen.» Diese ästhetische Sicht ist aus den heutigen Fachpublikationen verschwunden. In den Umweltwissenschaften wird die Ausgrenzung von Ästhetik und sinnlicher Wahrnehmung als akutes Problem sichtbar: Wie soll jemand wissenschaftlich beurteilen können, ob eine Landschaft schützenswert ist, wenn nur das zählt, was sich zählen läßt? Augen, Nase, Ohren und Haut «einer unschuldigen Seele» könnten dazu ebenso wertvolle Information liefern wie ein empfindliches Meßinstrument. Damit sich die sinnliche Erfahrung einer Landschaft und der wissenschaftliche Blick ergänzen können, ist es nötig, die Vielfalt der wissenschaftlichen Informationen aus verschiedenen Spezialgebieten zu bündeln. Die Optik, die wir dadurch gewinnen, gleicht einem Insektenauge – aus den vielen Wissensfacetten kann im Idealfall so etwas wie ein Mosaik entstehen.

Die Vergangenheit: Feuer und Erde

Die Gebirgslandschaft der Greina fasziniert die Geologen, weil sie genau im Grenzbereich zwischen dem Urgestein des Gotthardmassivs und den Sedimentschichten des Bündnerschiefers liegt. Die über 3000 Meter hohe Kette der Granitgipfel vom Piz Medel bis zum Piz Vial bilden den südöstlichen Saum des Gotthardmassivs. Seine Granitgesteine sind tief in der heißen Erdkurste aufgeschmolzen worden. Die englische Bezeichnung «igneous rock» – Gestein des Feuers – zeugt davon. Die Gluthitze nimmt gegen das Erdinnere im Mittel um ca. 30 °Celsius pro Kilometer zu. Sie kann in 30–40 Kilometer Tiefe eine Temperatur von 1000 °Celsius erreichen. Der radioaktive Zerfall von Kalium- und Uranisotopen wirkt dabei als Wärmequelle. Auf dem zähflüssigen Erdmantel schwimmen die Kontinente wie Eisschollen. Durch den Zusammenstoß der afrikanischen mit der europäischen Kontinentalplatte sind in den letzten 30 Millionen Jahren die Alpen angehoben worden. Unsere Berggipfel wachsen weiter in den Himmel, allerdings nur mit der unmerklichen Geschwindigkeit von etwa einem Millimeter pro Jahr.

Ein dramatisches Zeugnis für das Wirken der geologischen Kräfte finden wir im tief eingeschnittenen Val Camadra. Hier wurden die Gesteine derart gestaucht, daß das Gotthardmassiv auf der kurzen Distanz von 2 Kilometern um etwa 800 Meter abtaucht. Die Sedimentgesteine, welche in einem Urmeer über dem Gotthardmassiv abgelagert wurden, stehen zum Teil beinahe senkrecht. Deshalb finden wir auf der Greina die verschiedensten Zeugen der Erdgeschichte auf engem Raum versammelt. Die Geologen, Mineralogen und Geochemiker haben die Gesteine der Greina kartiert, die Mineralien im Röntgenlicht untersucht, Felsproben in kochender Säure aufgelöst, um ihre chemische Zuammensetzung und ihr Alter zu bestimmen. Die Granit- und Gneis-Felsen des Gotthardmassivs waren teilweise schon während der Karbonzeit

(360–290 Mio. Jahre) in ein altes Gebirge eingebaut, das während des Perms (290–250 Mio. Jahre) einem rauhen Wüstenklima ausgesetzt war. Anschließend war das Gebiet während der Triaszeit von einem flachen, tropischen Meer bedeckt, in dem sich Carbonat-Sedimente abgelagert haben. Diese Triassedimente treten im Gebiet des Crap la Crusch als spektakuläre Rauhwackenzüge an die Oberfläche. Die etwa 200 Meter mächtigen Bänder bestehen vorwiegend aus Dolomit und Kalkstein. Die oft senkrecht aufgestellten Gesteinsschichten bilden den Übergang zwischen dem alten Gotthardmassiv und den jüngeren Sedimentschichten. Sie treten auch am Bach wieder zutage, welcher vom Diesrut-Paß hinunter zur Greina-Ebene fließt und bilden schließlich die Gipfelpartie des Piz Tgietschen. Die schnelle Verwitterung der Carbonatgesteine hat in diesen Triasschichten zu bizarren Formationen geführt.

Während der Jurazeit hat sich zwischen Afrika und Europa das Urmittelmeer (die Thethys) gebildet. Meeressedimente, die im frühen Jura während der Liaszeit vor ca. 200 Mio. Jahren abgelagert wurden, bilden heute den breiten Schieferhaufen des 2785 Meter hohen Pizzo Coroi. Nach einer Phase der Verbreiterung des Urmittelmeeres hat während der späten Kreidezeit vor etwa 100 Mio. Jahren eine Kollisionsphase eingesetzt. Die afrikanische Platte wurde gegen den europäischen Kontinent gedrückt. Während des Tertiärs (66 Mio. bis 1,7 Mio. Jahre) wurden die Meeressedimente des Urmittelmeeres zuerst übereinandergeschichtet und schließlich zum alpinen Gebirge aufgetürmt. Der 3149 Meter hohe Piz Terri markiert den Übergang von den Jura-Sedimenten zum Bündnerschiefer aus dem Tertiär. Diese penninischen Decken sind bei der Alpenfaltung auf komplizierte Art übereinandergeschachtelt worden, was den Geologen heute noch Kopfzerbrechen bereitet.

An dem vielfältigen Gesteinsmaterial haben die Gletscher der letzten Eiszeit im Zeitraum von 100 000 bis 10 000 Jahren vor heute wie gigantische Bildhauer gearbeitet. Die ganze Greinaebene war unter den Gletschermassen begraben. Nur die zackigen Gipfel des Gotthardmassivs ragten über den Eispanzer. Am Greinapaß haben die Gletscher einen alten Sattel derart rundgeschliffen, daß heute nur noch wenige Dezimeter Höhenunterschied die kontinentale Wasserscheide zwischen Mittelmeer und Nordsee bestimmen. Unebenheiten im

Gelände sind zu charakteristischen Rundhöckerlandschaften abgeschliffen worden, die auf der Alpe Motterascio oder am Südhang des Piz Vial zu sehen sind.

Die Gegenwart: Wasser und Leben

Seit der letzten Eiszeit hat das Leben als gestaltende Kraft die Greina zurückerobert. Auf dem staunassen, flachen Terrain sind durch das Pflanzenwachstum Flachmoore entstanden. Die Torfschichten, welche aus humifizierter Biomasse bestehen, erreichen bis zu einem Meter Mächtigkeit. Die weichen Moorböden schaffen einen reizvollen Kontrast zur steinigen Szenerie. Sie sind eine Art selbsterschaffene Standorte für seltene Pflanzengemeinschaften. Der vielfältige geologische Untergrund auf der Greina bietet den verschiedensten Pflanzengesellschaften eine ökologische Nische. Auf dem kristallinen Untergrund des Gotthardmassivs sind die Böden generell saurer als auf dem kalkhaltigen Sedimentgestein. Der Getüpfelte Enzian gedeiht auf sauren Böden, der Gelbe Enzian dagegen zeigt die basischen Verhältnisse von Kalkstein an. Die Vielfalt der Standorte und die extensive Nutzung machen die Greina zu einem Refugium für Pflanzenarten, die in der Schweiz nur noch sehr selten zu finden sind, wie die Zweifarbige Segge und die Kastanienbraune Binse. Nur geübte Pflanzenkenner werden diese unscheinbaren Pflanzen bemerken. Den meisten Greina-Wanderern fallen jedoch die weißen Kugeln von Scheuchzers Wollgras auf, welche an den Gewässerrändern im Talgrund zu finden sind. An den Abhängen des Bündner Schiefers ist die Mt.-Cenis-Glockenblume nicht zu übersehen. Die Botaniker haben auf der Greina 17 eidgenössisch und 29 kantonal geschützte Pflanzenarten gezählt.

Die vielfältige Pflanzendecke der Greina bildet die Lebensgrundlage für die alpine Tierwelt. Sie wird dominiert von Gemsen und Steinböcken, Schneehasen, Baum- und Steinmardern, Murmeltieren, Schneehühnern und dem Steinadler.

Strukturiert wird der Lebensraum Greina durch das Wasser. Während etwa 200 Tagen im Jahr liegt Schnee. Viele Mulden sind sogar nur etwa 10 Wochen pro Jahr schneefrei. Dort hat sich die typische «Schneetälchenvegetation» ausgebildet. Die Gletscher haben vielerorts Mulden ausgeschliffen, in welchen sich heute kleine Seen ausgebildet haben. Der Gletschersee am Fuß des Piz Terri ist das schönste Beispiel. Das Netz der Fließgewässer bündelt sich im Rein da Sumvitg zum zweitgrößten Alpenfluß im Vorderrheingebiet, der nicht von der Kraftwerknutzung beeinträchtigt ist. Dank des natürlichen Sperriegels am Muot la Greina haben die Zuflüsse die weite Schotterebene des Plaun la Greina aufgeschüttet, wo der Rein da Sumvitg frei mäandriert.

Hinter dem Muot hat sich der Somvixerrhein tief ins Gestein an der Grenze zwischen dem harten Kristallin und den weicheren Sedimentgesteinen eingefressen. Über die verschiedenen Wasserfälle und Stromschnellen der «Frontscha» tost das Wasser dem Ausgleichsbecken Runcahez entgegen, wo es schließlich doch noch den Kraftwerken Vorderrhein ins Netz geht. Seit den frühen dreißiger Jahren mißt die Landeshydrologie die Abflußverhältnisse am Somvixerrhein. Das Einzugsgebiet der Greina liegt auf einer mittleren Höhe von 2450 Metern. Unten im Val Sumvitg vor dem Zusammenfluß mit dem Rein da Vigliuts aus dem Val Lavaz fließen im Jahresmittel 1,45 m^3 pro Sekunde. Während der intensiven Schneeschmelze im Juni und Juli tost der Rein da Sumvitg mit mehr als 4 m^3 pro Sekunde über die Wasserfälle der Frontscha, und während der Wintermonate Januar und Februar suchen nur noch 200 Liter Wasser pro Sekunde ihren Weg unter den Lawinenkegeln hindurch. Ein derart dynamisches Abflußregime ist heute nur noch bei wenigen Alpenflüssen zu finden. Unterhalb von Stauseen fließt im Winter unnatürlich viel und im Sommer viel zu wenig Wasser. Oft werden die alpinen Fließgewässer über das Wochenende «abgestellt», um kostbaren Speicherstrom zu sparen.

Wegen ihrer großen Höhe erhält die Greina viel Niederschlag: Würde man den Jahresabfluß des Somvixerrheins auf sein Einzugsgebiet verteilen, so würde die Greina mit 2,5 Meter Wasser bedeckt. Aus dem Gebiet der Schweiz fließt im Jahresmittel nur etwa 1 Meter Wasser ab. Dank des Verzichts auf den Greina-Stausee bleibt der natürliche Wasserreichtum dieser Landschaft erhalten. Der Somvixerrhein behält zumindest auf seiner Steilstufe den typischen Jahreszyklus vom vereisten Gerinne zum tobenden Schmelzwasser bei. Im ganzen Alpenbogen sind nur noch knapp 10% der Fließgewässer in einem so naturnahen Zustand.

Die Zukunft: Luft und Ideen

Die Greina ist gerettet. Der Stausee wird nicht gebaut. Bleibt nun die Landschaft erhalten, so wie sie ist? Natürlich nicht. Alles fließt. Naturlandschaften verändern sich ständig. Allerdings erfolgen heute die menschlichen Eingriffe in Naturprozesse auch dort, wo keine Baumaschinen auffahren: Gefahr droht der Greina aus der Luft. Zwischen 1914 und 1973 hat die Gletscherfläche auf dem Greina-Gebiet um beinahe 50% abgenommen. Durch den Gletscherrückgang sind etwa 10 km² Neuland entstanden. Ein Zusammenhang zwischen dem globalen Anstieg von Kohlendioxid in der Atmosphäre und dem beobachteten Gletscherrückgang ist naheliegend, wenn auch nicht direkt beweisbar. Eine klimatische Erwärmung im Alpenraum wird nicht nur zur verstärkten Erosion in Permafrostgebieten führen, sie bedroht auch jene Pflanzengemeinschaften, die nur noch in Refugien wie der Greina überleben. Es ist fraglich, ob sich diese empfindlichen Biotope rasch genug an Klimaveränderungen anpassen können. Die alpinen Ökosysteme stehen außerdem durch Überdüngung unter Druck, weil über die Niederschläge Stickstoffverbindungen aus der Landwirtschaft und dem Verkehr weiträumig verfrachtet werden.

Wenn wir die Greina als intakten Naturraum erhalten wollen, müssen wir zwei politischen Ideen zum Durchbruch verhelfen:

1. Die Kastanienbraune Binse und ihre Kolleginnen auf der roten Liste bedrohter Arten brauchen Lebensraum. Ungenutzte Räume wie die Greina können mithelfen, die biologische Vielfalt zu erhalten. Für uns Stadtmenschen sind solche Refugien mit einem natürlichen Gewässernetz eine wertvolle Quelle von elementaren Erfahrungen: Mit nackten Füßen durch einen Bergbach zu waten kann den Gang zum Psychiater ersparen.

2. Naturschutz allein genügt nicht mehr. Die empfindlichen alpinen Ökosysteme werden auf einen Klimawandel reagieren, lange bevor wir ihn in unseren klimatisierten Räumen bemerken. Unser Lebensstil ist über die Luft und das Klima direkt mit den Pflanzengemeinschaften der Greina verknüpft. Wir wissen, was zu tun ist: Weniger verbrauchen, mehr leben!

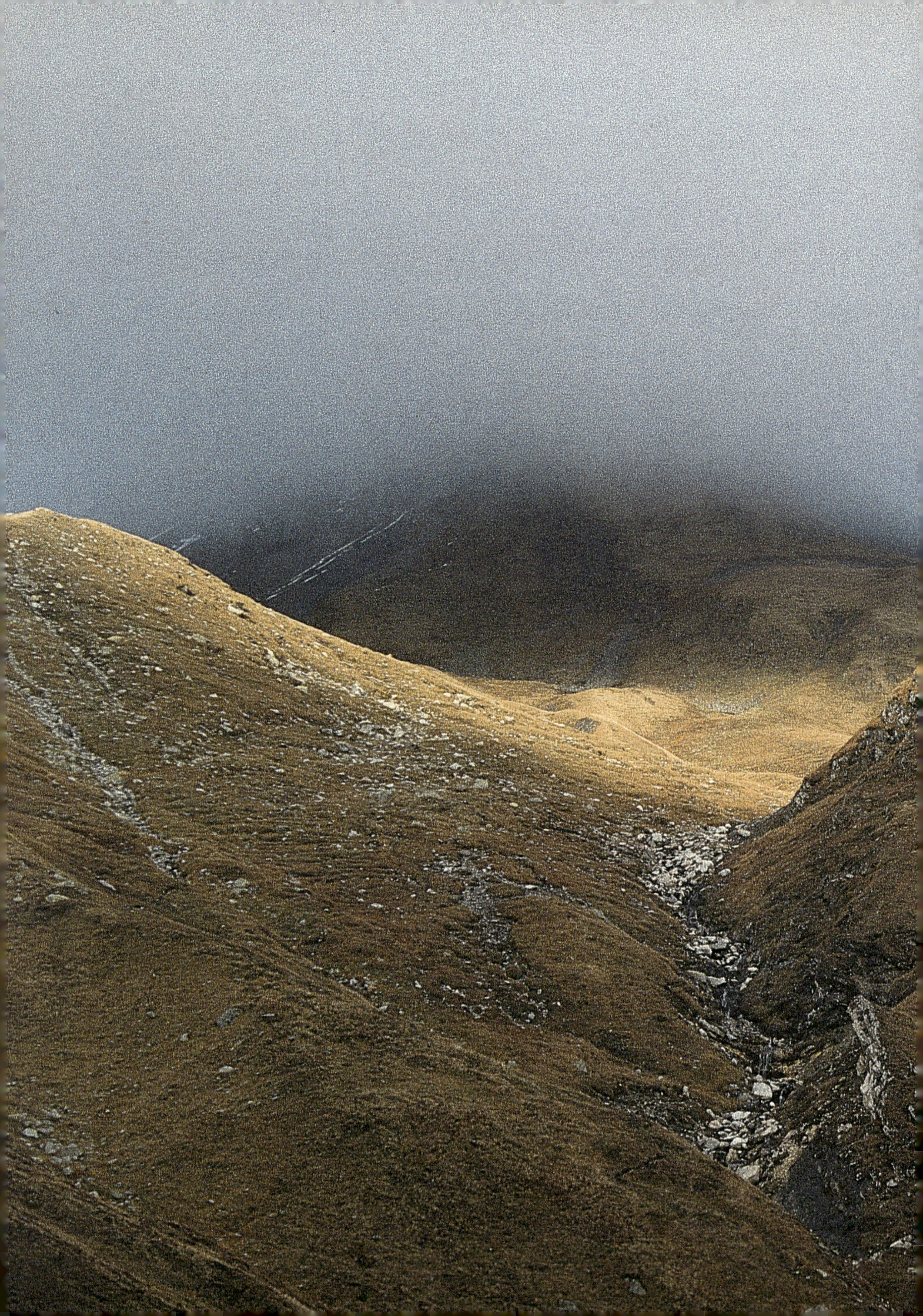

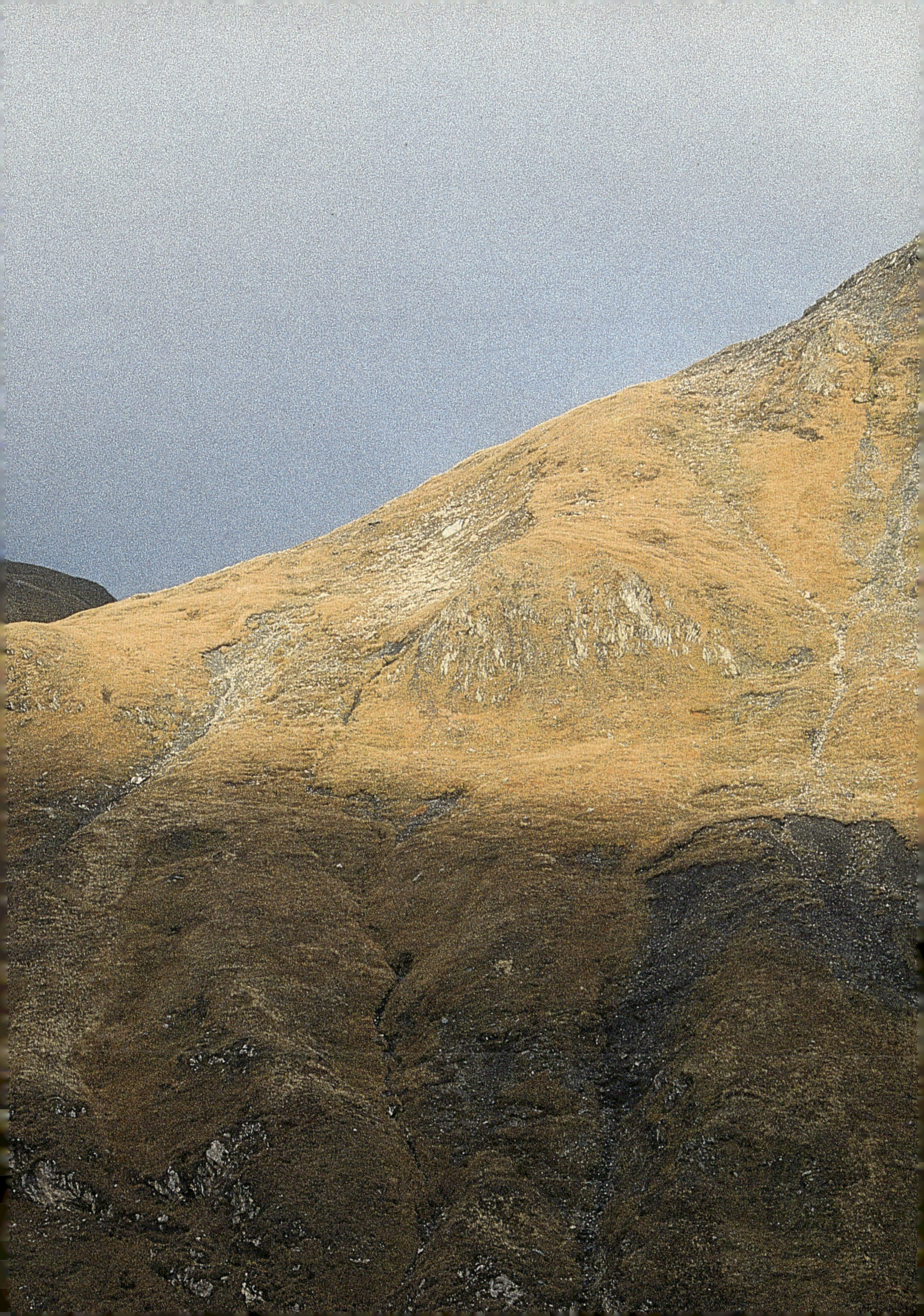

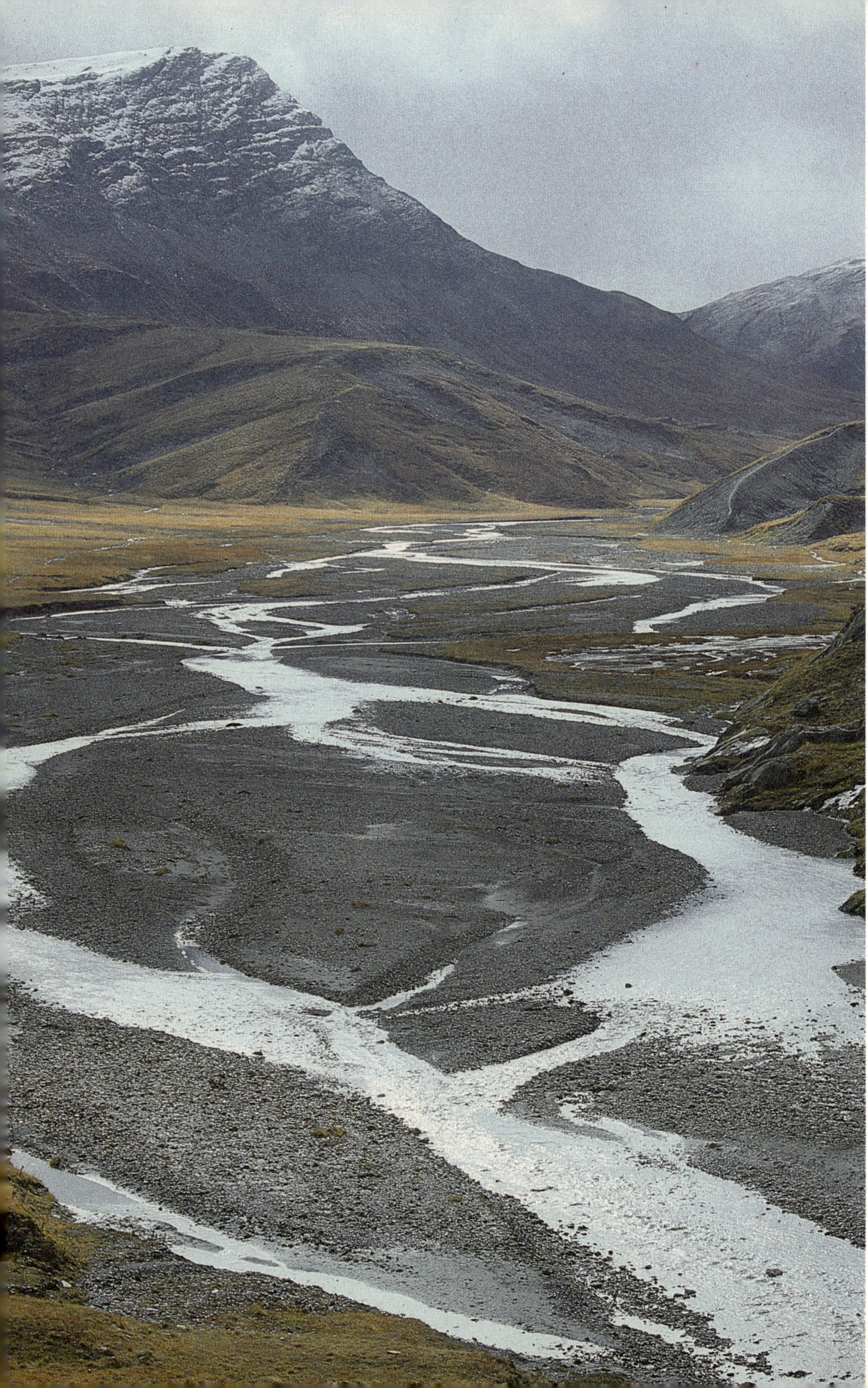

Vorhergehende Doppelseite: Herbstfarben in der Greina-Landschaft.

Der Piz Ner (2765 m) trägt auf seiner Nordflanke ersten Schnee, die vor kurzem noch grünen Hänge um den Paß Diesrut sind ockerfarbig bis braun geworden.

Bald wird der Greinapaß (2357 m) mit seinem alten Schmiedeisenkreuz nur noch mit Skis begehbar sein und die rot-weißen Wegmarkierungen werden für mehr als ein halbes Jahr von Schnee bedeckt sein.

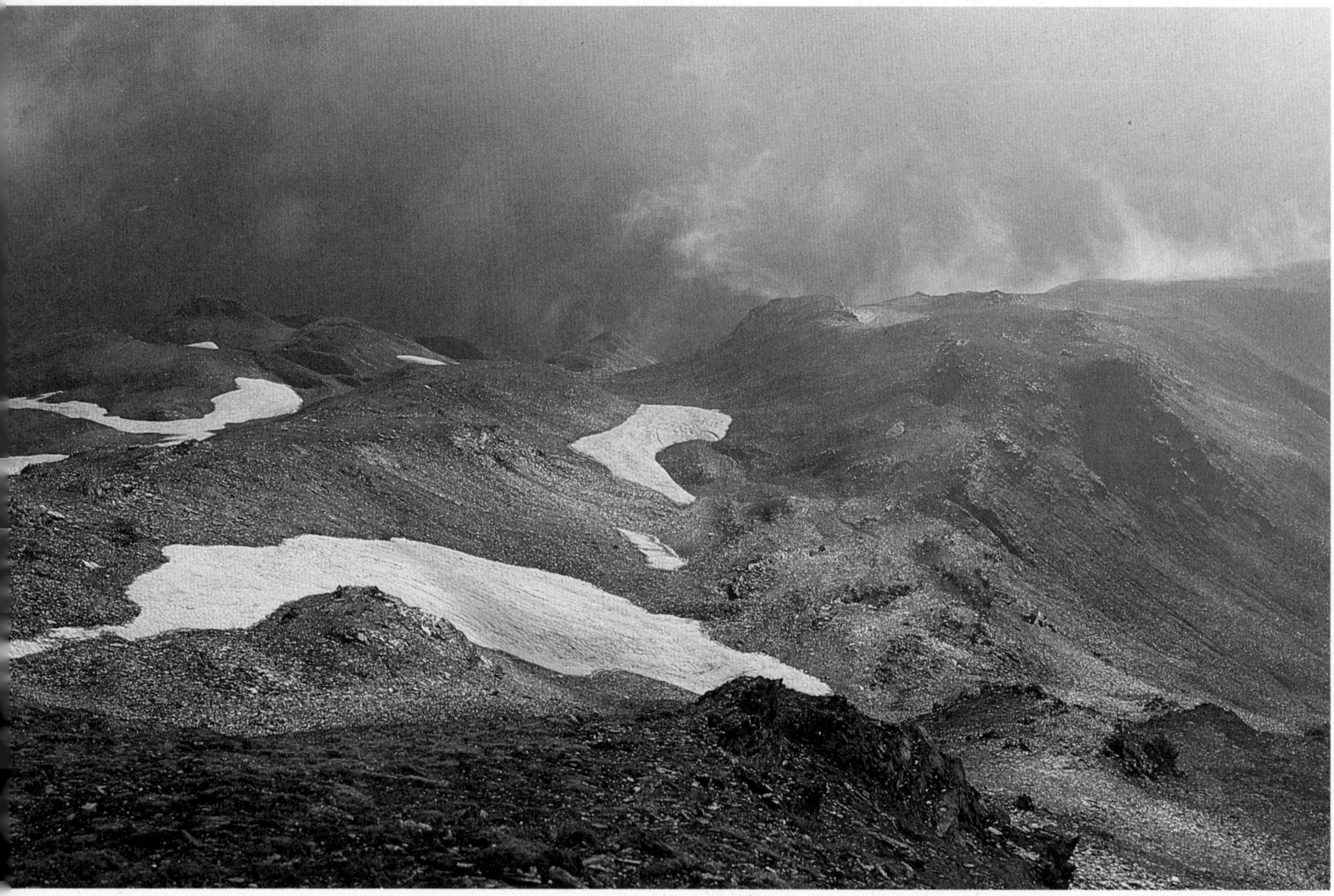

Der 2785 Meter hohe Pizzo Coroi ist eine Schuttpyramide am Südende der Greinahochebene. Der alpinistisch uninteressante Berg wird selten bestiegen, obwohl die Aussicht sehr reizvoll ist. Geologisch, mineralogisch und botanisch bietet der sanfte Gipfel viel.
Folgende Doppelseite: Reste eines Gletscherchens auf der Nordflanke des Pizzo Coroi über dem Greinapaß.

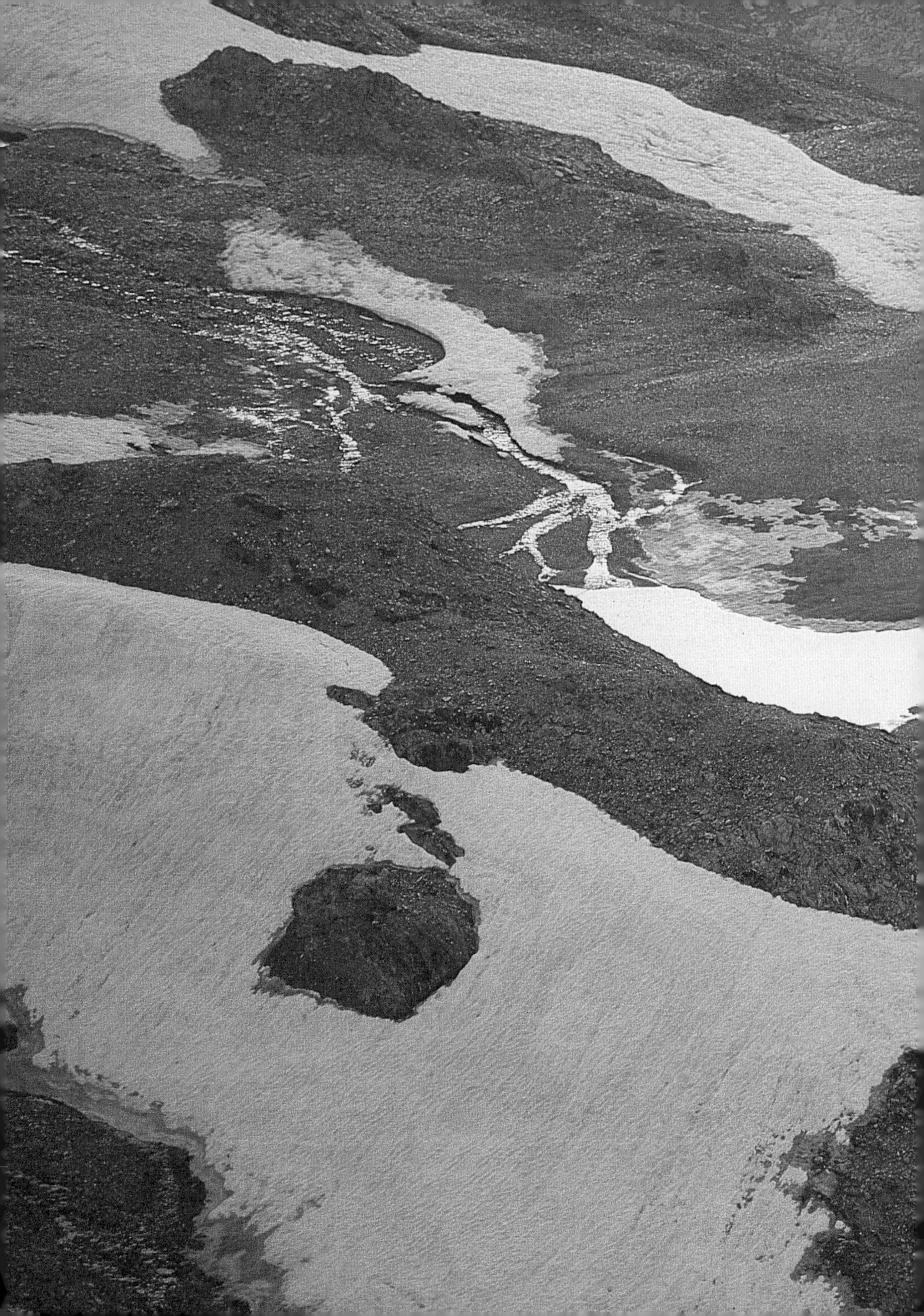

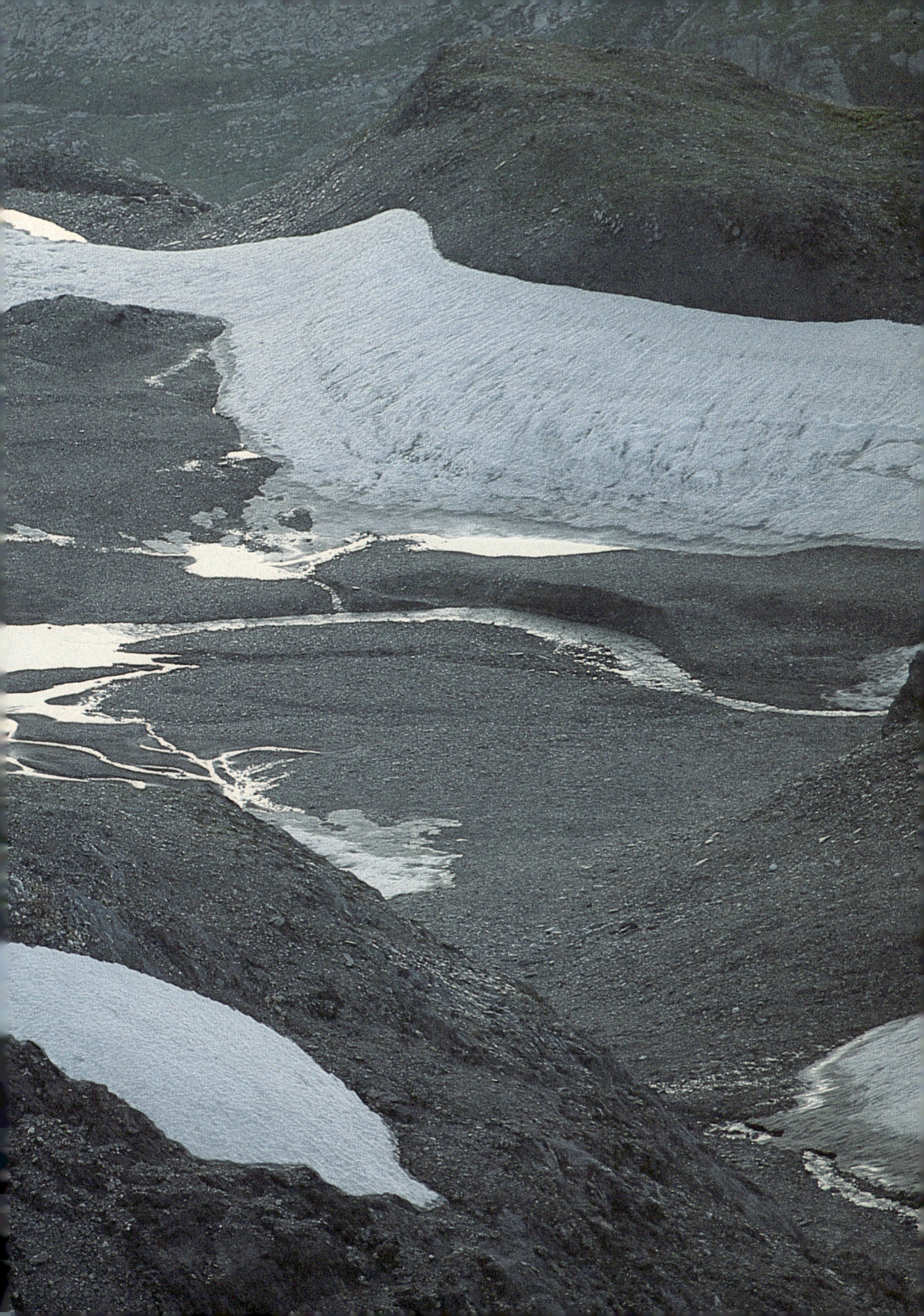

Greina im Winter

Menga Danuser

Die Worte müssen sich vom Herzen lösen. Müssen sie? Muß nicht vielmehr das Herz sich aufraffen und den Wörtern nachgehen? Sich in der Greina wiederfinden und dort auflösen, zur Ruhe kommen? Denn werden die Sinne still, tritt das Unermeßliche ins Dasein. Die Ferne verschwindet, die Nähe ist zärtlich. Vergessen sind die mordsfriedlichen Menschen.

Die Wolken lassen dem Mond seinen Hof. Auf der Greina liegt Schnee, die Kälte ist höllisch. Gefrorene Träume schweben durch die helle Nacht, liegen auf dem Gestein, aufgehoben im Weiß, das alle Farben enthält.

Die Träume in der Greina haben sich vermehrt mit ihrem Berühmtwerden. Sie sind so unterschiedlich wie die Menschen, die das gerettete Wunder besuchen.

«In» sein, das mußt du «gemacht» haben, ist für viele das Motiv für eine Wanderung über den Paß. Im Anschluß an die Anstrengung wird in abendlich schlanken Reden die Greina bei Bedarf den Gesellschaften wie ein Film vorgeführt und abgehakt. Solche Träume, gerichtet nach dem Wind, verwirklicht man schnell, und sie bekräftigen nur die Sehnsucht. Diese Gäste sind längst anderswo. Ihre Träume gefrieren hastig auf der Greina.

Dann jene artigen Menschenvögel, die über Generationen in der Terrihütte nisten und jeweils den Jungen von dort aus in elterlicher Liebe nicht das Fliegen, aber das Bergsteigen beibringen. Die früh aufstehen und sich für andere nur nebenbei interessieren. Die in festen Schritten, die Jungen hinter sich, die Halden durchwandern, aus der Thermosflasche trinken und gefällig die Bergwelt genießen. Darunter sind solche, die für die Greina hätten gefährlich werden können. Denn sie sind Realisten, die Realisten der Zeit, den Kosten-Nutzen-Argumenten hörig. Warum nicht ein Speichersee mehr, wenn er nötig ist? Wenn sie träumen, hängen sich ihre Träume an die Steine, an die Gräser, an die Tritte in der Erde. Der Morgentau weint auf sie.

Kommt auch ein Liebespaar. Es geschieht ihnen, daß sie auf einmal auf der Greina sind. Alles ist für sie da, und sie vergessen nicht, mit brennendem Körper Wasser aus dem jungen Rhein zu trinken. Ihr Traum fließt mit diesem hinab über die Frontscha. Vermischt mit Kölnisch Wasser liegt er später auf Taschentüchern und erzählt.

Viele solche Träume gesellen sich zu den uralten, die von Einheimischen sind, vor allem von Frauen, weil diese nicht jagen. Ihre Träume sind anders, weil sie nie durch die Wirklichkeit hindurch mußten. Die sie träumte oder träumt, hat das Schicksal unten im Tal behalten. Auf die Greina, so hoch hinauf, geht sie nicht. Die Gefahr ist zu groß. Sie hört noch schreckliche Gespenster im gefährlichen Wasser, ängstigt sich vor Riesen in Wiesen. Denn als sie klein war, wurden Geschichten vor ihr aufgetürmt, und damit wurde verhindert, daß sie im Wasser ertrank oder auch nur, daß sie durchs hohe Gras trampelte.

Ins Vielfache haben sich mit ihrem Berühmtwerden die Träume in der Greina vermehrt. Sie schweben durch die helle Nacht. Die Wolken lassen dem Mond seinen Hof. Das Licht erreicht durch den Schnee die schlafenden Blumensamen nicht. Kein Ton weckt die Tiere.

Später einmal geht der Schnee weg. Dann erwachen als erstes Geräusche. Sie gelten den kommenden Jahreszeiten, in denen die Greina auch immer für die Menschen da ist, die wie Ameisen ihre Adern kitzeln, wenn sie ihren Schätzen auf der Spur sind; denen sie aber nur hilft, wenn sie sich selber helfen. In flüchtigem Rausch hat sie ein einziges Mal nur geglaubt, ihren Leibwächter erinnern zu müssen: «Beiße nicht. Nicht hundert Jahre können sie sich ergötzen!» In jenem Jahr hatte der Pizzo Coroi sein Tigergewand nicht einmal im Herbst ganz abgestreift ...

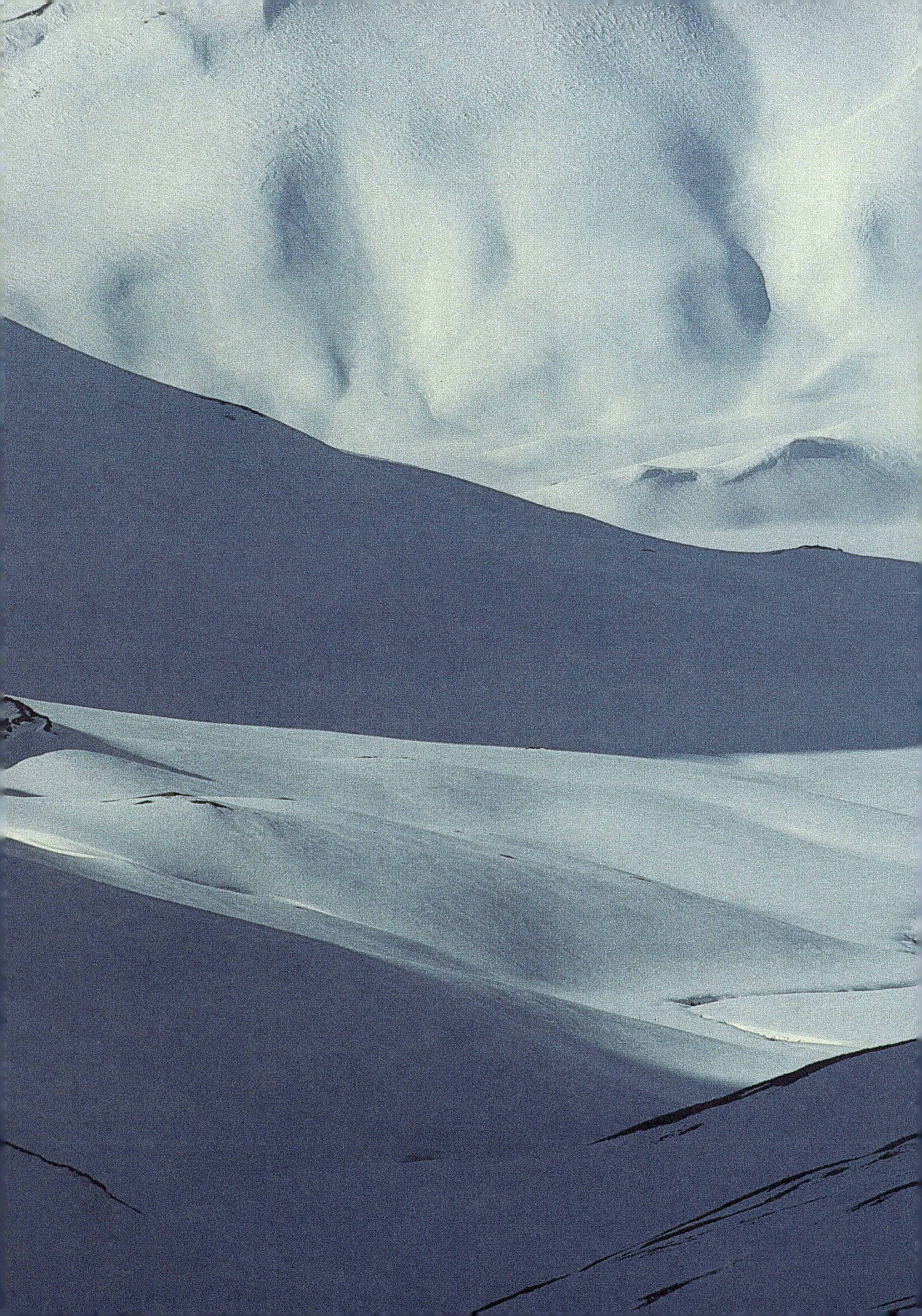

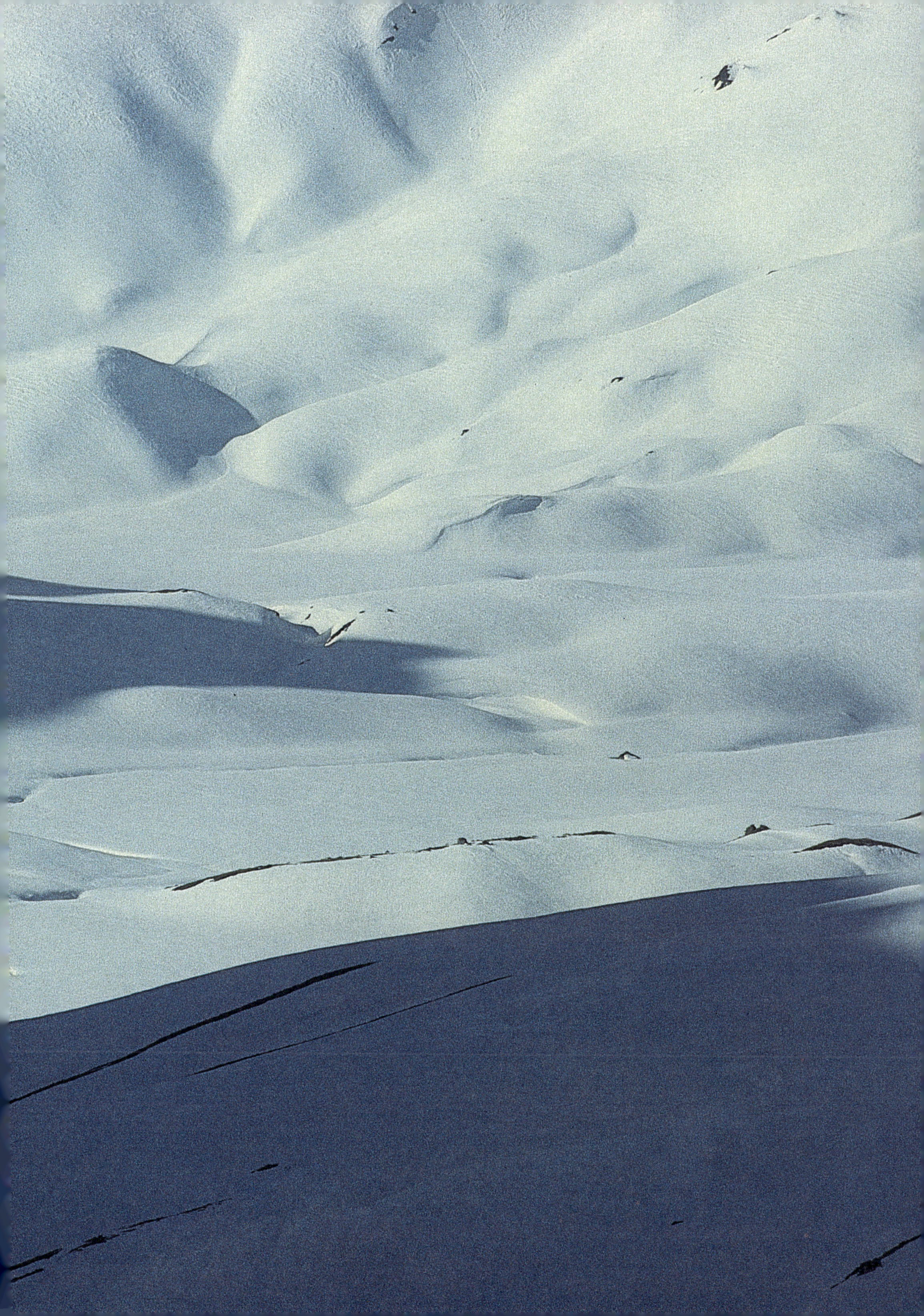

Vorhergehende Doppelseite: Plaun la Greina im April.
Skitouren im Greinagebiet erfordern Erfahrung sowie gute Schnee- und Lawinenkenntnisse. Die Gipfel der Greina, schon zur Sommerszeit selten besucht, sind im Winter recht einsam. In den Monaten März bis Mai sind die Schneeverhältnisse meist sicherer als im Hochwinter. Im Aufstieg zum Paß Diesrut (2428 m) erreicht die Morgensonne den Piz Stgir (2711 m). Der Piz Terri (3149 m), der sich im Winter wild und unnahbar zeigt, ist der höchste und aussichtsreichste Gipfel der Gegend.
Nachfolgende Doppelseite: Blick von Pizzo Coroi nach Westen.

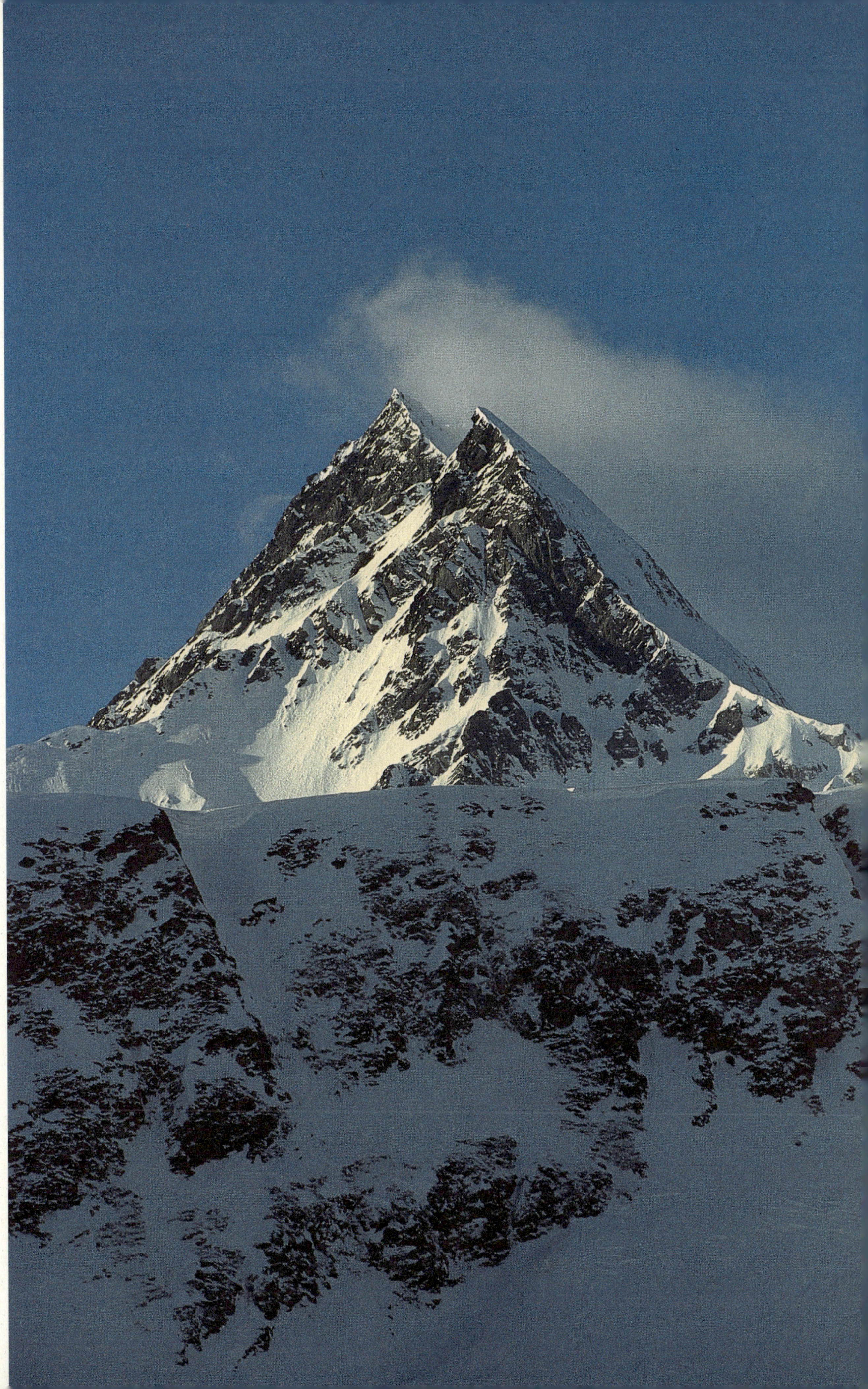

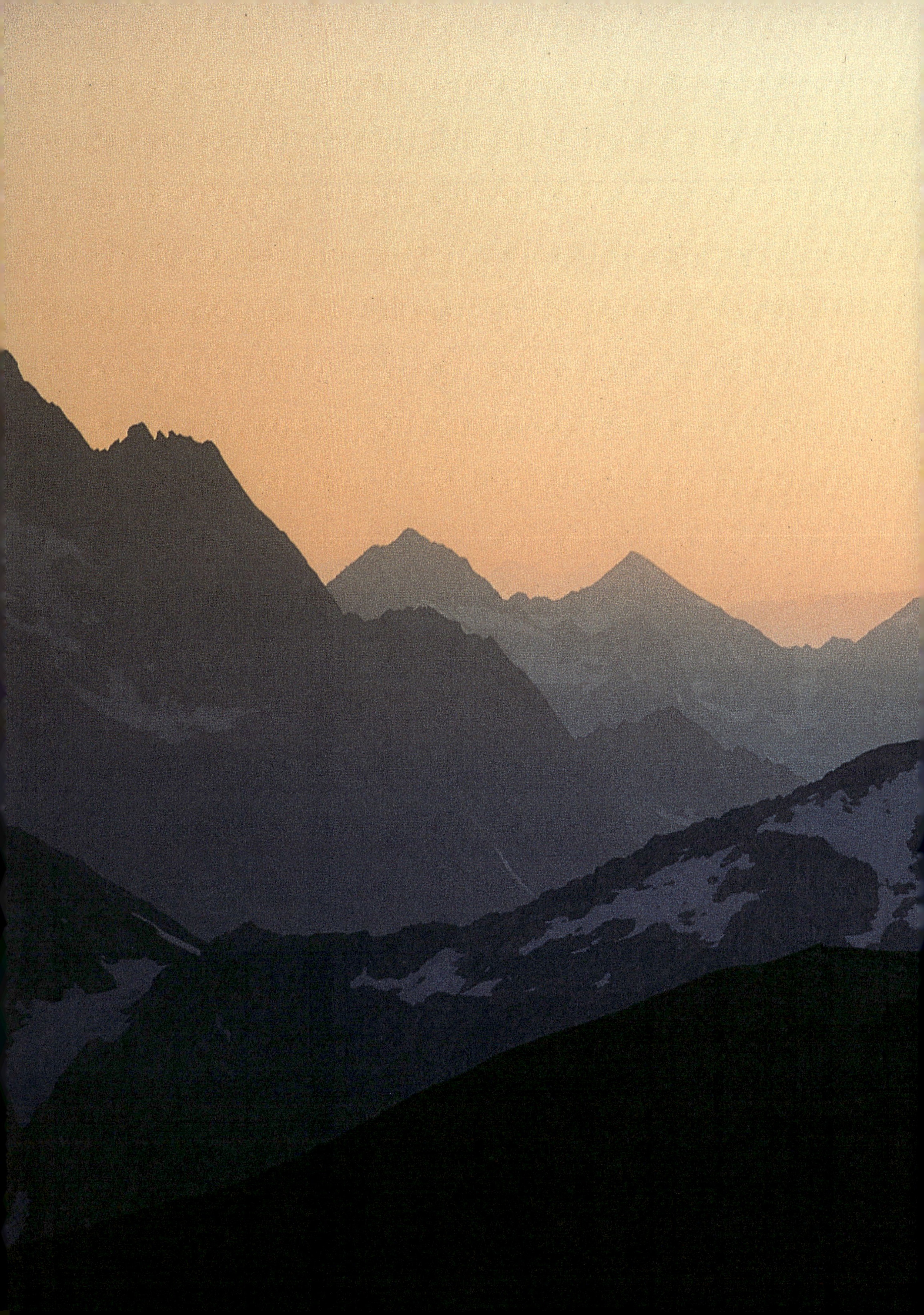

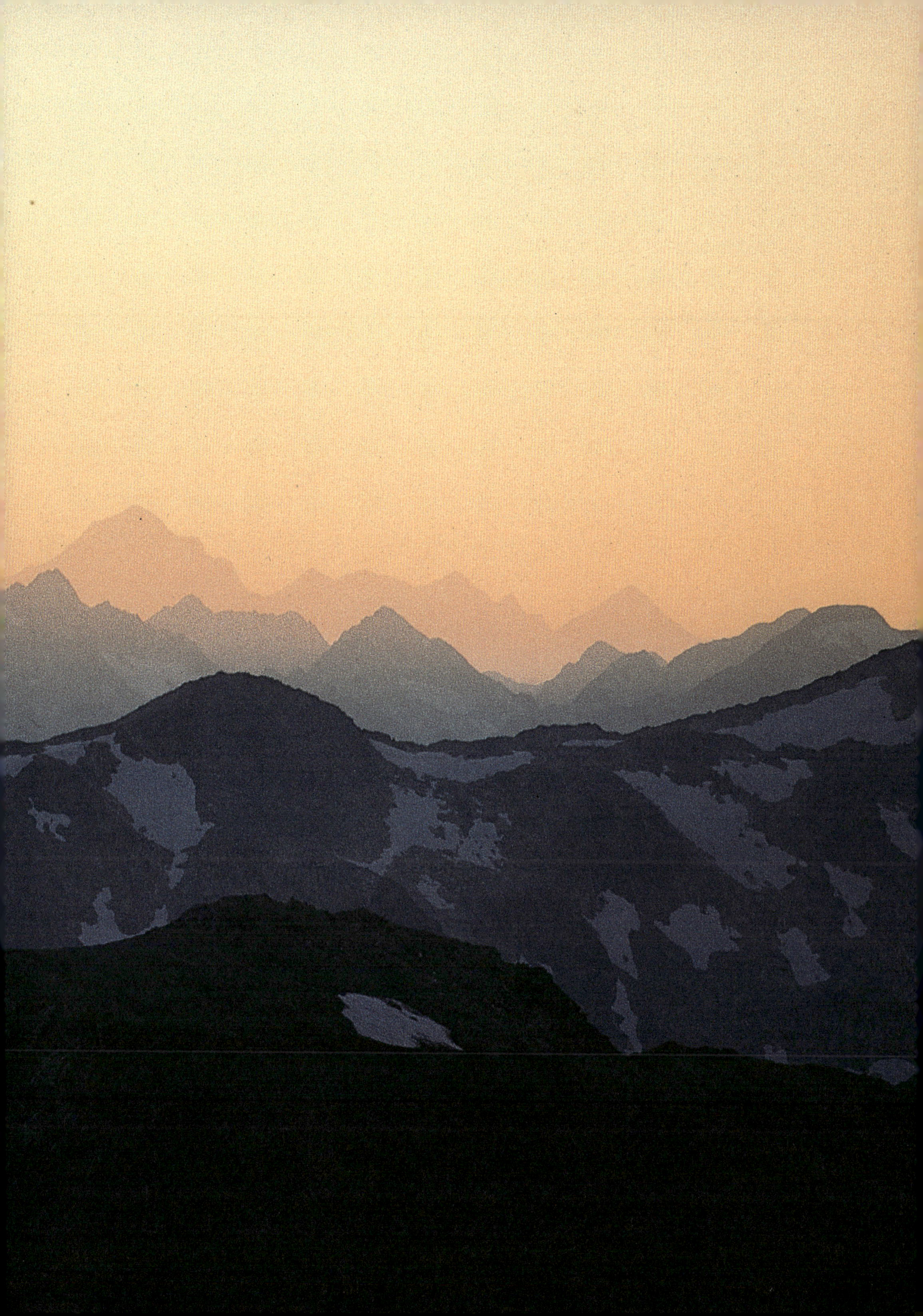

Zum Schutz der Landschaften von nationaler Bedeutung

René Rhinow

**Ein Minderheitsantrag im Schweizer Ständerat
vom 19. Juni 1990**

Wir haben schon mehrere Male über den Landschaftsrappen diskutiert, und ich möchte nicht die ganze Geschichte nochmals aufrollen, sondern mich auf einige mir wichtig erscheinende Aspekte beschränken. Zuerst möchte ich wiederholen und ganz klar herausstreichen, daß es um zwei verschiedene Fragen geht. Es geht einmal um die Frage, ob eine gesetzliche Grundlage für die Ausgleichsbeiträge geschaffen werden soll, also um die Möglichkeit, solche Abgeltungsleistungen zu zahlen. Es geht zweitens um die Frage, wie diese Abgeltungen zu finanzieren sind, ob hiefür eine spezielle Abgabe erhoben werden soll, die in einen Fonds einfließt, oder ob diese Abgeltungen aus allgemeinen Bundesmitteln zu finanzieren sind. Ich betone diese Unterscheidung, weil in der Diskussion oft unter dem Stichwort Landschaftsrappen beides gemeint wird und von den Gegnern im gleichen Atemzug auch beides abgelehnt wird. Wir sollten in der Diskussion die beiden Aspekte auseinanderhalten.

Zu den Ausgleichsbeiträgen: Ich möchte nochmals auf einen Aspekt eingehen, der immer wieder zu Mißverständnissen geführt hat. Es wird oft gesagt, man könne keinen Verzicht entschädigen. Das wäre ein Einbruch, der ungeheure und unabsehbare Folgen hätte. Aber es wird letztlich nicht ein Verzicht entschädigt! Es wird ein positives Tun entschädigt, nämlich der Schutz einer Landschaft im nationalen Interesse. Oder, wenn wir noch weiter gehen wollen: Im Grunde genommen wird die Landschaft Schweiz geschützt, weil wir das Gesamte sehen müssen und nicht nur das einzelne Objekt. Es geht darum, daß es abgegolten werden kann, wenn Gemeinwesen sich verpflichten, Landschaften auf Dauer unter Schutz zu stellen und allenfalls für entsprechende Aufwendungen aufzukommen.

Es geht letztlich um dasselbe wie bei den hoheitlichen Eingriffen, wo aufgrund der materiellen Enteignung Entschädigungsleistungen bezahlt werden. Hier geht es nicht um hoheitliche Eingriffe und Zwang, sondern um die Vereinbarung zwischen dem Bund und dem Gemeinwesen. Aber das Geld, die Abgeltung, hat die gleiche Funktion, nämlich für den Empfänger einen Ausgleich zu schaffen. Nur daß es sich hier um den liberalen Weg handelt, um die Lösung, mit Anreizen zu arbeiten und hierfür zu entschädigen, und nicht darum, hoheitliche Zwangsmaßnahmen aufzuerlegen.

Die Vorbilder kennen wir. Wir haben im Rahmen der Revision des Natur- und Heimatschutzgesetzes den Biotopschutz genau auf diese Weise realisiert. In einigen Kantonen schützen wir die Magerwiesen ebenfalls mit diesem System. Wenn wir also über die Ausgleichsbeiträge sprechen, müssen wir das Grundproblem sehen: Wollen wir die Landschaften von nationaler Bedeutung rasch und effektvoll schützen, oder erachten wir diese Aufgabe als sekundär? Darum geht es und um nichts anderes.

Die verfassungsrechtliche Grundlage für die Ausgleichsbeiträge ist nicht bestritten. Sie ist in Frage gestellt worden für die Finanzierungsart, aber nicht für die grundsätzliche Möglichkeit, daß der Bund solche Ausgleichsbeiträge ausrichtet.

Es wird auch behauptet, die Abgrenzungsprobleme bei dieser Abgeltung würden stark anwachsen. Wir wissen, es sind nicht wenige Subventionen, die der Bund ausrichtet. Die Abgrenzung ist aber relativ einfach, weil es nur darum geht, Einbußen abzugelten, die daraus resultieren, daß die Wasserkraft nicht genutzt wird. Dann und nur dann kann überhaupt von einer Abgeltung in diesem Sinne gesprochen werden.

Was die Finanzierung betrifft, gebe ich zu, daß der Landschaftsrappen umstrittener und problematischer ist. Ich möchte aber doch nochmals die Vorteile dieser Finanzierungsart erwähnen. Die Idee ist insofern bestechend, als die Stromkonsumenten als Nutznießer insgesamt mit dazu beitragen, die noch vorhandenen erhaltenswerten Landschaften von nationaler Bedeutung zu schützen.

Es ist viel darum gestritten worden, ob es sich hier um das Verursacherprinzip handelt oder nicht. Für mich ist das überhaupt kein Streitpunkt. Ich streite nicht gern um Begriffe, weil das nichts bringt. Wenn man die Stromkonsumenten anvisiert, sind es in einem weiteren Sinne die Verursacher. Man kann auch anders argumentieren, dann ist nicht mehr vom Verursacherprinzip die Rede. Wesentlich ist, daß die Stromkonsumenten, die insgesamt mit dazu beitragen, daß die Landschaft Schweiz für Energiezwecke verwendet wird, einen wesentlichen Beitrag leisten werden.

Zweiter Vorteil dieses Landschaftsrappens: Der Bundeshaushalt wird nicht belastet. Es werden also nicht die Steuerpflichtigen allgemein, ohne Konnex, für den Landschaftsschutz in Anspruch genommen.

Dritter Vorteil: Der Landschaftsschutz wird nicht vom jeweiligen Zustand der Bundesfinanzen abhängig gemacht und damit nicht in den Dienst einer anderen Interessenabwägung gestellt.

Vierter Vorteil: Es wird mit dem Landschaftsrappen auch ein gewisser Ausgleich zwischen dem Mittelland und dem Alpengebiet geschaffen, ein regionalpolitischer Ausgleich zwischen derjenigen Schweiz, der es besser geht, und derjenigen Schweiz oder den Gebieten, die eher Schwierigkeiten haben und wirtschaftlich nicht so stark entwickelt sind.

Ich gebe zu, daß dieser Landschaftsrappen auch Probleme aufwirft, namentlich finanzpolitischer Natur. Die Errichtung eines Sonderfonds ist an sich nichts Unproblematisches, das muß ich unumwunden einräumen. Es geht also hier auch um eine Interessenabwägung, wie wir sie oft vornehmen müssen. Ich gestatte mir folgende Schlußbemerkungen. Es wurde bereits mehrfach gesagt: Das Gesetz, das wir verabschieden, stellt einen Gegenvorschlag zur Gewässerschutzinitiative dar. Diese Initiative sieht Ausgleichsbeiträge vor. Wenn wir ihr etwas Ebenbürtiges gegenüberstellen wollen, müssen wir mit diesem Gesetz zumindest eine Grundlage für solche Beiträge schaffen. Es wird auch immer gesagt, die Frage sei noch nicht reif. Auch der Bundesrat sagt dies. Ich habe Mühe mit diesem Argument, denn wir sprechen bereits seit drei Jahren über dieses Gesetz. Wir befinden uns im dritten Umgang. Wir sprechen zum dritten Mal über die Ausgleichsbeiträge. In der Zwischenzeit sind Erwägungen dafür und dagegen reichlich vorgebracht worden. Die verlangten Gutachten sind eingegangen. Die nationalrätliche und die ständerätliche Kommission haben die ersten, vorläufigen Berichte der Gutachter zur Kenntnis genommen. Beide Gutachter bejahen die Grundlagen für Ausgleichsbeiträge. Vernehmlassungen haben im Rahmen des Postulats Loretan im Nationalrat stattgefunden. Ich sehe nicht, warum wir das Geschäft noch einmal vertagen müssen, uns noch einmal vertrösten lassen müssen, bis bessere Zeiten kommen sollen.

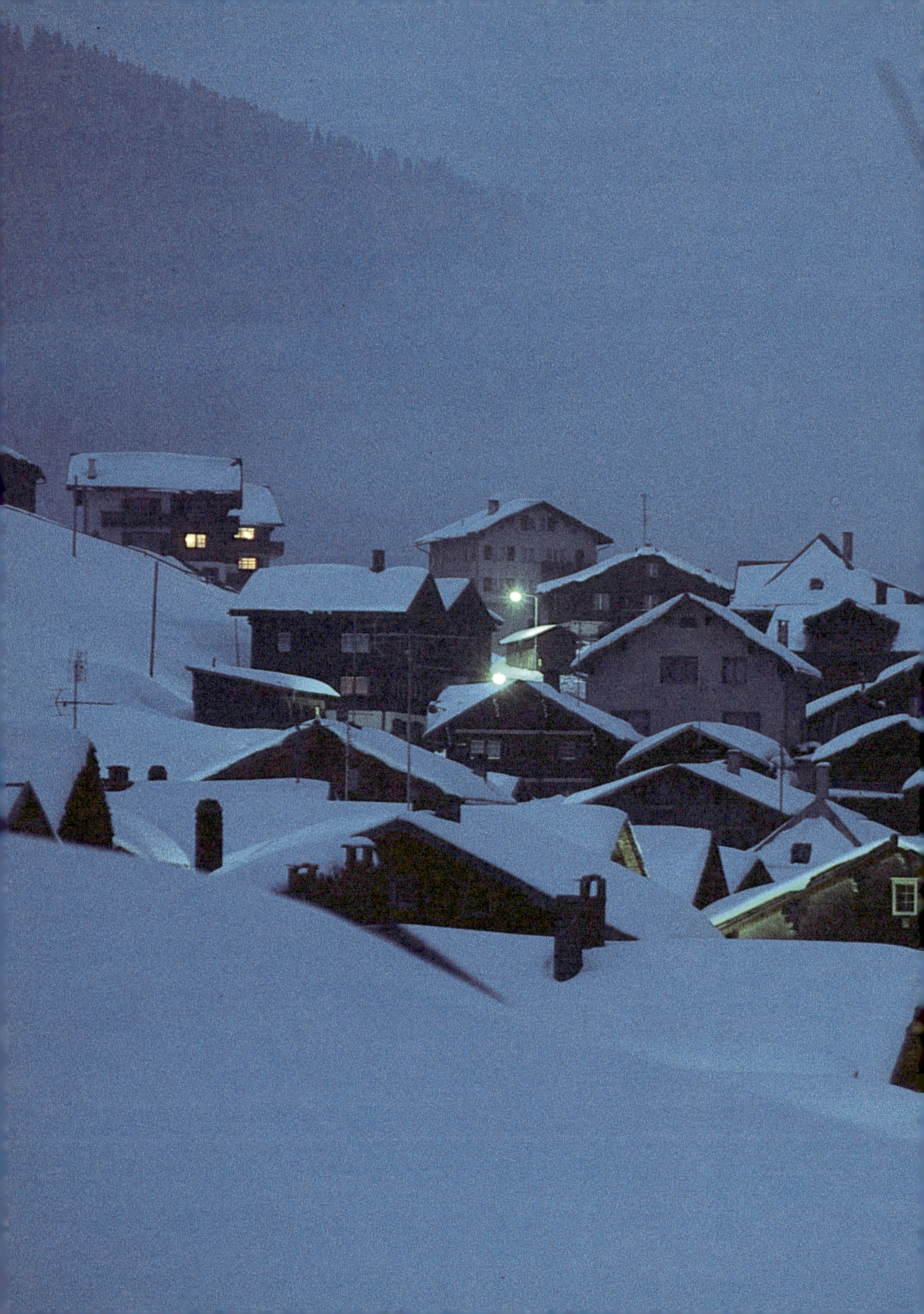

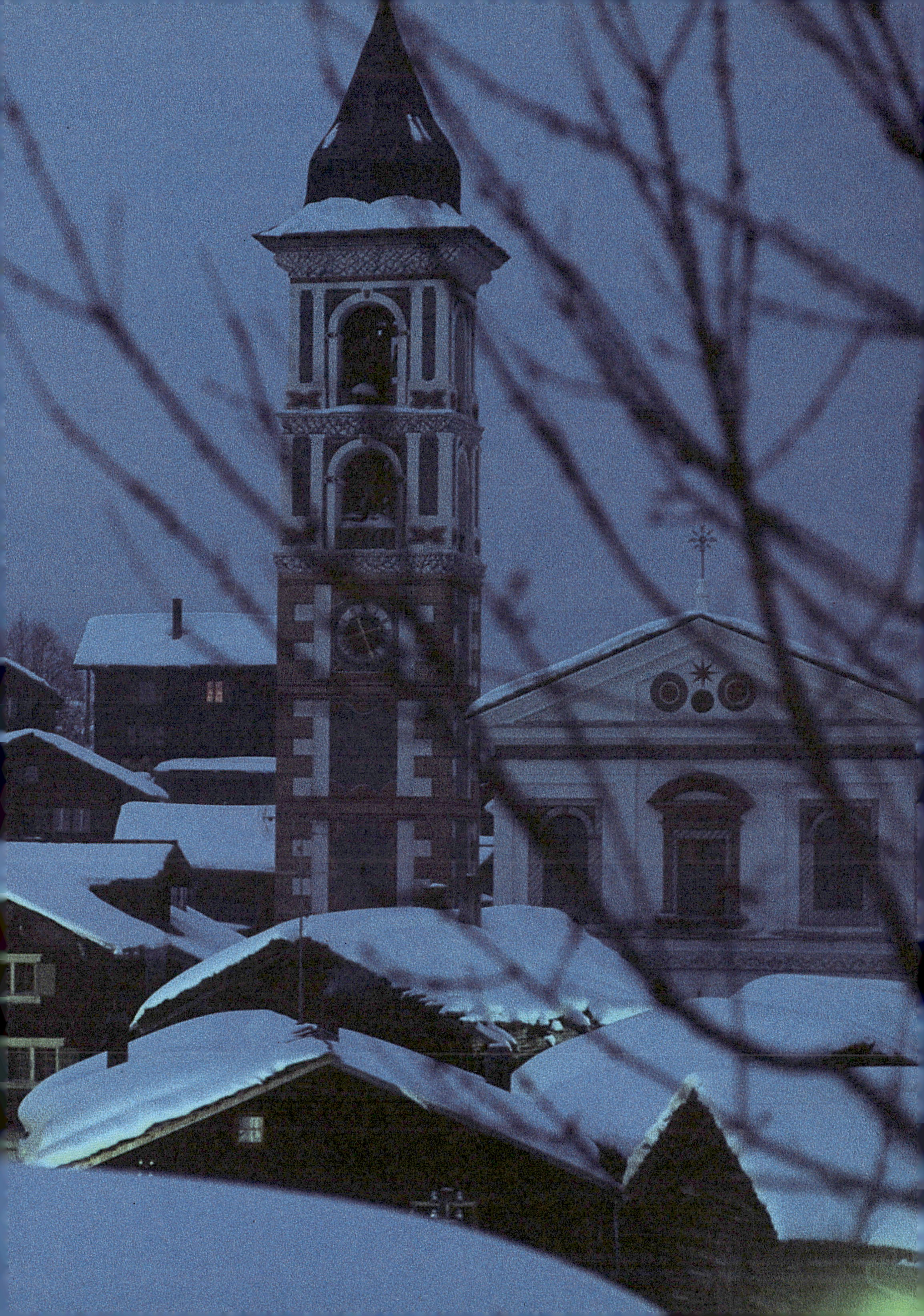

Vorhergehende Doppelseite: Vrin von Westen.
Vrin (1450 m) bietet eines der schönsten Ortsbilder, die man sich denken kann. In seltener Harmonie scharen sich die dunklen Holzhäuser um die barocke Pfarrkirche St. Mariae Geburt und Johannes Baptist, einem erstrangigen Zeugnis Graubündner Barockarchitektur des ausgehenden 17. Jahrhunderts. Der italienisch anmutende Turm und das Beinhaus mit den eingemauerten Schädeln vermitteln der Kirche einen ganz eigenen kunsthistorichen Wert.
Nachfolgende Doppelseite: die Kirche Sogn Giusep oberhalb Vrin Cons.

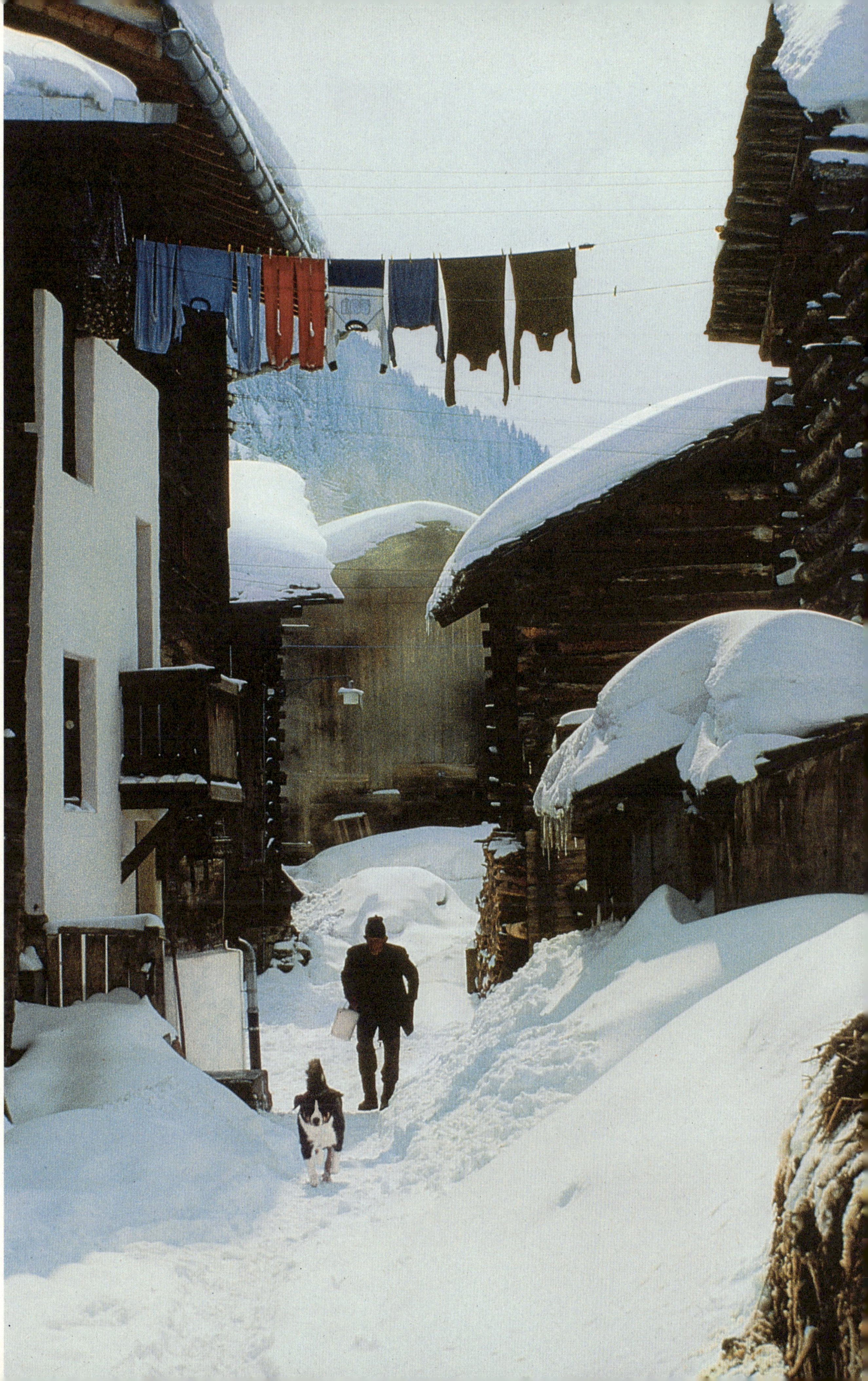

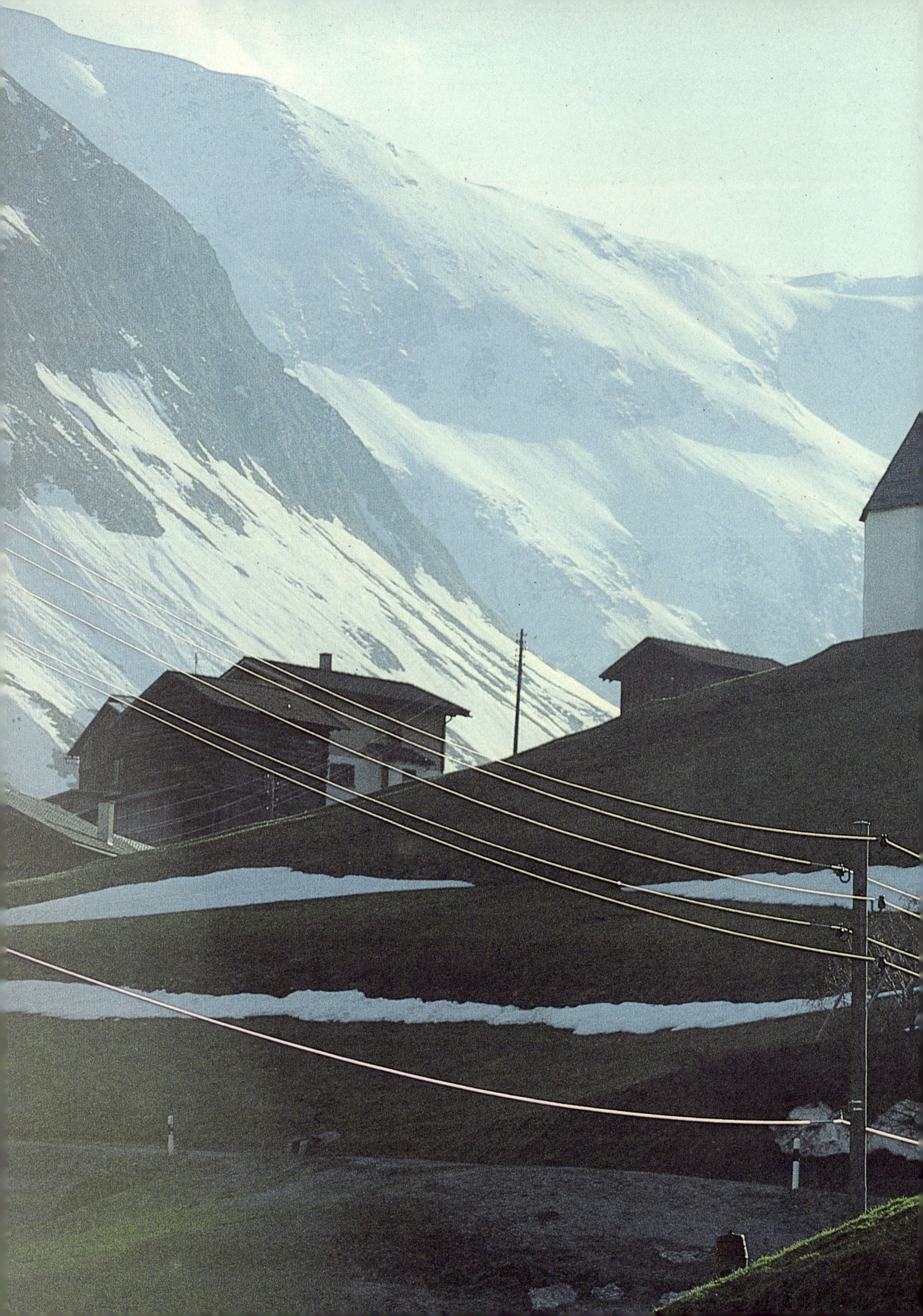

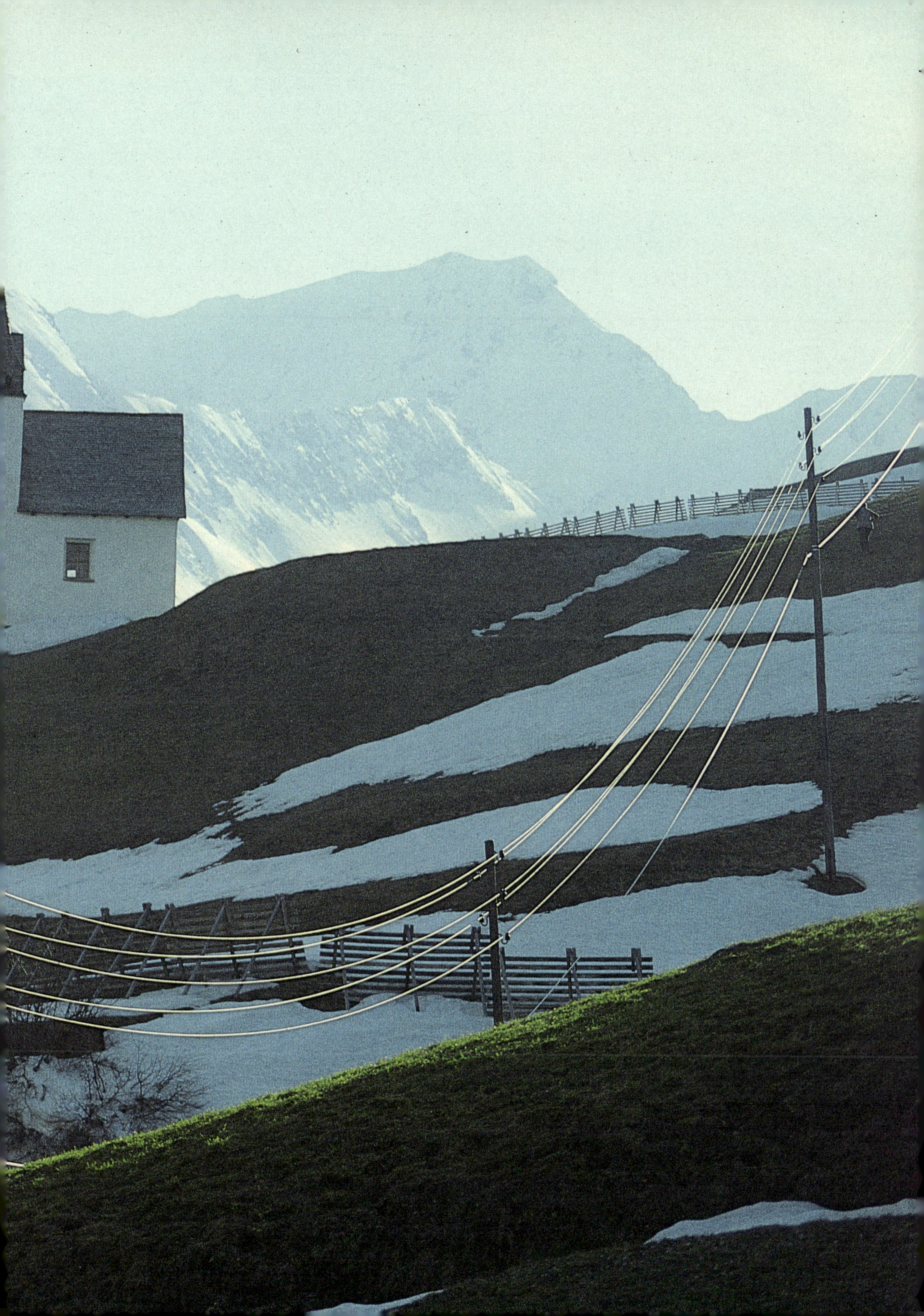

«Giacumbert Nau»

Leo Tuor

Giacumbert mira satel, va sc'in giavel tras bots e foras dalla
Gaglinera. Baul vesas ti Giacumbert, baul mo sia capiala, baul
vesas ti Giacumbert nuot.
Ei sto ferdar da neiv.
Da cuitgs buca perpeis.
Giacumbert sgiavla per ch'el hagi cauld.
Ei freda da neiv.

La Gaglinera vegn alva.
Nua ein tes tiers, Giacumbert?
Nua mognan tes tiers questa notg?

La neiv metta s'empleina ella Gaglinera.
La Gaglinera vegn uliva, uliva.

Giacumbert Nau ei staus siat stads ad alp, mai quendisch dis
meins.

Cu ti eis siadentasum sil stretg, sche va tiu cunfin sco l'aua
dat giu (ils trutgs dattan tes tiers en) schreg siaden treis sali-
dadas sur quei crap gries, sas buca fallir. Tiu egl ei sfurzaus
immediat da mirar el Coroi, bracs, loschs e lartgs.
 El suentermiezdi tarlischan sias gondas finas el sulegl blau-
grisch. Ils splahs da neiv ein sper las bleissas. Splahs e splahs,
mintg'onn in tec auter.
 Sco la clutscha gaglia serasa el sul Plaun, l'enorma gaglina
en fatscha alla gronda gronda Gaglinera.

Tgei? La Gaglinera senza vent? Quei dat ei quasi mai. Il tgaun
ei adina spelaus ella Gaglinera, la capiala adina enta maun.
Cu ti vas ella Gaglinera metta si capetscha alva ni fruntagl Giacumbert! Ti vas ein buc ella Gaglinera per tener semper la capiala? Ti has auter da far che cuorer traso suenter la capiala.
Tegn endamen che tiu tgaun alv ei adina spelaus ella Gaglinera. Setila en che ti hagies cauld e va buca sc'in stuorn, che ti
siuies buc. E sche ti has la capiala nera cun tei enstagl dalla
capetscha alva, sche has ti pli bia enta maun ella che sin tiu
tgau dir, ed ei pudessen tertgar che ti ditgies paternos, che ti
seigies fetg pietus. Igl aungheldilsegnerhapurtau ilsalidamaria.
Aber buca tema, Giacumbert! Ella Gaglinera vesas ti buca

glieud. La Gaglinera ei vita dil carstgaun. Negin tratga che ti ditgies paternos. Gnanc Dieus auda tei a grend pataheflas siper tes tiers. Pertgei Dieus dat ei buc.

In nurser nuorsas vegn ord la Gaglinera. Ellas vegnan e vegnan per maina calar, las stgellas ordavon, epi nuorsas e nuorsas, epi la crappa da fiug che zuppegia. Zanuas giappa in tgaun egl uost, e zanuas en ina plaunca ei in nurser cul rospieghel els egls, mira satel, spieghelescha giu la davosa ruosna nua che zatgei savess aunc setener.
 In pèr turists che dattan dalla Cresta enasi. Dieus pertgiri la tiara dil turist!
 Giacumbert mira cun gaudi co ils tiers lunsch giu sut el empleinan il muletg, epi va ei dalla tessaglia enagiu sco da ver viu il giavel. El spuenta las davosas sur l'aua vi, fa lu sez il segl e sestrubegia cul trutg entuorn il bot per svanir el ner dil fecler, el limbo.

Tgei sei atgnamein cun Vus, essas malsauns? La ramur dallas auas vess da calar? E mes tiers? Nua duei ir cun mes tiers? Ed ils trutgs che mes tiers han isau, ei quei buca ils trutgs da mes tiers? Mes tiers, han gnanc lezs plaz pli cheu en quella tiara schi scarsa. E mia crappa, e mias gondas?

Gnanc la crappa leis Vus schar a mi. Vus leis prender las gondas da mei, quei pauc che jeu hai leis Vus prender. E miu fecler pign leis Vus prender. Nua duei ir a maner, nua?

Parlers essas. Fagei Vos lags en Vos marcaus e buca zanuas auter dano en Vos marcaus che ein cloacas. Smaledi seigies davos il Pass Crap, davos Crap la Crusch enagiu, smaledi seigies davos Diesrut e Fuorcla Cotschna, smaledi seigies dalla Cresta giuaden.

Schei cumbien mes tiers che van en corda trals trutgs e che han fatg a Vus nuot. Schei en ruaus la tiara, la ramur dalla Val.

Mei danunder che Vus essas vegni!

Agradgiu cun la Val Canal, in tec sut quei bot vesas ti il fecler dil cavalè. Giacumbert stat sin la muschna dil sulom dil fecler dil cavalè. In mantun plattamorta davosa perdetga da cavals en Agrena. Quei fecler ha viu il cavagl alv da Blengias. Il gihir dil da Blengias ha fatg sparir cavals mellens e gagls e cotschens e verds. Il sgargnir dil da Blengias ch'ins ha udiu tochen vin Vanescha.

Giacumbert mira giu sil plaun da cavals, ina paliu.

La pastira vegn alva giudabass e cotschna sidadault, il glatscher vegn blaus, il vadretg vegn ners. Ils davos tacs da neiv ein tschufs e nudai dallas greflas dils tiers, saziai da buatscha tschuffa. Tschuffa ei la davosa neiv vegnida.
Ensemen dat plaunsiu il vadretg liung.
Ensemen dat la stad.

El va e va e va e va falliu, il meander va falliu. Co? In meander sa ir falliu, tgei? Sas ti declarar? Vai aunc? Tgei? Eis ti tgi? Tgei? Vai aunc??
    Aber bein, el va falliu, ti has raschun: el va e va e va e va falliu. Igl ei ver. Ti has raschun.

La muntanera semuenta. Ils tiers san nua ch'ei va. Il sulegl streha aunc ditg buc ils emprems pégns, po buca tier pli la purgina, il sulegl, il schelm.

«Giacumbert Nau – Hirt auf der Greina»

Leo Tuor

Giacumbert schaut finster und eilt wie ein Teufel über Höcker und Furchen der Gaglinera. Mal siehst du Giacumbert, mal nur seinen Hut, mal siehst du gar nichts von Giacumbert.
Es muß nach Schnee riechen.
Von den Bauern keine Spur.
Giacumbert flucht, um sich zu wärmen.
Es riecht nach Schnee.

Die Gaglinera wird weiß.
Wo sind deine Tiere, Giacumbert?
Wo ruhen deine Tiere heut nacht?

Stumm legt sich der Schnee in die Gaglinera,
glättet ihr Gesicht.

Giacumbert Nau war sieben Sommer auf der Alp weniger vierzehn Tage.

Wenn du oben ganz zuhinterst im Engpaß stehst, verläuft deine Weidgrenze so, wie das Wasser fließt, drei Ave lang schräg hinauf gleich über jenem großen Stein, kannst es gar nicht verfehlen. Dein Auge fällt sofort auf den Coroi, den stolzen, behäbig breiten.
   Am Nachmittag schimmern seine feinen Runsen blaugrau in der Sonne. Schneeflecken leuchten neben grünen Bleisen. Fleck neben Fleck, jedes Jahr ein wenig anders.
   Breit macht sich der Coroi in die Ebene hinaus, wie eine Glukke. Ein Riesenhuhn. Und gegenüber die weite, weite Gaglinera.

Was? Die Gaglinera ohne Wind? Das gibt es quasi nie. Auf der Gaglinera ist der Hund immer zerzaust, der Hut immer in der Hand. Zieh dir die weiße Kappe oder das Stirnband über, Giacumbert, wenn du auf die Gaglinera gehst. Gehst doch nicht auf die Gaglinera, um immerzu deinen Hut festzuhalten? Hast Besseres zu tun, als dauernd hinter deinem Hut herzuspringen.
   Denk dran, auf der Gaglinera ist dein weißer Hund immer zerzaust. Zieh dich warm an und geh langsam, damit du nicht ins Schwitzen kommst. Und wenn du den schwarzen Hut bei dir hast statt der weißen Kappe, dann trägst du ihn öfter in der Hand als auf deinem harten Schädel, und sie könnten am

Ende denken, du würdest beten, seist fromm. Der Engeldesherrnbrachtemariadiebotschaft. Aber fürchte dich nicht, Giacumbert! Auf der Gaglinera triffst du keine Leute. Die Gaglinera ist menschenleer. Keiner denkt, du würdest beten. Nicht mal Gott hört den Unsinn, den du deinen Tieren nachbrüllst. Weil es ihn nicht gibt.

Eine Herde Schafe kommt aus der Gaglinera. Sie kommen und kommen, endloser Strom, voran die Leittiere mit ihren Schellen, dann Schaf an Schaf, Rücken an Rücken in dichtem Zug, schließlich lahmend, humpelnd die Schar der Kümmerer und Kraftlosen. Irgendwo kläfft ein Hund in den August hinein, irgendwo in einem Hang hat ein Hirt den Feldstecher im Gesicht und spiegelt jedes Loch und jede Runse ab, wo etwas hätte zurückbleiben können.

Ein paar Touristen kommen die Cresta herauf. Bewahre, Herr, das Land vor den Touristen!

Freudig schaut Giacumbert zu, wie sich die Herde weit unten ins Läger ergießt, und dann geht es über Stock und Stein in die Tiefe, als ob ihm der Teufel im Nacken säße. Er treibt die letzten Tiere über den Bach, springt hinterher, folgt der Windung des Pfades um den Hügel und ist verschluckt vom Dunkel der Hütte, seinem Limbus.

Was ist mit euch? Seid ihr nicht bei Trost? Die Bäche sollen verstummen? Und was ist mit meinen Tieren? Wo soll ich hin mit meinen Tieren? Und die Pfade, die meine Tiere ausgetreten haben, sind das nicht ihre Pfade? Ist selbst in dieser kargen Gegend kein Platz mehr für meine Tiere? Und meine Steine, meine Geröllhalden?

Nicht einmal die Steine wollt ihr mir lassen. Sogar die Geröllhalden wollt ihr mir nehmen. Das wenige, das ich habe, wollt ihr nehmen. Und meine kleine Hütte wollt ihr nehmen. Wo soll ich die Nacht verbringen, wo soll ich ruhen, wo?

Gauner seid ihr, Lumpenpack. Baut eure Seen in euren Städten, die Kloaken sind. Verflucht sollt ihr sein bis hinter Pass Crap, hinter Crap la Crusch hinab, verflucht sollt ihr sein bis hinter Diesrut und Fuorcla Cotschna und die Cresta hinunter.

Stört meine Tiere nicht, die ihre Pfade ziehen und euch nichts zuleide getan haben. Laßt die Erde ihren Frieden und dem Tal sein Rauschen und Raunen.

Verschwindet, woher ihr gekommen seid!

In der Fortsetzung der Val Canal, ein Stückweit unter jenem Höcker, siehst du die Hütte des Roßhirten. Giacumbert steht auf dem Trümmerhaufen, der einmal die Hütte des Roßhirten war. Ein Haufen Schieferplatten, letzter Zeuge für die Pferde von Agrena. Diese Hütte hat den Schimmel von Blengias gesehen. Wenn er schnaubte, verschwanden Stuten von der Alp, gelbe und gescheckte und rote und grüne. Und das Wiehern des Weißen haben sie bis nach Vanescha hinüber gehört.

Giacumbert schaut und schaut hinunter auf die alte Pferdeweide, schaut hinunter auf einen Sumpf.

Die Weide wird im Talgrund weiß und auf den Höhen rot, der Gletscher wird blau, die Schneebrücke wird schwarz. Die letzten Schneeflecken sind schmutzig, gezeichnet von den Klauen der Tiere, gesättigt von ihrem Kot. Schmutzig ist er geworden, der letzte Schnee.
Stück um Stück stürzt die große Schneebrücke in sich zusammen.
Wie der Sommer.

Er fließt und fließt und fließt in die falsche Richtung, der Mäander fließt in die falsche Richtung. Was? Wie? Kann ein Mäander in die falsche Richtung fließen? Kannst du mir das erklären? Bist du bei Trost? Was? Bist du wer? Was? Bist du bei Trost?
  Aber ja doch, er fließt in die falsche Richtung, du hast recht: Er fließt und fließt und fließt in die falsche Richtung. Es stimmt. Du hast recht.

In die Herde kommt Bewegung. Die Tiere kennen das Ziel. Die Sonne streift noch lange nicht die obersten Tannen, wird den Rauhreif im Talgrund nicht mehr erreichen.
Herbstsonne, später Schelm.

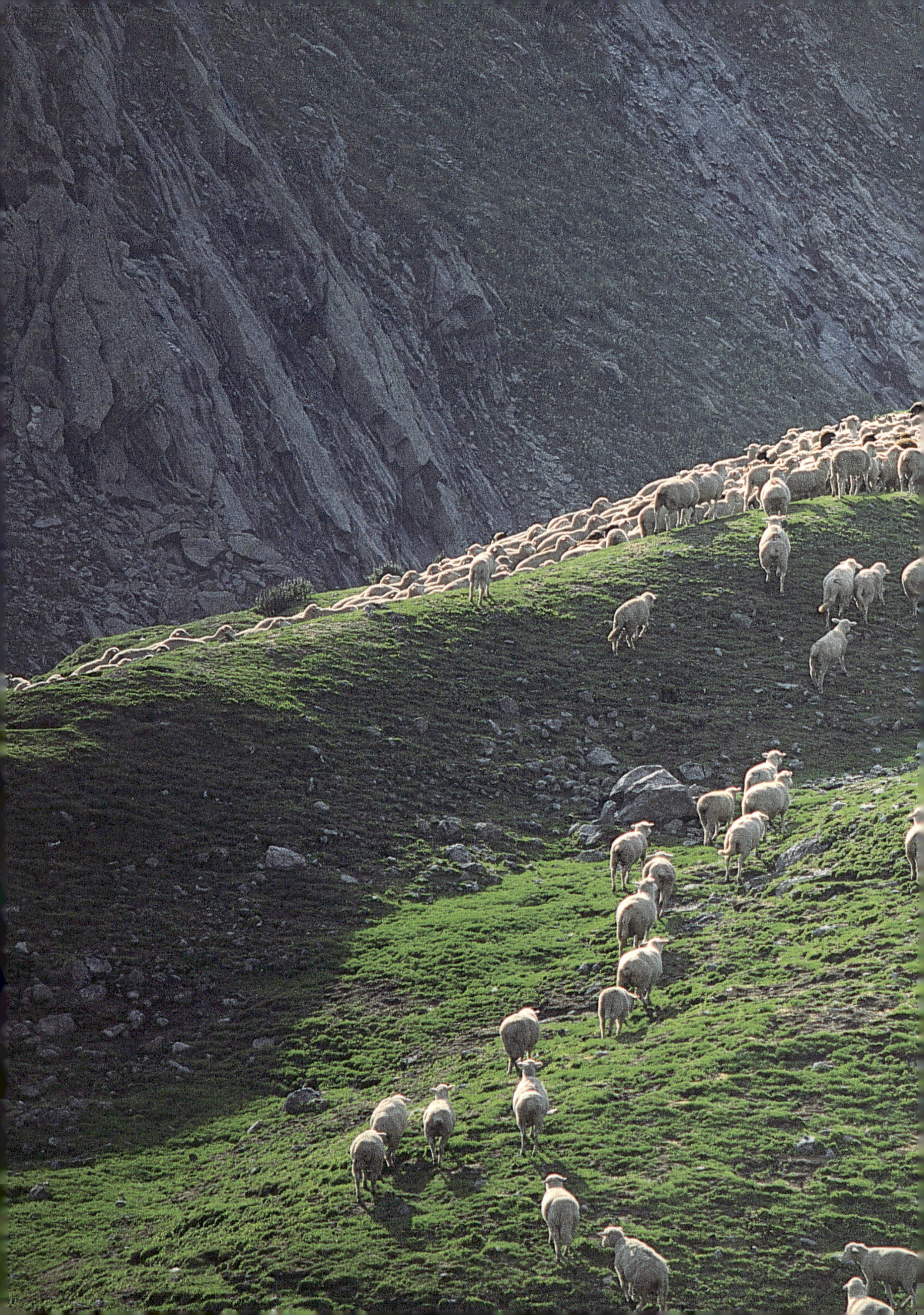

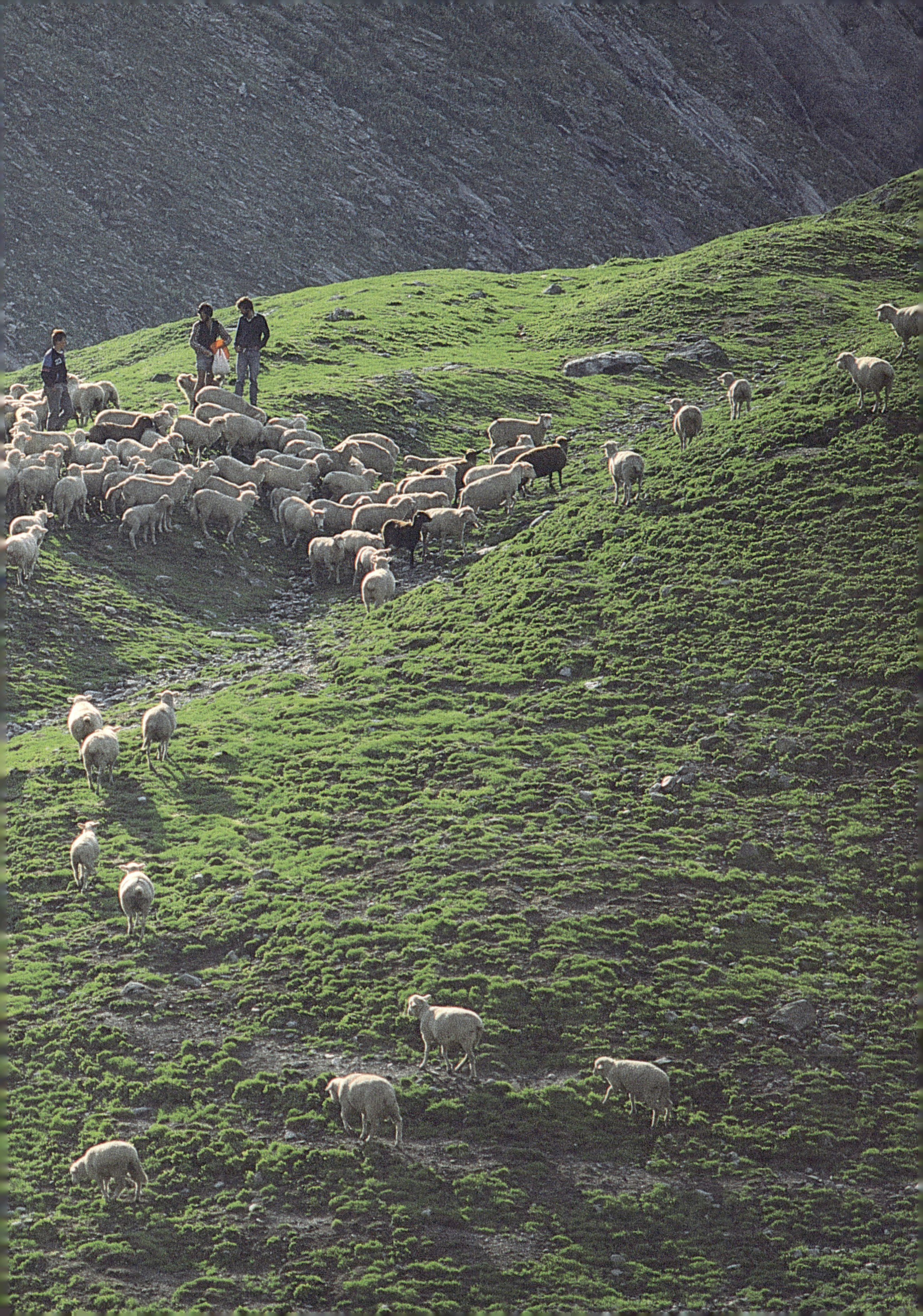

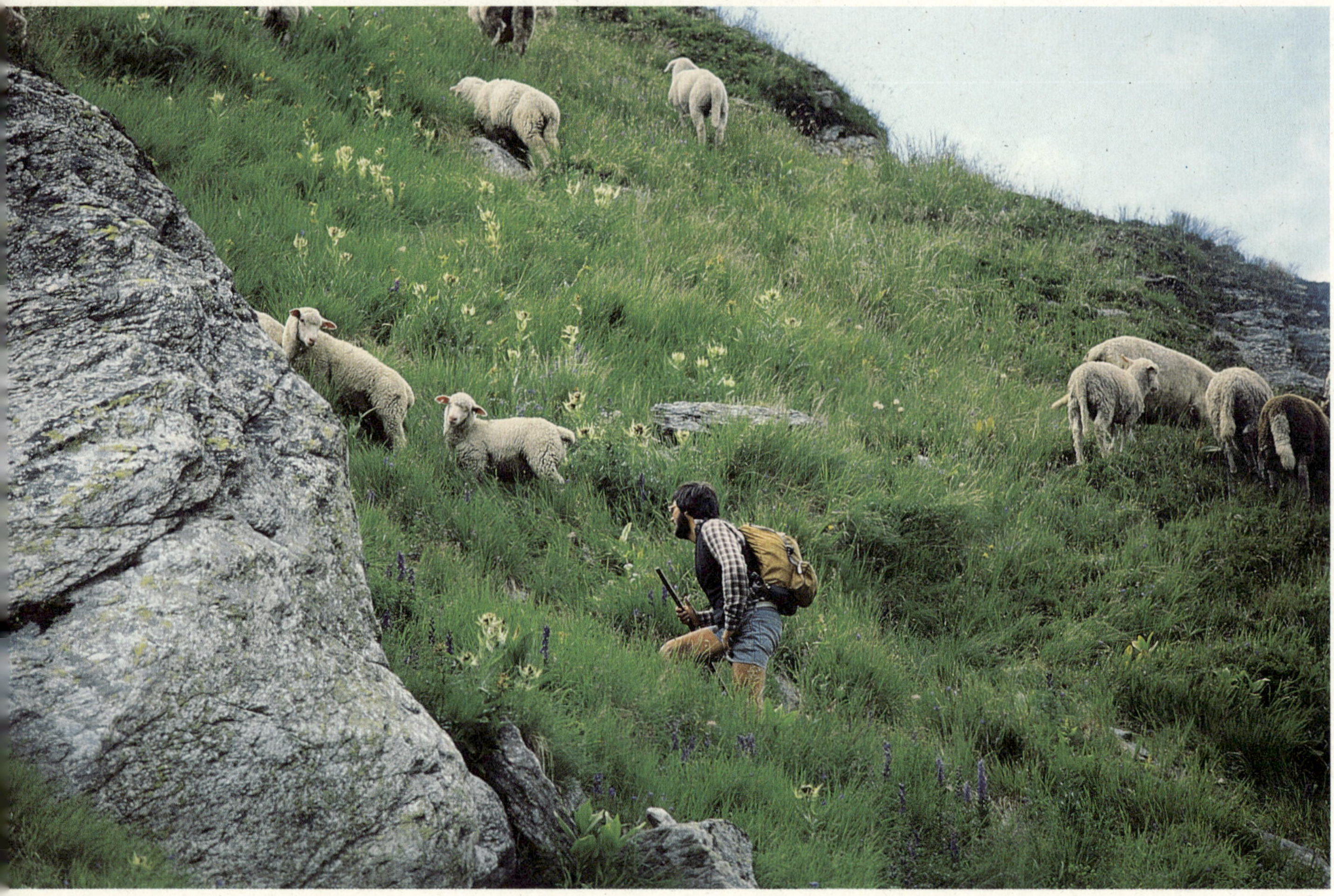

Vorhergehende Doppelseite: Sommerabend bei der Terri-Hütte. Die Greina-Landschaft wird seit Menschengedenken extensiv landwirtschaftlich genutzt. Zeitweise diente die Plaun la Greina auch als Pferdeweide. Von der Alpe Motterascio her werden Kühe und Rinder aufgetrieben, vom Val Sumvitg Schafe. Leo Tuor, hier mit seiner Herde auf Muot la Greina unterwegs, hat dem oft harten Hirtenleben mit seinem Werk «Giacumbert Nau» ein literarisches Denkmal gesetzt.

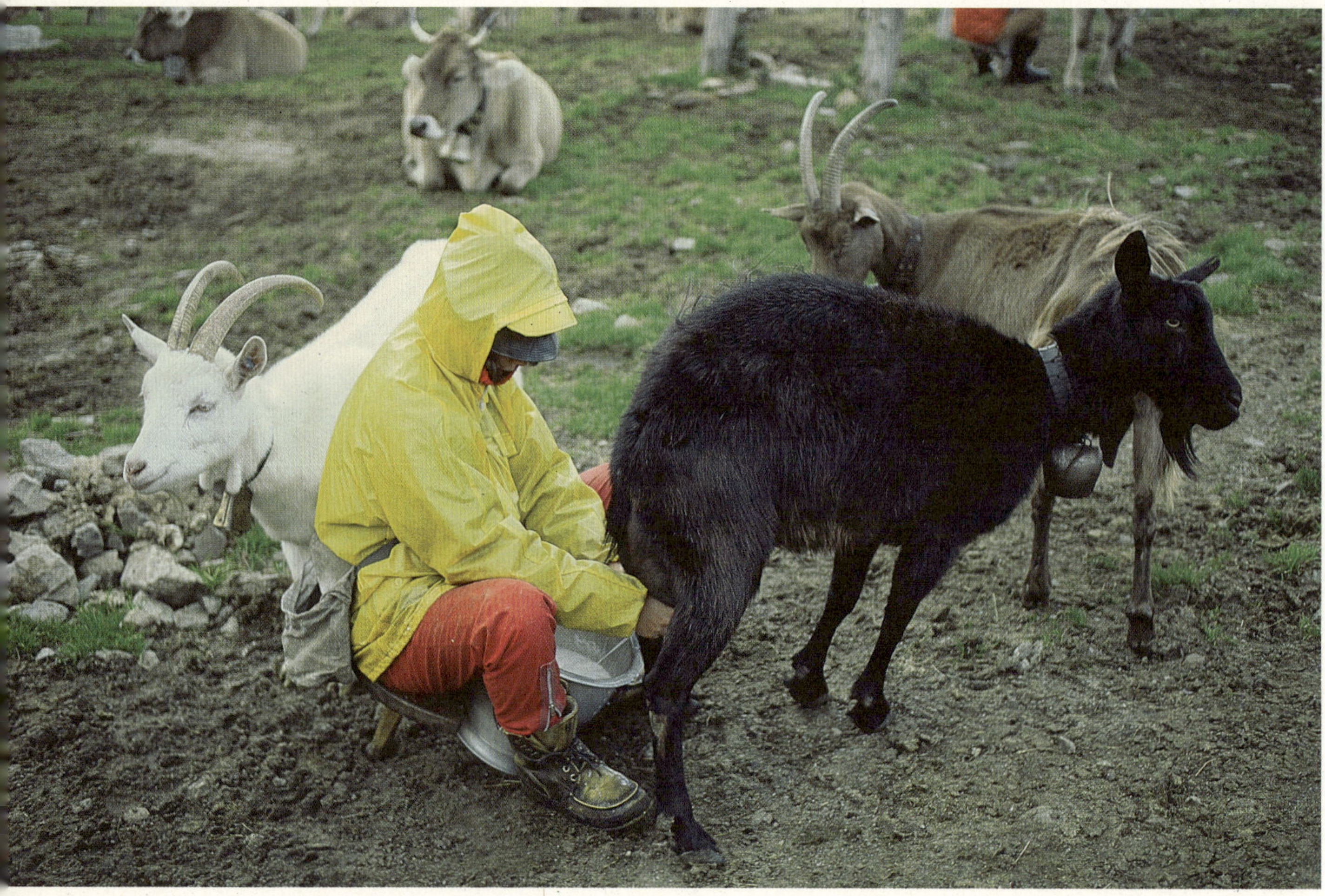

Die Zusennerin Loretta Giuliani aus dem Bleniotal melkt auf Motterascio ihre Ziegen bei jedem Wetter im Freien. Auch die fünfzig Kühe der Bauern aus Aquila werden von den vier Älplern im Freien gemolken. Daneben haben sie auch noch eine Rinderherde zu betreuen.

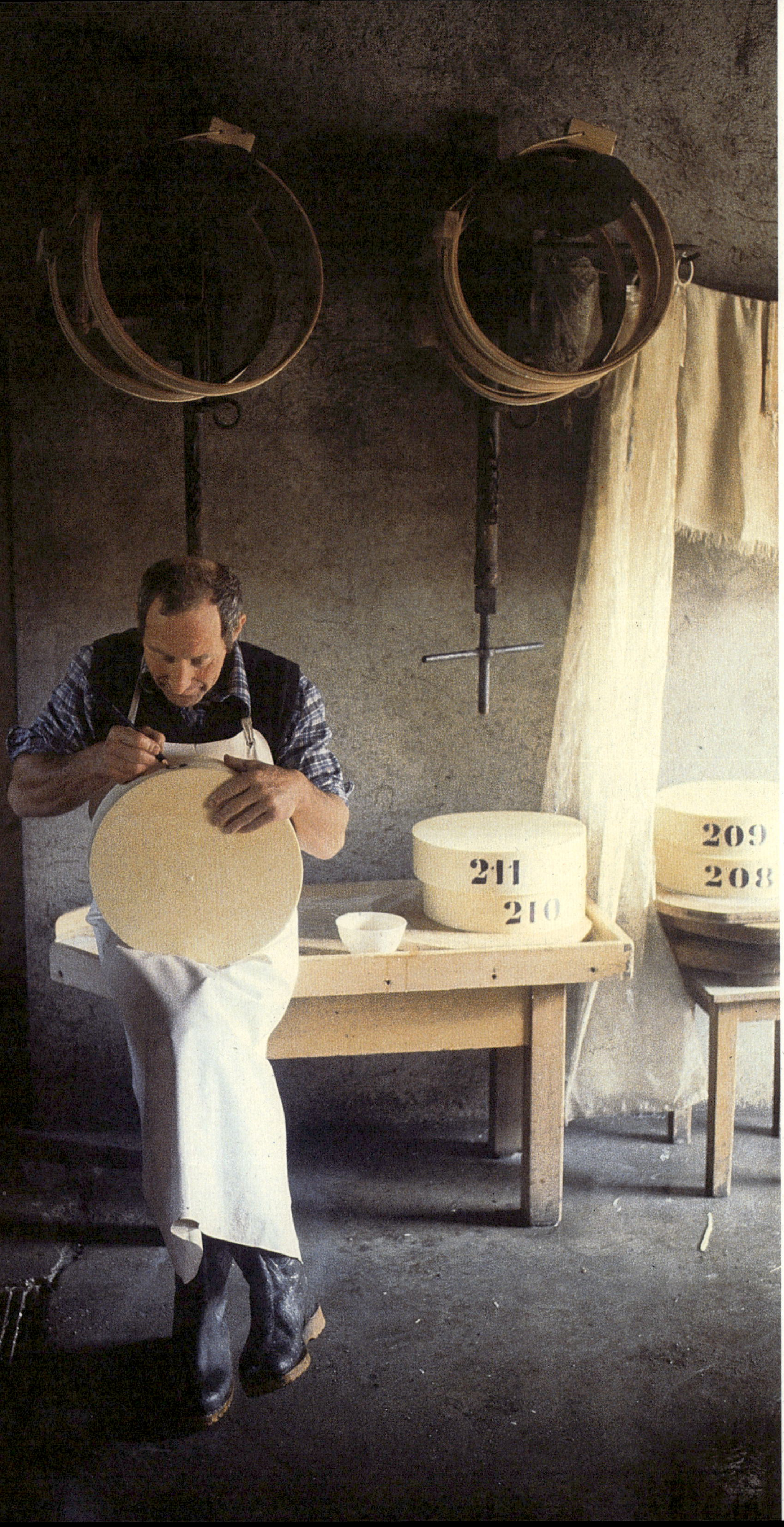

209
208
211
210

Am Südrand der Greina liegt auf 2200 Metern Höhe die Alpe di Motterascio, welche dem Patriziato der Bürgergemeinde von Aquila gehört. Der aus dem Bleniotal stammende Senn Franco Vanzetti stellt mit seinen Gehilfen aus der Milch von 50 Kühen einen vorzüglichen dreiviertelfetten Alpkäse her. Jeden Käselaib datiert er sorgfältig, damit sein Alter festgestellt werden kann.

127

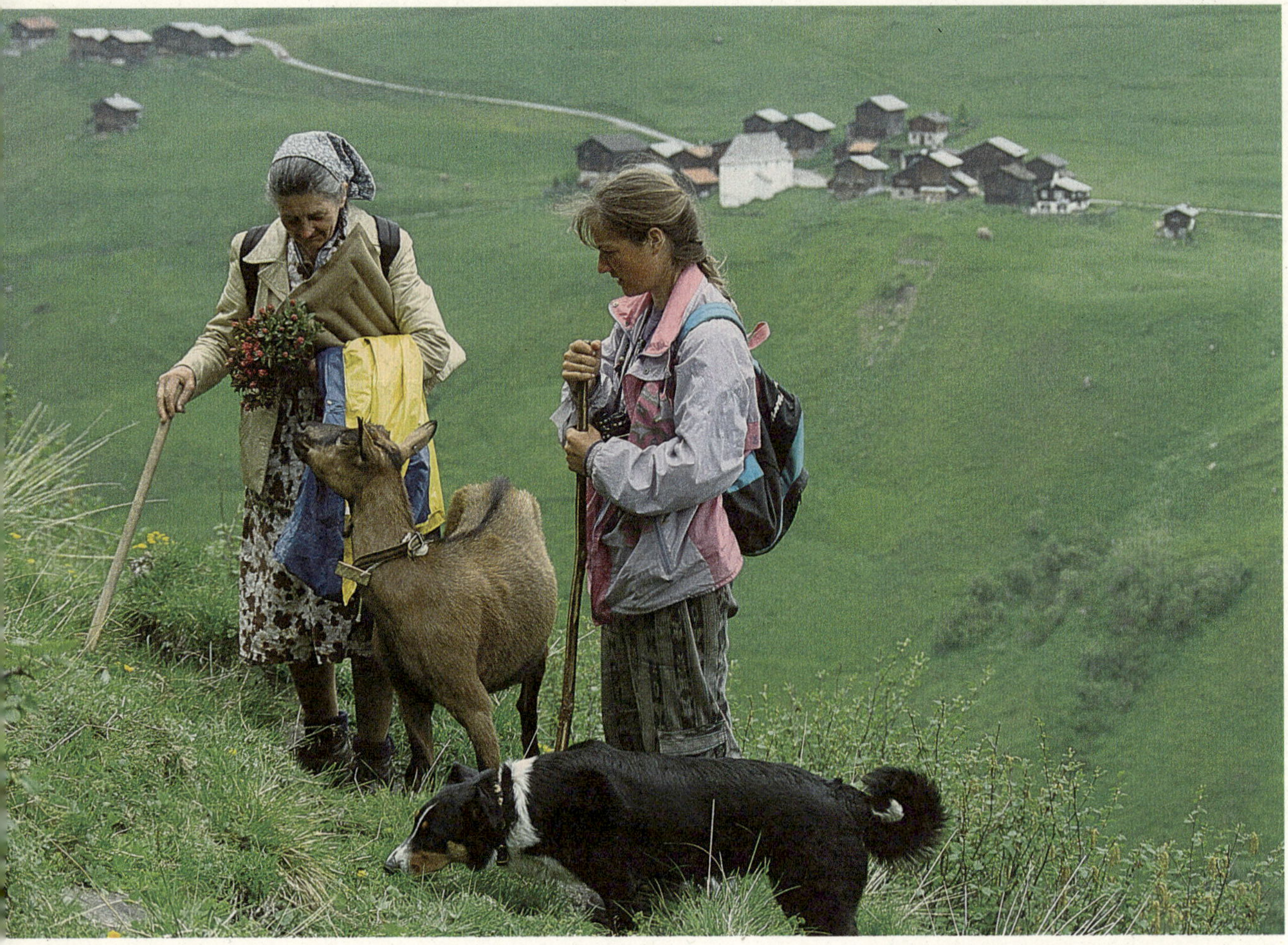

Die traditionelle Ziegenhaltung hat in Vrin mit dem Bau eines Ziegenstalls für 158 Tiere und einer Sennerei im Jahre 1992 Auftrieb erhalten. Der einheimische Senn Gabriel Alig stellt in der modernen Sennerei einen begehrten Ziegenkäse her. Pia Solèr aus Vrin Dado, im Bild mit ihrer Mutter Genoveva, hütet die Herde. Im Hintergrund der Weiler Puzzatsch.
Folgende Doppelseite: Stall und Sennerei, geplant vom einheimischen Architekten Gion A. Caminada, wurden 1994 für gute Architektur in Graubünden ausgezeichnet. Bauherrschaft war die Gemeinde Vrin.

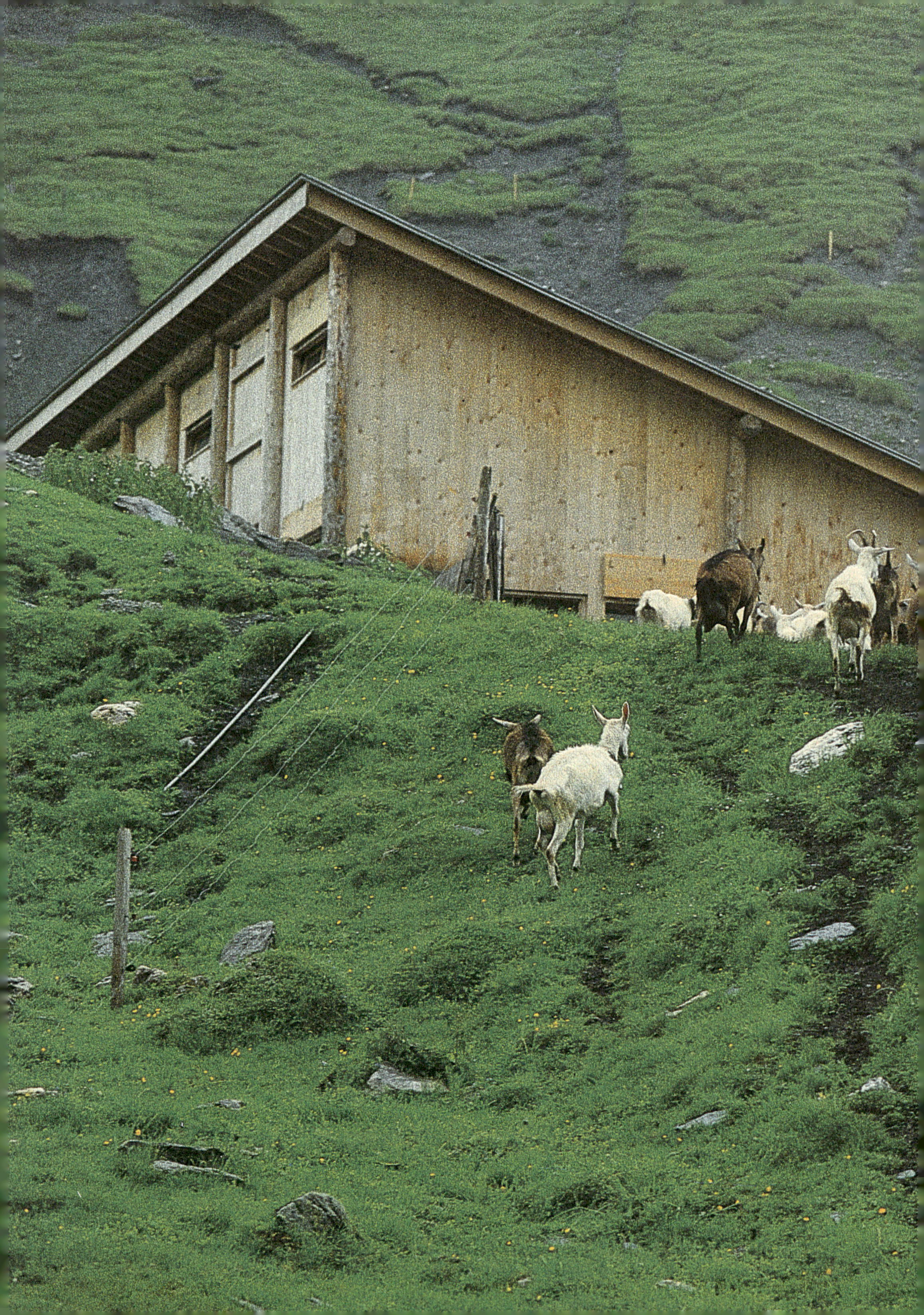

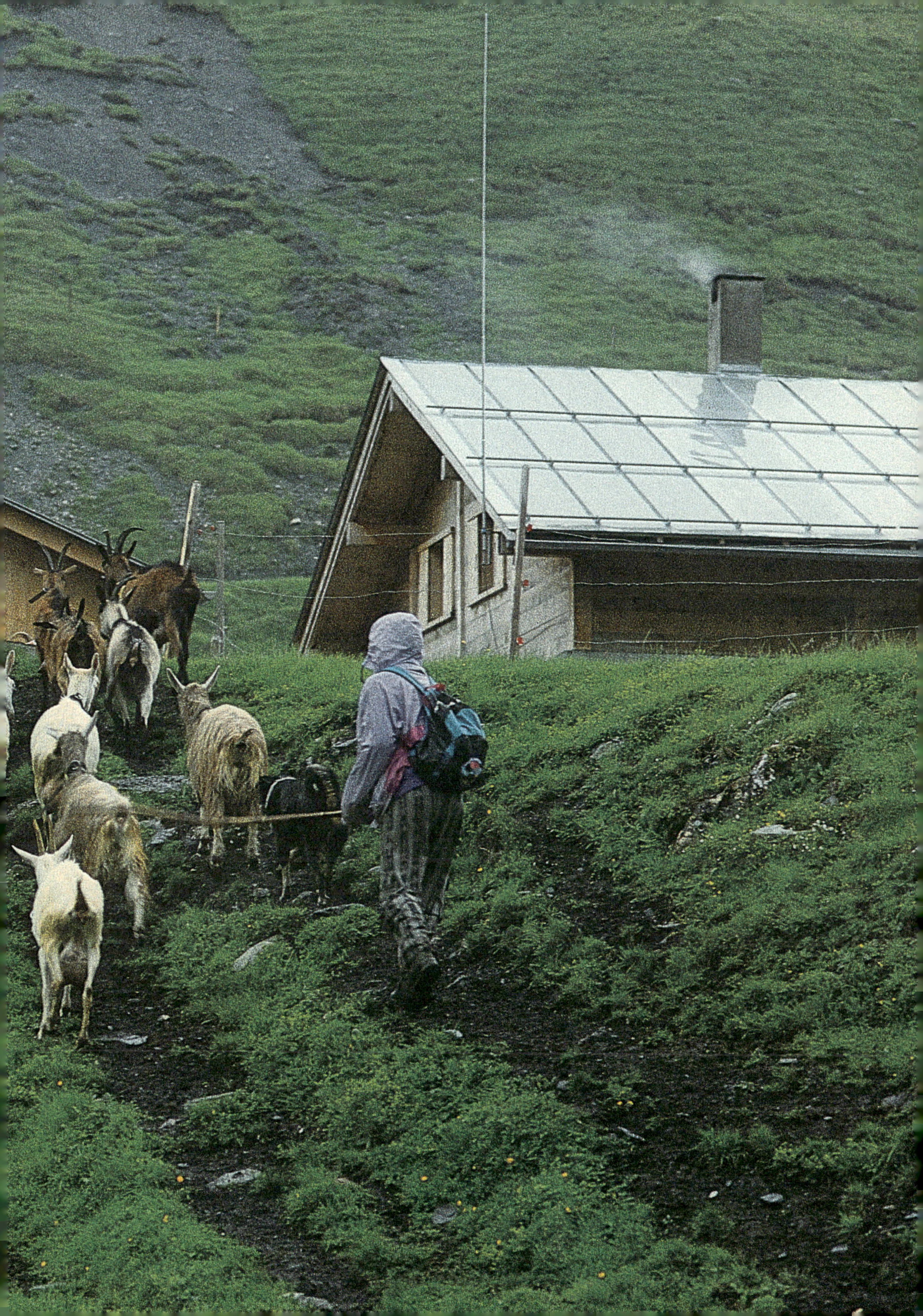

Wer die Heimat verliert, verliert einen Teil seiner Seele

Ernst Krebs

Der heimatliche Boden im weitesten Sinn ist etwas Wunderbares, eine köstliche Leihgabe der Schöpfung an Mensch und Kreatur. Der Boden ist für uns alles. Boden ist der Grund, auf dem wir wohnen und arbeiten. Wir wandern auf ihm, um uns an der Schönheit von Wald und Flur, von Bergen und Gewässern zu erfreuen. Auf der fruchtbaren Erde erzeugen wir unsere Nahrung. Der heimatliche Boden ist aber noch mehr, er ist Lebensraum unzähliger Pflanzen und Tiere, Teile der Schöpfung wie wir, auf die wir angewiesen sind, die mit uns den Raum teilen müssen und die ein eigenständiges Recht auf Leben haben.

Wenn man das weiß, und wir wissen es, wir wußten es schon immer, dann ist es nicht verständlich, dann ist es ein unverzeihliches Tun, wie wir unsere Umwelt mißachten. Während Jahrtausenden hat der Mensch die fruchtbare Erde sozusagen genutzt und gepflegt, hat sie schonend gestaltet. Es blieb dem 19. und 20. Jahrhundert, vorab den letzten Jahrzehnten vorbehalten, Landschaft, Natur, Lebenselemente zu beeinträchtigen, zu schädigen oder zu zerstören wie nie zuvor. Viele Landschaftsräume sind in ihrer Schönheit und Einmaligkeit gemindert, durch Wunden und Narben entstellt. Damit sind wichtige Leistungen für das menschliche Leben und den Fortbestand der Pflanzen- und Tierwelt ernsthaft gefährdet.

Es ist nicht zu erklären, wie dieses eigenmächtige Tun trotz allen Wissens von weitesten Kreisen so lange widerspruchslos hingenommen wurde. Es scheint, daß die Wegwerfmentalität der anspruchsvollen Verschwendungsgesellschaft auch das geistige Leben erfaßt hat. Man wirft nicht nur Sachen weg, derer man überdrüssig geworden ist, die man jederzeit wieder anschaffen kann. Man gibt achtlos auch geistig-sittliche Werte auf, Kultur und Moral, Treue und Ehre, obwohl diese ideellen Werte nicht machbar, sondern unwiederbringlich verloren sind. Der anspruchsvolle Mensch ist sich kaum bewußt, daß es Grenzen gibt: nicht nur äußere Staatsgrenzen zu andern Ländern, auch innere Grenzen im menschlichen Tun, in den persönlichen Begehren, bedingt durch die erschöpfbaren Reserven des Naturhaushaltes und die Bedürfnisse anderer Menschen und das Daseinsrecht von Pflanzen und Tieren. Diese Entwicklung macht uns Angst. Wer die Heimat verliert,

verliert einen Teil seiner Seele, den festen Grund, auf dem seine Füße in der Wirrnis des Lebens Halt finden würden; er verliert den Sinn für Recht und Würde, die Heimattreue und die Achtung vor der Schöpfung.

Wir kommen und wir gehen, und nach uns kommen andere, immer wieder andere, und diese müssen das übernehmen und damit auskommen, was die Vorangegangenen ihnen hinterlassen haben. Daraus ergibt sich die Pflicht jeder Generation, mehr noch, der ethische Zwang, durch behutsamen Umgang den Heimatboden als anvertrautes Erbe für das zukünftige Leben zu schonen und zu erhalten. Jede Generation hat Anspruch darauf. Auch sie muß das Erlebnis kennen, das über uns kommt, wenn wir die Schönheiten, die Wunder, die Geheimnisse der Natur erfassen, darüber staunen und zutiefst ergriffen sind, daß es das alles gibt. Der Schutz der heimatlichen Erde ist nicht eine Laune lebensfremder Idealisten. Es ist vielmehr eine Verpflichtung der heutigen Gesellschaft gegenüber der Nachwelt, dem Leben der Zukunft.

Mir scheint, der Schutz der Greina sei ein Sinnbild für diese Aufgabe, die vielen kostbaren, naturnahen Räume, die wir zum Glück trotz aller Schädigungen noch haben, die schönen Täler, Fluß- und Seengebiete, intakten Bergregionen, die ganze Heimat vor weiterem Mißbrauch zu bewahren, um die «schöne Gotteswelt» möglichst unversehrt der Nachwelt zu übergeben. Ich erlebte die Greina im Spätsommer 1979 mit einem lieben Freund. Am Nachmittag stiegen wir vom Tenigerbad zur Terrihütte hinauf. Die Sonne brannte, die schweren Rucksäcke drückten. Welche Wohltat, in der heimeligen Hütte die Last abzulegen, sich «hüttengerecht» zu machen. Das einfache Abendessen mundete köstlich. Dann trauliche Gespräche mit den wenigen Touristen über Wandern, Berge, Natur, Wasser. Später stand ich lange allein auf einer steinigen Platte hinter der Hütte in der Ruhe und der ungeheuren Schwärze der Nacht. Nirgends ein irdisches Licht, nur ringsum die schweren Schatten vieler Berge, einzeln kaum auszumachen, und das leise Rauschen des ewig fließenden Wassers. Über mir ein unermeßlicher, mondloser Sternenhimmel, millionenfache Lichtboten aus unbekannten Fernen. Die Gewalt der Stille und der Dunkelheit, die die Natur geschaffen hat, damit die Kreatur sich von des Tages Last erholt, erfüllten mich zutiefst. Ich meinte, den Pulsschlag der Welt zu vernehmen, doch war es nur ein stilles Pochen in mir selbst. Lange verweilte ich in stiller Andacht. In solchen Stunden wird der Mensch klein, wird vieles unbedeutend, was man wichtig wähnte, werden viele Anliegen und Sorgen auf einem bescheidenen Maßstab zurückgeführt. Das einsame Erlebnis wird zum Gottesdienst.

An den folgenden zwei Tagen durchwanderten wir das Hochtal der Greina in seiner Urwüchsigkeit und Unversehrtheit, sonnenerfüllt und von tiefer Bläue überwölbt, ein karger Raum, wo an stürmischen Tagen die Elemente der Natur in ihrer Urgewalt toben, wo der Winter lange regiert, und in dem mit der unverwüstlichen Kraft des Lebens eine erstaunliche Vielfalt von Pflanzen und Tieren ihre Heimat findet. Am dritten Tag kehrten wir ins Tal zurück, schweigend, nachdenklich, die Rucksäcke leer, aber das Gemüt erfüllt von der Wucht der erlebten Landschaft. Wie schön doch das Leben ist!

Gott erhalte die Greina. Gott möge verhindern, daß wir Hand an sie legen, an den anvertrauten Boden, an die heimatliche Landschaft. Die Natur wird ihren Weg gehen, stetig und unbeirrt und ohne Rücksicht auf unsere Begehrlichkeiten und unser Tun. Sie kennt keine Zeit und keine Eile und wird nach ihren Gesetzen über die Zukunft entscheiden, nicht wir.

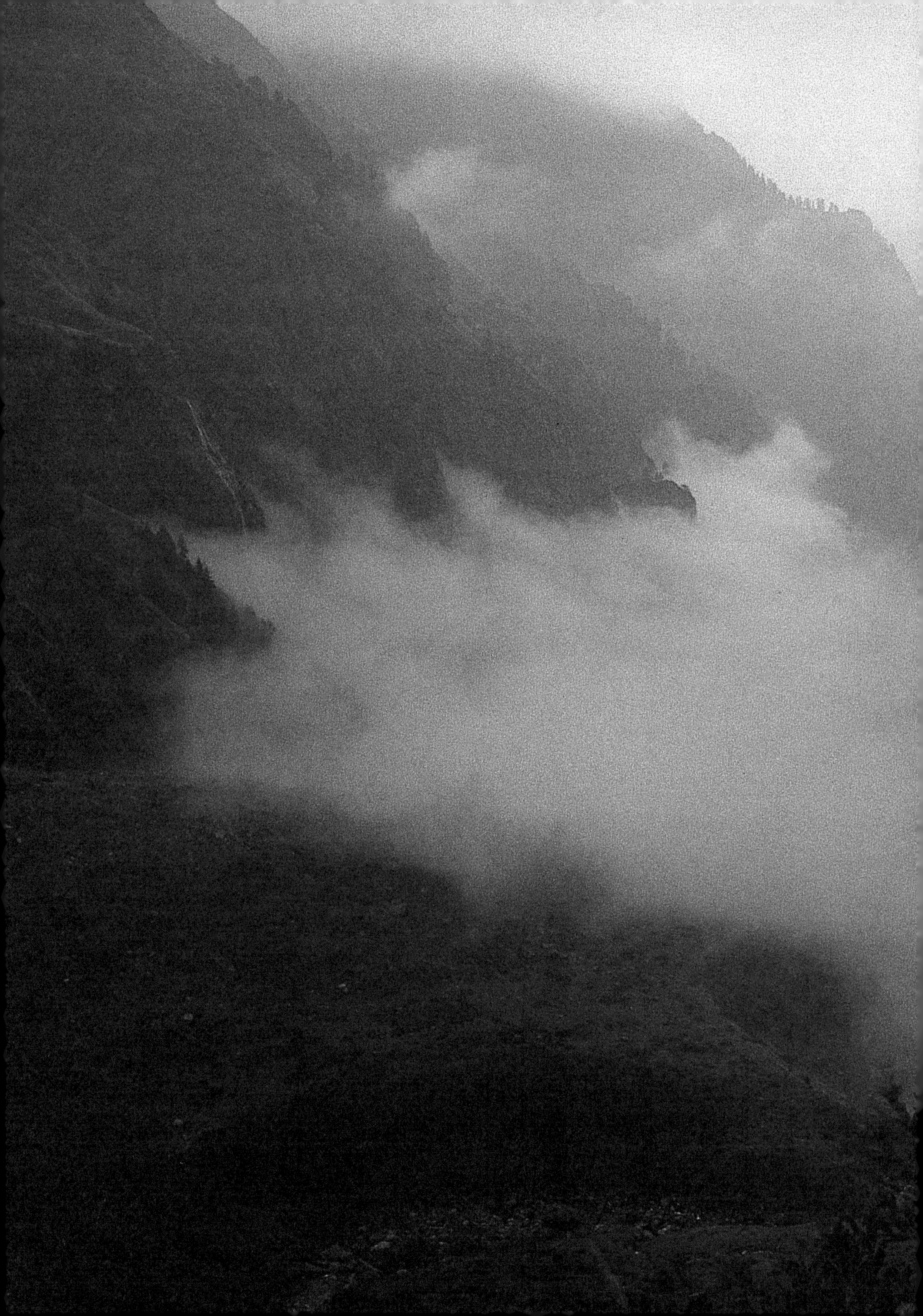

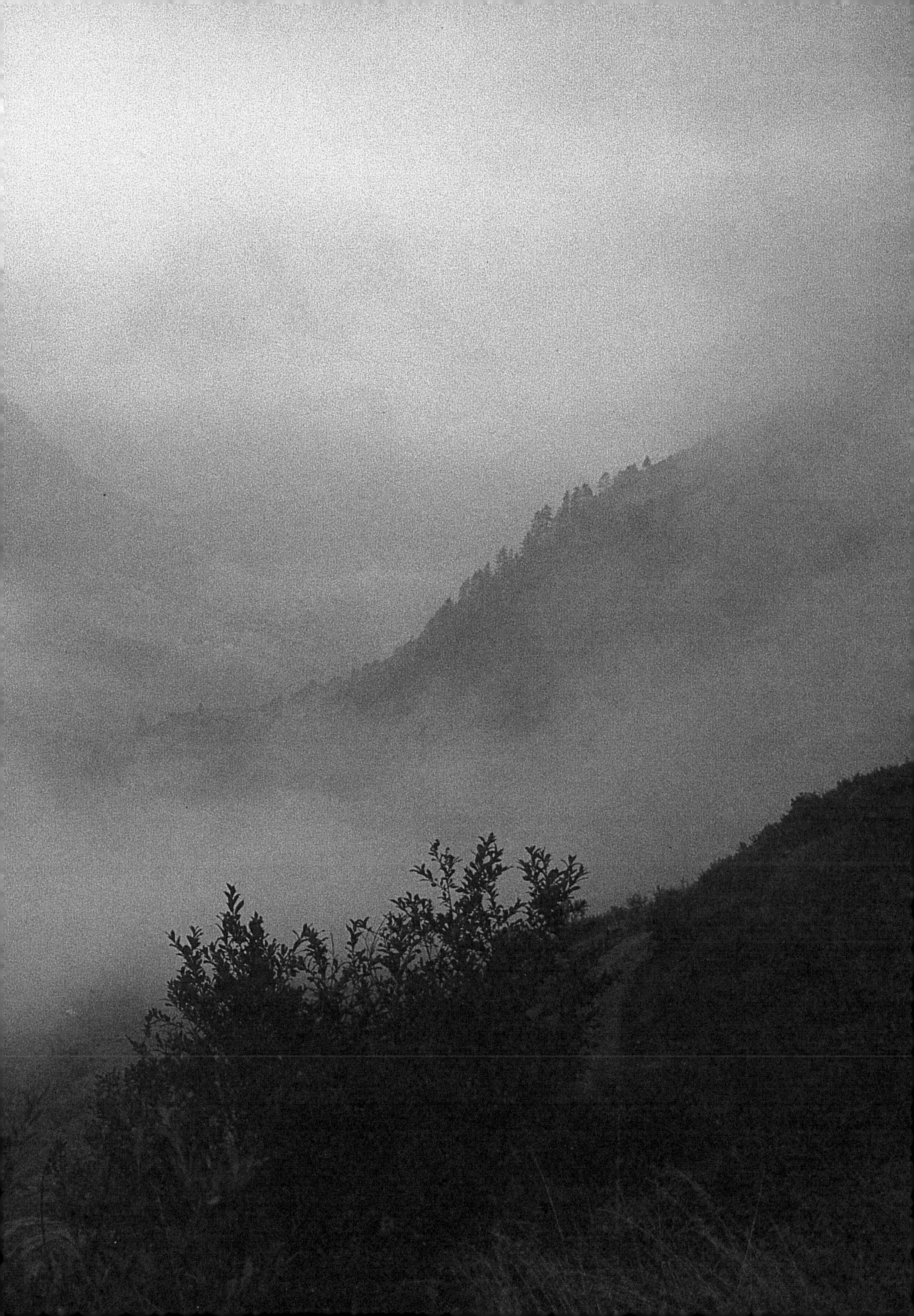

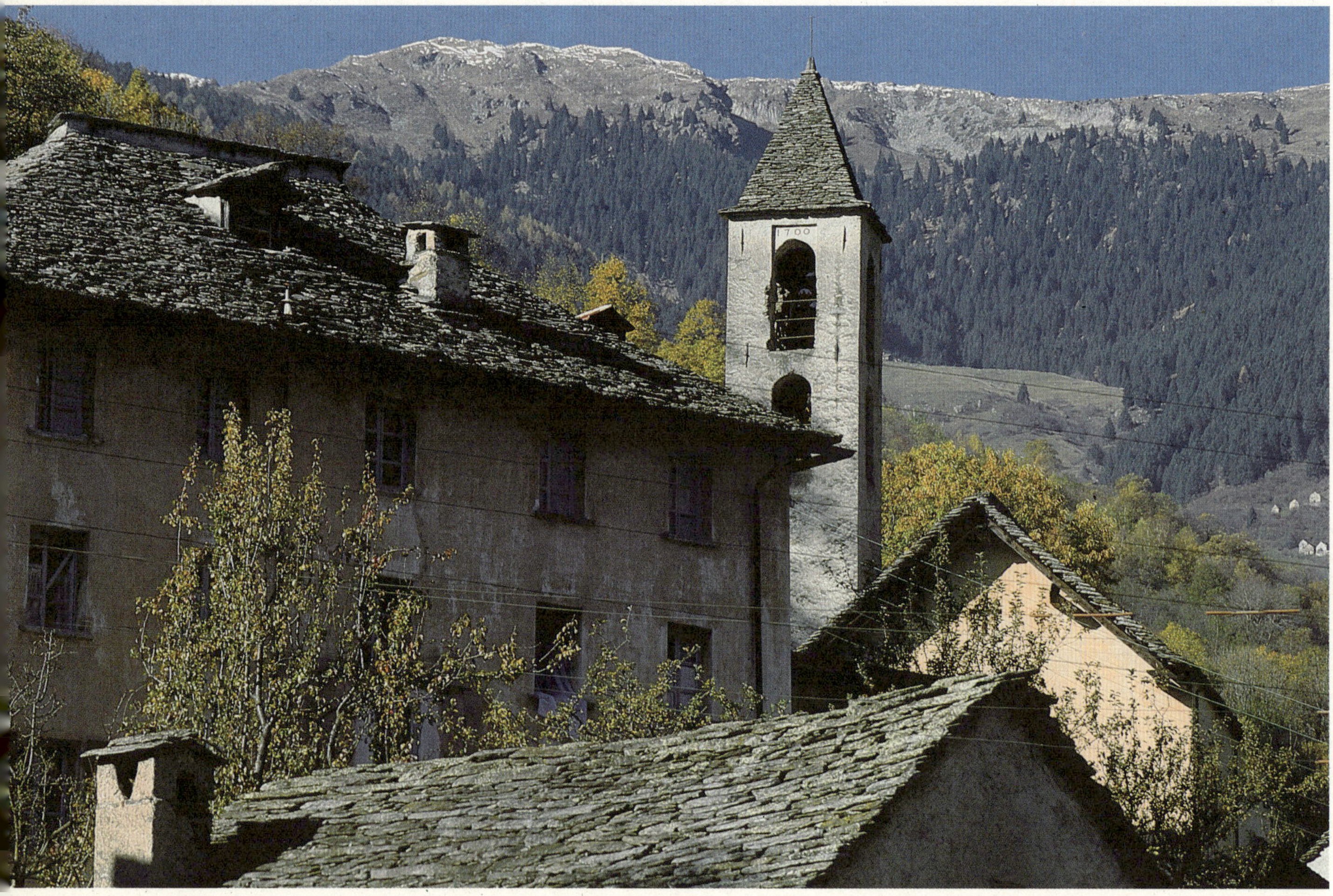

Vorhergehende Doppelseite: das Val Camadra.
Wer den Greinapaß von der Bündner Seite her überschreitet, gelangt von der Alpennord- auf die Alpensüdseite ins Val Blenio, in den Kanton Tessin. Er überschreitet eine Klima- und eine Sprachgrenze. Da gedeihen Wein und Edelkastanien, und das Antlitz der Häuser und Kirchen ist südlich, wie das von Prugiasco. Über den herbstgoldenen Lärchen bei Campo Blenio leuchtet, schneebedeckt, die Cima di Camadra. Die Staumauer des Lago di Luzzone wird erhöht werden.
Nachfolgende Doppelseite: Olivone (902 m) mit dem Sosto (2220 m).

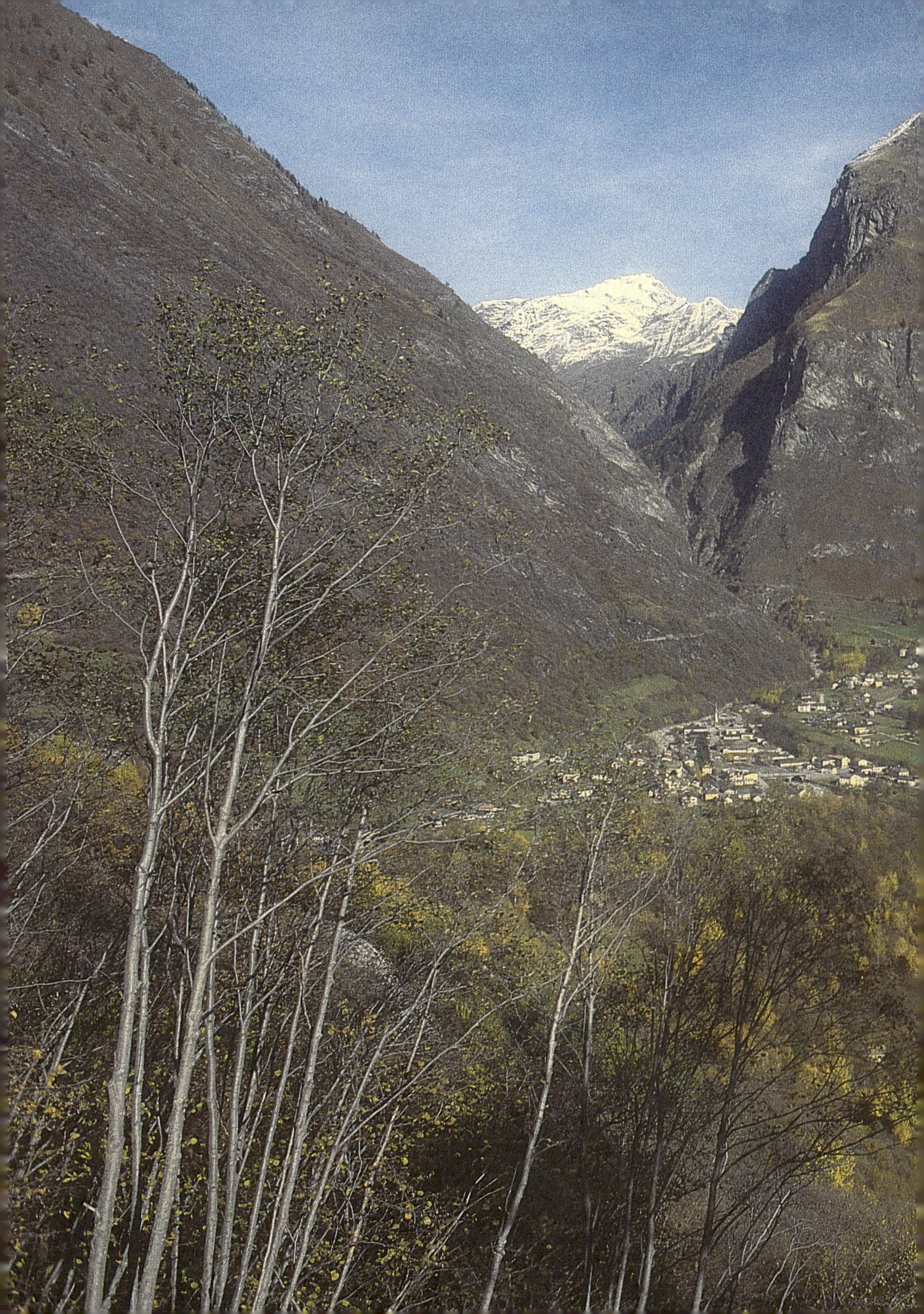

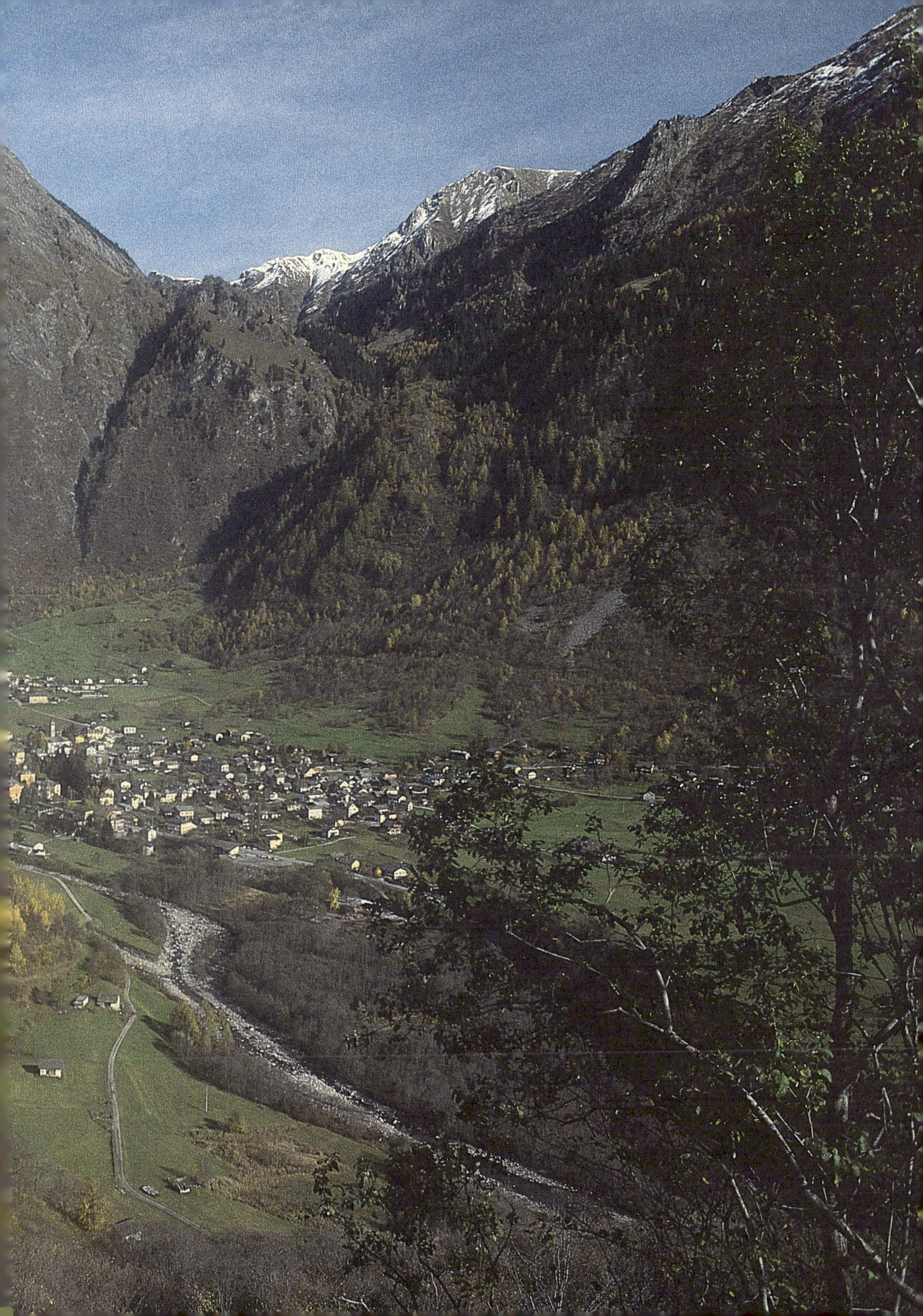

Della Greina, dei bleniesi e di strani silenzi. Appunti per una storiografia terapeutica

Antonio Cima

Gli accadimenti passati, ancor più che i recenti, confortano la tesi di un popolo bleniese fiero ed orgoglioso, di quell'orgoglio capace, se ferito, di scatti tanto violenti da saper deviare, nelle sue irruenti manifestazioni, il corso della storia. Lo misurò su se stessa la prepotenza dei Da Torre, nel 1182, che s'afflosciò vergognosamente sotto il petroso ammasso del castello distrutto. Fummo – è vero – in quel frangente aiutati dai convallerani leventinesi; ma il loro aiuto non fu del tutto disinteressato: divinando i sorprusi cui sarebbero stati sottoposti nel corso dei secoli a venire in quanto possessori della chiave dei passi alpini, essi vennero da noi a scuola di caparbietà, audacia e determinazione: null'altro. La storiografia burocratica del tempo non fa cenno del costo d'iscrizione ma se ve ne fu uno esso non dovette superare il prezzo di due o tre uomini, caduti presumibilmente più per la loro distrazione che per la valentìa dei difensori o per le carenze dell'insegnamento. Ora questo orgoglio bleniese, come è naturale che sia per sentimenti di sì elevata grandezza, presenta diverse sfumature, sulle quali noi andremo ora a puntare i riflettori della nostra modesta indagine; ma sarà solo per illuminarne una che ci è parsa singolare: quella relativa ad una smisurata coscienza di essere i possessori e gestori e quindi i difensori di uno spicchio d'arco alpino unico e ovunque altrove irripetibile nelle sue fattezze. Ma interferendo in esso sentimento la generosità del loro carattere e la innata vocazione alle grandi aperture che gli deriva dal fatto d'esser stata valle di transito molti secoli prima che il diavolo ci mettesse la coda a relegarla in secondo piano dietro la via del Gottardo, la difesa del sopraddetto spicchio d'arco alpino si espleta non in funzione gelosamente protettiva bensì universalmente magnificatoria, assumendo qua e là perfino toni di papale concione «urbi et orbi». Il genitivo solare di cui si fregia l'appellativo accostato – non da loro forse, ma da loro mai rifiutato – alla valle: «valle del sole», sottintende, assieme alla felice unicità di massima concentrazione di raggi in illo loco, anche una conseguente penombra in qualsiasi altro loco ch'abbia fattezze di valle. Da qui a percepire poi, là verso gli orli più marcati di quella sfumatura d'orgoglio strane tonalità prossime al colore della convinzione di essere «i più», «i migliori» in o per qualcosa, il passo è breve e il dito riprovatore per eccesso di vanteria, seppur ragionata, o di millanteria quandanche ritenuta, più d'un moralista si sentirebbe di levarlo.

Questa feritas aut praesuntio raritatem possidendi, che così chiameremo per maggior chiarezza dei nostri lettori quel sentimento di rara possessione che alberga nell'animo dei Bleniesi, avanzando lo scempio ambientale operato su quel magnifico corridoio solatio che è la valle da strade, da ponti, da cemento, d'asfalto, da cubi abitativi non più ville, il tutto guardato a vista da giganteschi totemici supporti di cavi elettrificati, da totale ed universale quale era prima ha principiato a restringersi, a scemare, a regredire per incupirsi attorno ad un unico obietto, assumendo nel contempo quasi carattere di larvata ossessione.

Quell'obietto altro non è che la Greina. La Greina agli occhi loro misconosciuta ignorata dai più e non sufficientemente glorificata dai pochi che la frequentano. Il dramma della possessione in sottotono della Greina: quivi s'ha da individuare l'origine della novella ferita inferta all'orgoglio bleniese: che già n'avea patita una quando or non fan molti decenni tentando di buttarla a lago sommergendola sotto castigate acque s'insinuò pubblicamente l'idea che potesse essere oggetto di poco valore, scarto ambientale da riconvertire in funzione utilitaristica.

Narrasi dai bleniesi che sanno di lettere che a spianare la via a questo ultimo male, più che la longa manus del fato fu l'indifferenza con la quale l'ha guardata tutta la letteratura, paesaggistica e memorialistica dei secoli addietro; a principiare dai due nostri: il Luini e il De la Harpe. Talché se fiumi di esaltanti parole sono scorsi sulle mete irrinunciabili dell'escursionistica alpina, tanto che i solatii catini della Bregaglia, le ampie conche di San Moritz e di Davos, le rumoreggianti marmitte della Schöllenen, le gole profonde della via Mala, i freddi canaloni dell'Aletsch, i ricettacoli naturali sospesi delle glorificate valli vallesane, le triplici tazze glaciali della Piora, tutti ne ricevettero e se ne bearono, pochi rigagnoli a petto di quelli, e a centellinata intermittenza, ancorchè validissimi e significativi, defluirono invece verso la Greina negandole il crescere e l'affrancarsi oltre la oscura linea dell'anonimato alpino.

Incuriositi, anzi spronati da siffatti umori, ci siam proposti due cose: la prima di ergerci a giudici imparziali e di riandare in loco, stavolta con occhi fatti più saggi da maggior carico d'anni, onde giudicare; la seconda di tentare, indipendentemente dal verdetto che ne sarebbe scaturito, alcunché di umanamente fattibile per ridare pace ed equilibrio ai bleniesi anche a costo di stravolgere tutte le leggi della prassi storiografica ufficiale.

Spogliati adunque mentalmente d'ogni possibile residuo d'identità bleniese, d'ogni sciovinistica crosta che ancora ne imbrattasse l'intelletto chiamato a giudicare, strozzato momentaneamente il cordone ombelicale che da più di un cinquantennio ci nutriva da quella terra, vestiti di questa nostra nudità etnica ci siam recati lassù: e ne siam ridiscesi con le stimmate d'una illuminante verità impresse nella mente: veramente non havvi spettacolo più grandioso, più religiosamente invitante, più misteriosamente compenetrante di quello offerto da un'ora di vita piantati nel mezzo dell'altipiano della Greina. Veramente a tanto orgoglioso vanto represso corrispondeva e corrisponde altrettanta grandezza dell'oggetto. L'orgoglio, sentimento che s'usa ancor oggi catalogare fra i riprovevoli e i castigati, trova lassù la sua carta di legittimazione con bollo in oro.

Tagliata così la testa al dubbio sulla fondatezza ragionevole di quello strano orgoglio, sotto la mannaia della nostra determinazione si presentava ora il mistero inspiegabile, assurdo del perché niuno dei grandi spiriti letterati, viaggiatori e divulgatori n'avesse giammai fatto cenno di tanta sublime bellezza del creato: riuscire a calarla di nuovo a colpo sicuro avrebbe significato disvelare quel mistero fomentatore di sofferenze, dare illustri patenti e patrocini a quel sito, prevenire magari un ulteriore colpo di testa dei bleniesi che potesse di nuovo deviare il corso della loro storia in un momento politicamente non indicato, ridar loro quella pace che si meritano e, di straforo, a noi la gloria che ci spetta.

E ci siam dati da fare. Senonché, parendoci desueti, fallimentari e dimolto macchinosi gli attuali stromenti di indagine storiografica, fu d'uopo darcene dei nuovi che privilegiassero il dato fantasioso rispetto al dato reale, la verisimiglianza circostanziale accertata rispetto all'autenticità materiale del documento, la validità degli intenti dimostrativi rispetto alla filologia del reperto. Ci furon di conforto e sostegno nel procedere del nostro faticoso lavoro due inconfutabili assiomi: essere la storia svelata veridicamente di nessuna o quasi utilità all'uomo e di nessun insegnamento, ricadendo egli immancabilmente negli stessi orrori; ed essere qualsivoglia atto fantasioso dell'intelletto umano vuoi una verità smarrita, vuoi una realtà rinviata.

Sguinzagliati adunque i solerti agenti del nostro ingegno verso gli immaginari archivi della storia di tutti i tempi, letteraria, politica, militare e di costume, essi se ne tornarono con documenti di tale autentica valenza storica da indurci a pensare se non fosse meglio trarre noi soli, privatamente e gelosamente godimento di quelle singolari discoperte; ma poi ragioni etiche prevalsero su ogni egoismo, unitamente ad una che ci parve fondamentale: che se resi pubblici essi avrebbero contribuito a far cessare per sempre qualsivoglia tentativo di allungare le mani sulla Greina, distogliendo nel contempo i bleniesi da quello stato morboso di amante che – per dirla con un illustre secentista – piange di possedere ciò che teme di perdere nel quale da tempo si son venuti a trovare; e avrebbe posto quel gioiello alpino sotto l'ala protettrice di antichissimi ancorché laudatissimi sponsors. Col primo documento ritorna schierato in battaglia Gaio Giulio Cesare, dictator rei publicae constituendae. E chi se non lui ebbe le maggiori probabilità di calcare i sentieri alpestri che lassù menano? Costui, per quasi un decennio della sua vita (dal 58 al 52 a.C.) setacciò in lungo e in largo tutte le Alpi, dalla Garonna al Reno quando, piombato per sete di conquista e di gloria come astuta volpe nel gran pollaio alpino ne fece volare starnazzando tutti i Galli che l'abitavano e tutti, prima o poi rincorse, afferrò, combattè, sottomise: e i Galli Longoni, i Galli Averni, i Galli Allobrogi, i Galli Boi, i Galli Edui, i Galli Senoni e i Galli Elvezi che più gli diedero penne da torcere. In compenso delle stragi operate egli lasciò a noi bleniesi oltre che la sua lingua di cui parci averne già dato qua e là alcuni saggi, una robustissima strada romana ancor oggi visibile sopra Camperio e in fondo al piano di Campora ove solea, deposte le sudate armi, dar tregua alle sue scorribande; e n'avrebbe lasciato pure una tavoletta di cera (che su quelle s'usava allora scrivere) finora ignorata da quella storiografia pedantemente seria di cui sopra parlammo. In essa, nel suo stile tutto cose, tagliente e terso come la sua spada havvi un accenno alla Greina: poche righe nelle quali campeggia quell'espressione «varia insula in infinito spatio» che, rispolverando vecchie nozioni scolastiche di latino potremmo tradurre con «variopinta isola dell'infinito». Ma ecco il testo che siam riusciti a trascrivere con non poca fatica imperocché il surriscaldamento atmosferico degli ultimi decenni n'ha un poco fusa la cera:

«Greina est omnis divisa in partes quattuor quarum una vergit ad septentriones et nostra lingua vallis Camadrae appellatur; altera et tertia quas cacumen Toroi montis dividit Cavalasca et Lariceolus appellantur; denique ultima pars spectans in orientem et morientem solem transitu illa Crusch continetur et refugio scalarum atque finibus Rhetiae Cruarorum. Illa planities extensa similis sicut varia insula in infinito spatio paucos homines pastores tempore aestatis continentur sed bellandi atque venandi cupidi: ipsorum lingua Plaun la Greina nostra planum Graeinae appellatur. Hic inter rivos ignotos et fontes sacros deis gallis remedium calori captavimus opacum; hic alta sub rupe macer canet viator ad auras et ibices rupicapras pendere procul de rupe cernit...»

Il secondo documento parci di gran lunga essere quello che più d'ogni altro conferisce alla Greina lustro letterario e magnificenza di giusta collocazione. Esso chiama in causa il divino Poeta e ci sarebbe stato dato di scoprirlo fra le fantasiose carte finora neglette del fondo Cangrande della Scala (sala 3, scatola b, ripiano F). Presso costui, letteratissimo signore e mecenate, Dante Alighieri soggiornò per qualche tempo negli anni in cui esule confiscato, andava amaramente esperimentando sulla sua magrezza «come sa di sale / lo pane altrui e come è duro calle / lo scendere e il salir per l'altrui scale». La pergamena presenta un visibile strappo nella parte superiore e segni di rosicchiatura in quella inferiore che ne impediscono la lettura degli ultimi versi. Cotal cosa ci indurrebbe a pensare che Dante, in procinto d'accomiatarsi per l'ultima volta dall'amico protettore, scendendo l'ampio scalone del castello con sottobraccio il voluminoso rotolo pergamenaceo della sua Comedia che n'andava via via scrivendo, n'avesse inavvertitamente strappato un lembo e che Cangrande, avvedutosi troppo tardi della gravissima amputazione, avesse deciso, letti i versi e resosi conto della grandezza poetica con essi toccata, o di custodirlo momentaneamente per mandarglielo poi con messi suoi al novello recapito, o di tenerselo gelosamente, non si sa se in ricordo dell'amico o in compenso dell'alloggio fornitogli. I versi si saldano perfettamente agli ultimi del canto XI dell'inferno e siamo lieti che le nuove vie di indagine storiografica da noi aperte permettano finalmente di sciogliere quegli interrogativi che questo canto ha finora sollevato presso tutta la critica dantesca ovverossia: come mai un canto così corto (115 versi contro i 150 di altri); come mai una chiusa così zoppa anche ritmicamente; e infine come mai un canto, l'unico, ove nessun personaggio appaia scolpito nella sua dannazione. Cancellato adunque l'ultimo verso zoppo che verosimilmente un amanuense tardo (nel senso temporale) ha apposto di suo pugno nell'intento di levigare alla bell'e meglio lo strappo, il canto s'ha da continuare con i versi che seguono:

115   e le ancelle dell'alba eran già pronte
        a dispiegar lor veli alla sua brezza.
        Lo mio maestro allor volse la fronte

118   alla lucente stella che dimezza
        le ambasce del cammin a chi di notte
        solo e ramingo va con sua tristezza;

121   ed io 'l seguii fra l'altre tombe cotte.
        Una fiata non più saria girata
        la clèssidra del tempo che n'inghiotte

124   quando: «Qual cosa nova e grata,
        udimmo, la vista di costui che vassi
        col mortal carco stampo di peccata

127   traendo sè per li roventi sassi!»
        Io mi ristai co' tutti i sensi fisi
        ma 'l duca mio mi pinse ed io mi trassi

130 verso quell'ombra; e quando fur li visi
nostri pel fummo l'un ne l'altro fitto
«Chi sei, dissi, e a qual fur divisi

133 ragion li tuoi pensier dal sacro editto?»
«S'io strazio me al rovello di mia storia,
rispose quei, facendo quel tragitto

136 inverso di dolor ch'è la memoria,
é solo per tornare colla mente
a quel gran pian cui tutto canta gloria:

139 e i rivi, e i fior, le pozze e la silente
vastitade che face il fiato mozzo
e che più volte fe' smarrir le gente;

142 del pian la Greina dico, ma nel gozzo
come tu vedi il rimembrar si smorza
e distilla il dolce loco un pianto rozzo.

145 Io fui benedettin di dura scorza,
piangendo continuò, di quel convento
... Innocen(zo) ...

Su questa struggente immagine dell'eretico che tenta di rievocare fra il pianto dirotto il «dolce loco» della Greina che presumibilmente lo vide, pargoletto ancora, esercitare fra le miti gregge l'arte della pastorizia prima ancora di esercitarla su quelle meno miti dei mortali, noi lasciamo il documento per passare ad altro, di datazione più recente, carico, come usava lo stile dell'epoca, di dovizia di particolari e di esternazioni di siffatta ammirata adesione, ancorché ampollosa, da farne veramente un monumento alla storia della Greina. Esso sarebbe giaciuto da secoli nell'archivio comunale di Olivone fra le lettere numerosissime che tessono, una dopo l'altra, la fitta trapunta della storia di quel valido comune. Non poterono vederlo né il Bolla (Storia di Olivone) né il Meyer (Blenio und Leventina...) nè altri studiosi, fautori come i primi due d'una metodologia storica non sufficientemente forzativa, che all'historia chiede unicamente ciò che essa può dare e, malauguratamente abbondantemente remissiva davanti alle immancabili ingiurie che il tempo opera sui documenti. Quando s'ha da edificare i popoli, da operare per la loro felicità, la loro gloria, il loro diletto e il loro giovamento le historie s'han da torcere in quella guisa che usavan le lavandaie co' loro stracci, che sapean trarre anche quelle stille che più non potean dare.

Adunque il documento in quistione altro non è che una lettera dalla formola rituale di chiusura apparsa forse ai più strana o indecifrabile, ragion per cui fu trascurata e che in tal maniera suona: «... E qui finisco augurando a V.S. il colmo d'ogni grandezza e prosperità e pregandola a conservare nella sua grazia e nella sua memoria il Benvenuto che caramente le bacia le mani.»

Il Benvenuto che «caramente bacia le mani» altri non è che il sommo artista Benvenuto Cellini, scultore orafo di sì alta abilità e fama che pur con parecchi omicidi sulla coscienza cavati dal suo temperamento violento ed irascibile, fu protetto da papi, osannato da principi, conteso da cardinali. Nel contesto della vita celliniana la lettera viene a situarsi perfettamente all'interno della narrazione che egli fa nella sua «Vita» di un viaggio attraverso le Alpi lungo il quale si trova a passare non senza perigli per le sponde del Lago di Walenstadt che egli chiama «di Valdistà». Se finora il percorso ultimo seguito per arrivare a quel punto era rimasto nell'ombra, il documento lo illumina di viva luce; meno brillante luce ricade per contro sul personaggio Cellini il quale giunto ad Olivone per passare il Lucomagno fu vittima della burla di un buontempone bleniese che gli indicò la via del Sosto e della Camadra anziché quella di Sommascona e di Camperio.

Ma lasciamo la parola all'iracondo artefice del «Perseo» acciò che ne racconti lui medesmo le sue peripezie:

Dal Chateau du Petit-Nesle, in Parigi, settembre 1540.

Vostra Eccellenza Messer Podestà di Oliuono,
duolmi infino al cuore la necessità nella quale m'ha ficcata la difesa della mia riputazione di artista e d'uom honesto di inviarvi la presente missiva; ancorché le ferme doglianze in essa espresse per il riprovevole contegno d'un vostro suddito

ne' miei confronti che io depongo ai piedi della vostra autorità e del vostro ragionevole giudizio che non mancheranno d'esser severi verso il colpevole, ne vengano in parte temperate se non del tutto cancellate dal maraviglioso che tale azione, ritorcendosi quasi per divino intervento dai suoi primieri disegni con sommo bene su me fece ricadere. Vossignoria non può sapere dacché, ancorché vasta per il mondo si vada espandendo la mia fama contuttociò non credo Ella n'abbia ancor auto sentore, che la fortuna da un tempo in qua ha preso a flagellarmi per più vie; e nella regione sulla quale Ella ha l'onore di dispiegare l'ala vigilante della sua potestà, essa fortuna ha voluto aggiungere alle altre mie mortificazioni ancor questa che io vo narrarle. Io era nel luglio del presente anno in viaggio verso la Francia, in provenienza da Ferrara ove m'avea dato conforto e ricetto il cardinale Ippolito d'Este dopo avermi cavato, per sua graziosa intercessione, da una tediosa e ingiusta prigionia che mi tenea serrato nel fortilizio di Castel Sant'Angiolo; ed avea in animo di valicare un passo che di nome suona Lucomagno; viaggiava meco un vigoroso valletto astuto quanto lo può essere una capra e ciarliero non meno d'una carpa, affidatomi dal Cardinale, e due bestie da soma per noi e per le nostre marcanzie. Giunti al limitar del detto borgo e presentandosi la via in più punti a guisa di biforche il mio valente garzone, parendogli poco certa quella che noi dovessimo seguire gli venne in mente di dimandarla ad un indigeno di costallà il quale ci rispose che non quella che menava al ponte avessimo a seguire che puntava verso i Carpazi – così ci disse – ma quell'altra che s'infilava nella stretta valle sul destro lato, costeggiando l'impetuoso torrente. E per lì ci mettemmo, ove rischiammo più volte la vita, recalcitrando le bestie alla vista di quell'orrido, ed io ne persi un mio archibugio ingioiellato che m'avea fatto dono papa Clemente VII per la suprema bellezza delle stampe che io gli feci per la Zecca. Ma la fortuna non volle che io colà finissi la mia trista vita e parendogli che io ancora avessi molto tempo a vivere e a maravigliare il mondo con le mie opere, ci mise sulla nostra via una masnada di forzuti e rumorosissimi villici e pastori che n'andavan spingendo con nodose verghe e altissimi gridi le lor bestie verso quel punto dove noi, se fossimo iti più oltre avessimo ritrovato la strada per la Francia. Due di loro che io presi a benvolere ancorché la puzzura de' loro mali abiti e la rudezza del loro gergo ne sconsigliassero – e diedi loro alfine due fiorini d'oro di che grandemente ne gioirono – dimolto ghignorno e dimenorno più volte la testa quando resi lor noto chi e dove ci mise su quel tragitto. Ma tant'è, di lassù un comodo pertugio acconsentiva il passare. Or fusse la compagnia di quei due messeri, fusse la maestate del paesaggio che s'andava gradatamente allargando e imponendosi al nostro vedere, io avea a poco a poco dimesso la stizza e la contrarietà per la burla fattami e cangiava di grado in grado la disposizione dell'animo mio, che più faticosamente saliva il carico del mio corpo, più quegli s'inondava di dolcissimi grilli poetici. In breve, lasciata la compagnia ch'era gionta al suo destino e inoltratici per un vasto piano ch'era tutta una vetrina di maravigliose bellezze primieramente concepii un gran contristamento, poscia percepii il dimettersi in me d'ogni malizia e insolente fierezza che m'avea accompagnata lungo tutta la vita, tal che mi venne necessità di fare orazione; cosa che feci dopo aver furbescamente intimato il mio garzone che procedesse più oltre imperocché mi pungea vaghezza d'un bisogno liquido; in essa orazione lodai Dio per quello che è, un Oceano inesausto di tutte le bellezze e di tutti i beni, l'artefice ineguagliato ch'avea saputo cavare di sua mano dal sen del nulla simile spettacolo, lo ringraziai d'aver voluto innestare nel mio cuore sterile e fiero di viandante smarrito un ramo celeste di dolcezza che n'avrebbe, l'assicurai, portato i suoi frutti, e che mai più io avessi dopo codesto incontro con quella sua splendida creazione a gettare l'ancora in fallo nel mare burrascoso di questa vita. Poi principiammo a dismontare verso settentrione e in tal modo, dopo mille altre peripezie, toccammo Parigi. Gionto colà, a tutte quelle persone ch'io incontrava che da me veniano per l'arte del cesellare l'oro, io sempre non lasciavo di raccontare di quel mirabile passaggio che avea nome Greina come mi fu detto da quelli due che io avea preso a benvolere; e così la voce si sparse in tutta Parigi di quella maraviglia e perciò tutti mi accarezzavano e non calava giorno ch'io non mi sentissi dimandare: Messié, parlez-nous de la Grenà – che così la chiamavano in quella loro lingua ed io ogniqualvolta li essaudiva talché presentandomi un giorno il Cardinale Ippolito a Sua

Altezza il Re Francesco I, costui avanzando ambo le braccia ver me mi disse: – Alors, messié, on dit que vous avez fait la Grenà! – Sire, rispos'io lui – s'io avessi fatto tal maraviglia non saria qui ora a riverirvi, ancorché grandissima e meritatissima sia la vostra fama. Io solo la trapassai ed al di lei cospetto mi sentii picciol cosa, quasi smarrita stilla nell'oceano. – Celiando poi egli sulla mia fierezza perduta e dicendo: – Or vo' a conquistarmela per vedere se tu dichi il vero – io l'invitai a non farlo, ché lassù è la sola monarchia di bellezza e al di lei cospetto qualsivoglia maestà regale saria franata in picciolezza. Al che egli parve convenire che non s'avesse a fare ma per la sola cagione che gl'Isguìzzeri, liberissimi et armatissimi, contava più tosto tenerseli a buona amicizia. Così come io spero d'esser ora alla vostra, messere Podestà, dopo questo racconto che fa seguito alla burla patita nelle vostre contrade, che se è da biasimare nel principio che s'ha da rispettare di non farle, nella substanzia seguitane è più tosto di quelle che s'hanno con tenacia da desiderare che non con dispetto aborrire imperocché io ne cavai frutto di buona dottrina, di profonda conversione e di altissimo godimento. E qui finisco ecc...»

Monumentali templi ove spontaneamente nasce e si scarica la «necessità di orazione», le montagne ritrovano adunque in questa lettera la loro esatta profilazione spirituale. Il percorso fisico che conduce a queste cattedrali della terra, si sposa simbologicamente con quello che conduce a quelle degli uomini: l'istessa graduale purificazione attraverso la fatica e la sofferenza; la verticale ascensionalità del doppio percorso visivo e interiore; l'abbandono graduale alle proprie spalle della vociferante piazza umana, crogiolo di tutte le passioni, di tutte le pazzie, e di tutti gli illusori fantasmi; e la deposizione nel loro vasto catino di silenzio, luminoso od oscuro che sia, dei propri orpelli di vanagloria, di malizia e di peccato. Questo il messaggio che s'ha da cogliere e lasciar lievitare nel nostro spirito. E questo il messaggio che s'è voluto proporre ai nostri lettori: i quali, considerata l'oggettiva verità sulla Greina e 'l suo splendore saranno oltremodo inclini a comprendere e ad iscusare la violenza che s'è voluta fare agli eventi storici e letterari per piegarli a' nostri bizzarri disegni.

118 lucente stella: la stella polare/121 cotte: bruciate. Siamo nel sesto cerchio: gli eretici giacciono in tombe infuocate/122 una fiata: una volta. Dante intende che il tempo intercorso fra l'incamminarsi e il risuonare della voce dell'eretico si sarebbe potuto misurar con un giro di clessidra: quindi breve/126 carco: carico; il nostro corpo mortale col quale pecchiamo; vedi anche altrove: creta peccante, Inf./128 fisi: fissi, tesi/129 pinse: spinse, affinchè Dante si dirigesse al loco donde provenia la voce/132–133: a quale… si intenda: per quale causa, con quale argomento il tuo modo di pensare si differenziò dai dettami (il sacro editto) della Chiesa/141 smarrir: s'ha da intendere nel senso spirituale: perdere la cognizione del proprio essere, essere compenetrati della propria nullità di fronte a siffatta maestosità e bellezza. Che è poi la sensazione che ne ricavano la più parte degli spiriti sensibili che lassù si recano/146–148 convento… Innocenzo: la nostra nuova metodologia storica deve aver qui trovato i suoi primi numi protettori giacché i roditori ebbero tema di attaccarsi a quel nome altisonante di papa e lo lasciarono intatto quasi ne temessero devastanti scomuniche a loro e a tutta la futura mustelidea progenie. Trattasi di Innocenzo III che consolidò agli inizi del 1200 la ferrea teocrazia del papato, definì la plenitudo potestatis del pontefice e impose decime e imposte non solo sul laicato ma anche sui beni del clero. Il benedettino «di dura scorza» fu presumibilmente abate dell'abbazia di Disentis, originario d'una delle valli che si dipartono dalla Greina, Somvitg o Lumnezia o forse l'alta valle di Blenio: alla luce di questi dati la sua eresia, che a' nostri giorni ne farebbe un martire, dovette consistere presumibilmente nel rifiuto della plenitudo potestatis del papa, se non più semplicemente nel rifiuto di fargli avere, via Lucomagno, le decime e le imposte richieste.

worte eines greina-pioniers

bryan cyril thurston

es gibt andere greinas

verloren –
rinnsale der freude –
ein inferno wallend-flüssiger nebel
umwirbelnd,
aus wolken und regen:
mäandrierende flußarme des friedens

in diesem parautochthonen raum der vielfalt –
wo fließende nebelbänder
unbegrenzte horizonte von schnee und berggrat
freilassen –
über meeresarmen tonige schwarze schiefer
glitzernder firn, blanker, tief-karbonfarbener
bergsee –
wahrlich ein «schieferhaufen»
von unendlich weitem ausmaß –
einsamer pizzo coroi,
eine welt der ergreifenden farbe!
subtilität der empfindungen,
allein, hochragend und zentral

wüste von glatscher dil terri

eine gerade spur durch endlosen schnee
durchzieht den oberen rand des gletschers –
über die umrisse von wassern,
so dünn auf der oberfläche,
daß jeder fallende geröllstein verschwindet

verschwiegenheit und gänzliche stille
jenseits der welt
felsige abgründe
geboren aus weißer nichtigkeit

tödlich für den menschen in stürmen –
während vielleicht nur der schneehase oder die gemse
hastet bei nacht
mitten in dieser ewigen wüste

weich-fließende linien
bezeichnen die obere, abfallende flanke des
glatscher dil terri –
dreckiger, schwarzer grieß am bergschrund
ein glaziales relief –
unaufhörlich
vom rauschenden wasser überflossen
einem blau-schwarzen glazialsee entgegen –
widerspiegeln:
segelnde eisblöcke, in wühlendem nebel

fülle –
äußerst entlegen –

angestrahlte greinaebene
eindringende ströme von licht
nebelbänke durchbrechend,
zerteilen die bergflanken
in helle und dunkle

alles in kontrast
zum eisigen nebel
des terri und seiner gletscher

atemraubend
treten wir aus der val canal
plötzlich
ändert die szene vor unseren augen
sonnenstrahlen brechen durch –
die gewundenen bachadern
sind leuchtend goldsilbern,
die wogenförmige gestalt
des plaun la greina wird zerrissen –

aus dem nebel in eine freudenvolle
zuflucht des lichts

himmel und wolken im greinaboden
allenthalben
wolken im gewässer des hochlandes

gipfel und gräte im firmamentsgewölbe

unausgesprochener äther der greina
du zwingst uns, die gräser vor uns zu stellen

die hohen kräuter und disteln
dem gelände folgend
wie schafe der ursprünglichkeit

coroi-plateau

zwischen unzähligen limmonit-schüssigen,
schiefrigen felsbändern,
ausgehöhlt und eingebettet:
zwei welt-verlorene blaß-blaugraue bergseen

brüchige kanten und absätze führen
andauernd zu neuen schieferterrassen
und geweben von grün-schattierten firnresten
und dunkle geländezungen
erscheinen als eisedrahtnetzwerke

inmitten ewig-eis und steiniger öde,
vollkommen abseits vom gewohnten,
erläßt sich ein neuer maßstab von
gegenwärtiger größe, inne werden

menschen-öde räume
man könnte meinen
aus dem widersprüchlichen –
hoffnung –

eigenständig –
strotzend von gesundheit
begegnet uns mit überströmender
gastfreundlichkeit
der urtümliche bergamasker hirt –
durch die gewässer schreitend
ein zeichen des fortbestands
unseres menschengeschlechts

unbetrübten wassern
nahe der zwiebelfelder des lebens:
geringe abspiegelung von
pizzo coroys stolzer krone

in der tiefe flackernd –
im herzen der greina,
wild und verstreut –
während sie spielen
bei nacht, die letzten lichter widerhallen
und geben raum:
für stürme und winde –
bäche von unaufhaltsamem, andauerndem laute!

am rande der einsamen hochebene
an der stufenmündung der val canal
steht eine hirtenhütte –
mit steinplatte gegen die witterung geschmückt,
und ebenso leben ihre bewohner
wie ausgestoßen aus der gesellschaft.
auf den schmalen tablaren als begleiter der hirten:
die mäuse

liebe menschen im anfangsstadium –
noch nicht ist sattheit und wohlstand eingetroffen –
solange ihr weidland gottes ist
wird es der menschheit gut gehen

greina – erinnerung bleibt
rostig und rauh – unsterblich
verflüchtigter äther als slogan für unsere zeit –
zerfurcht die nebelwand, enthüllt
eine botschaft von freundschaft, liebe und erhabenheit –

ist es das belebende dahinstürmen des bergbaches,
der steinig-sandige, böschende bergbau?

greina – symbol für die fruchtbarkeit des lebens,
die letzte suche, verankert
in der dichterischen annäherung an unser sein –
la greina steht und fällt,
solange ihr erhabener «lebenssand» rieselt,
als erfülltes paradies, nicht ausgehöhlt von maschinen,
unbefleckt: intakt schlechthin,
nur stürmisches drängen der schafherden
inmitten einer welt der unausgesprochenen sehnsucht:
ist es der tau auf dem kamm des zamuor?
unzählige eintagsfliegen lullen die seele in sorgloses unglück,
verwoben mit dem hirtenruf – wo steinadler sich
emporschwingen –

unergründlich: das ende der erschaffung der greina,
doch die musikalische irrationalität ihres wesens
widerhallt, unaussprechlich, im geistigen auge des wanderers:
hier im bergigen anstieg einer verborgenen hochebene
liegen die heimlichen höhepunkte von
moräne, rundhöcker und bergsee, die sich drehen
und spiegeln in der aufmachung erhabener erhebungen
und in sprechenden namen: terri, coroi, stgir, gaglianera –

karger grat des pizzo coroi

übersät mit bröckelnden quarzbrocken –
erbarmungslos vom bitteren nordwind überflossen

nirgends ein platz der abschirmung –
bis weiter oben,
in der schiefrigen mulde, unter dem gezackten gipfelgrat
eine oase der stille –
unerwartet und verstohlen auftaucht

zwischen felsvorsprüngen und geröllhalden,
öffnet sich unvermittelt ein schreckenvoller abgrund
in der tiefe der valle cavallasca

ein äußerst wilder anblick:
der unendlich weite, sanfte aufstiegsgrat,
der dunkle kopf vom pizzo di güida –
vom neuschnee besprenkelt
verlieren sich die steilen flanken des piz terri
in schleichenden nebel
unreal gesättigt und geheimnisvoll gewoben

querung des plaun la greina
in hagel, licht und regen –
ein durcheinander der lichtstrahlen,
gestreifte, fließende schneebänder –
düster-bewachsene moräne –
in der tiefe leuchten die greinabäche
wie quecksilber
aus ihrer dunklen umrandung

la greina: bergland der ungeteilten wilde,
rauhe und einsamkeit –
ES GIBT ANDERE GREINAS

red cuillin[1]

zerbröckelnde, alte rote – gräte –
mit geröll und schutt überstreut,
durch zeiten windige regen und graupeln

granolithische massen
geglättet – hinunterzerschlagen
tauchen wieder aus dichtem nebel
unbekannte, unbestiegene massige abdachung
deutet nur das geheimnis des naheliegenden meeres
unglaubiger ort
ätherische schönheit und reiz
hoch-gestellt abseits für den herausforderer –

black cuillin[1]

jüngeres, grün-schwärzliches gabbro
widerspiegeln augenblicklich:
strahlen und schäfte von licht –
jede laune vom umliegenden meer,
während sturmwinde heulen mitten in die intrusiven
bergflanken und zinnen

[1] insel skye, innere hebriden, schottland

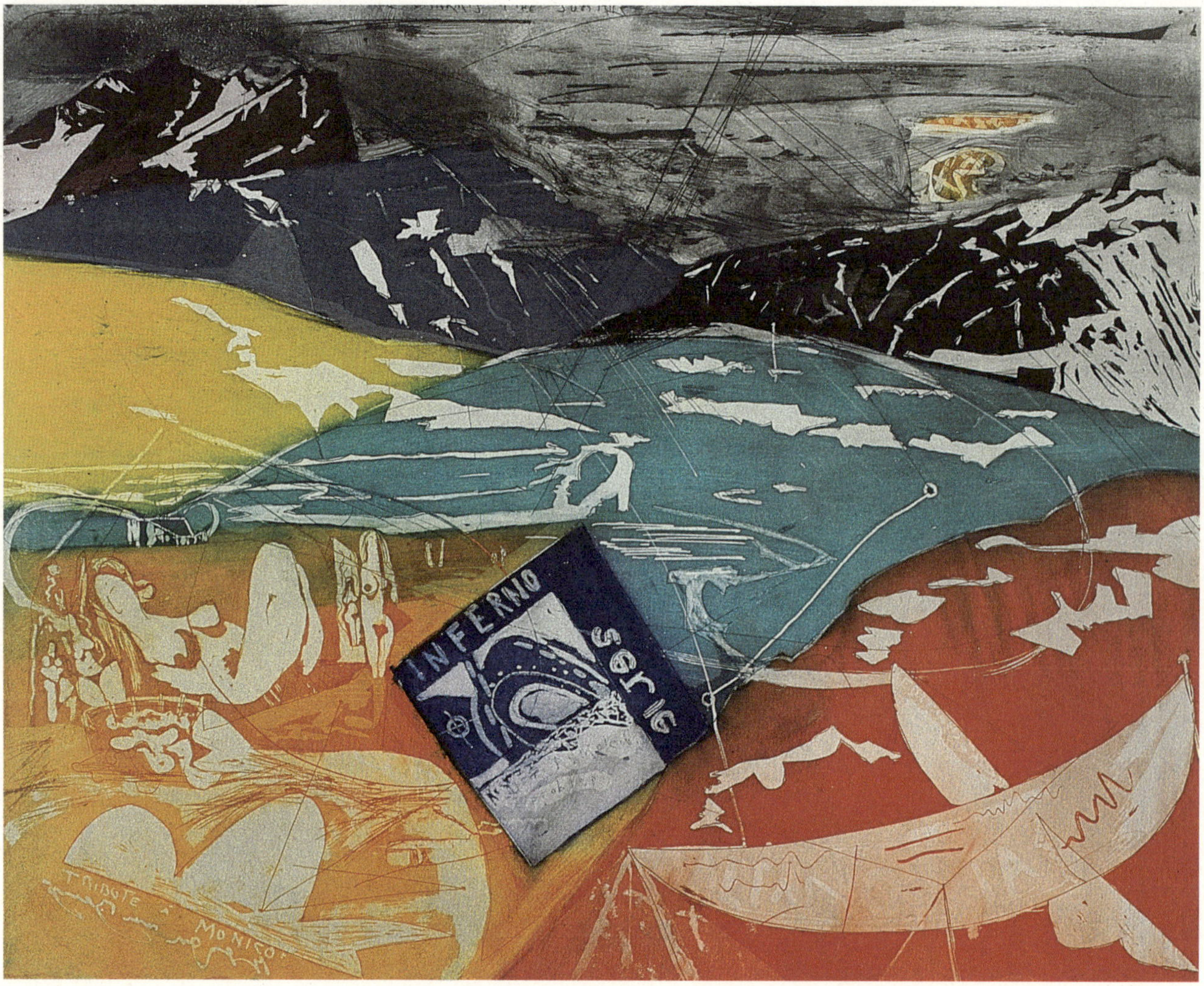
INFERNO
serie

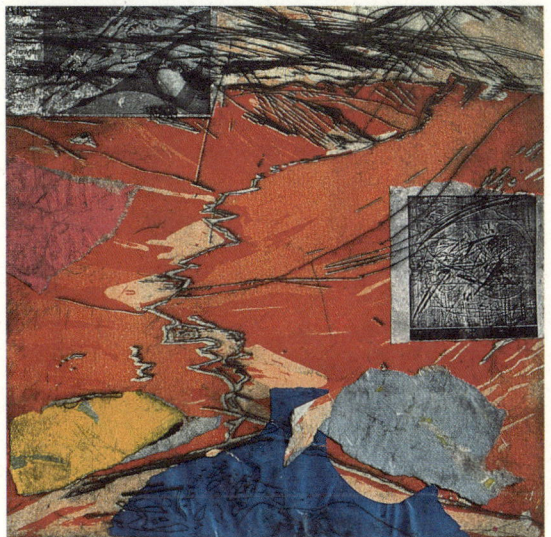

Abb. links: Plaggen und Hirtinnen kämpfen für die Erhaltung der Greina. Aquatinta – Radierung.

Abb. oben: Black Cuillin Grat – Insel Skye, Schottland. Aquatinta – Radierung – Schablonendruck.

Abb. unten: Lairig Ghru, Cairngorms, Schottland. Aquatinta – Radierung – Collage.

Greina – oder: Vom wahren Wert der Landschaft

Hans Weiss

Als ich den Namen der Greina zum ersten Mal hörte, war ich zwölf Jahre alt. Es war 1952, an einem Oktobertag, als uns Halbwüchsige ein bergbegeisterter Onkel von der steilen Glarnerseite an den Zwölfihörnern vorbei auf den Bündner Vorab führte. Es gab damals noch keine Bergbahn auf diesen Gipfel. Ich erinnere mich an kalte Hände in steifgefrorenen Handschuhen, an Schneetreiben und Kompaß lesen im Nebel. Da riß wie von Geisterhand der Wolkenvorhang auf, und weit weg sahen wir Ketten von blau bewaldeten Bergen und darüber, wie in ein jenseitiges Licht getaucht, leuchtende Spitzen. «Das ist der Piz Terri und dort der Piz Vial und dahinter liegt die Greina», erklärte der Onkel. Kurz darauf war der Vorhang wieder zu. Wir mußten absteigen, um noch vor Einbruch der Nacht das Tal zu erreichen.

Anfänge

Viele Jahre später trat ich meine neue Stelle als Landschaftspfleger des Kantons Graubünden an. Da begegnete ich dem Namen Greina erneut: Die Farbe auf der neuen, auf wasserfestem Syntosihlpapier gedruckten Schulkarte Graubündens roch noch frisch, und ein großer Stausee Greina war darauf eingetragen, im gleichen Hellblau, wie damals die im Föhnfenster leuchtenden Berge, hinter denen diese geheimnisvolle Hochebene verborgen lag. Da hatte also der Kartograph den Stausee eines seit langem konzessionierten Werks schon eingezeichnet. Nüchtern wird er sich vorgerechnet haben, was geplant sei, werde auch gebaut und müsse dann auf der Karte später nicht nachgeführt werden. Ich jedoch spürte erhöhten Puls und sagte mir, das dürfe doch nicht wahr sein. Am nächsten Wochenende war ich auf Schusters Rappen unterwegs durchs wilde Val Sumvitg zur Terri-Hütte, und das Glücksgefühl, diese Landschaft noch nicht von einem Stausee versenkt vor mir zu sehen, so wie sie schon vor Tausenden von Jahren da lag, vergesse ich nie mehr. In schier feierlicher Stimmung faßte ich den einsamen Entschluß, mich dafür einzusetzen, daß diese Landschaft erhalten bleibe. Das war 1968.

Ich war damals jung und naiv. Von Politik hatte ich wenig und von öffentlicher Meinungsbildung keine Ahnung, was einen älteren Kollegen einmal mit Anspielung auf Johanna Spyris «Heidi» zur Bemerkung veranlaßte, das seien nun eben meine «Lehr- und Wanderjahre». Bald erfuhr ich, wie schwer, ja scheinbar aussichtslos der Einsatz für die Bewahrung einer Landschaft ist, deren Nutzen gerade in ihrem Nichtnutzen liegt. Auf schieres Unverständnis stieß ich bei einem damals einflußreichen Bündner Politiker, der mit Brecht höhnte, zuerst komme das Fressen, die Moral und der Landschaftsschutz nachher. Als Unterländer mußte ich mir selber eingestehen, daß ich von den damals im Schatten der Hochkonjunktur liegenden Gemeinden nicht erwarten konnte, sie würden sich den winkenden Millionensegen der Wasserzinsen entgehen lassen. Im Umfeld von Chur gab es allerdings auch einflußreiche Leute, deren Sympathien ich genoß und die für das Anliegen sensibilisiert waren. Aber auch sie sagten mir mit leicht resignativem Unterton: «Was wollen Sie? Gegen eine rechtsgültig erteilte Konzession zur Wasserkraftnutzung ist nichts zu machen.»

Wie so oft im Leben zeigte es sich auch hier, daß nicht allein ist, wer innerlich an ein Ziel glaubt. Die Rettung der Greina begann, lange bevor sie ein schweizerisches Politikum wurde. Unverhofft zeigten sich Gesinnungsfreunde, die mein Anliegen – ohne daß wir gegenseitig vorher davon gewußt hätten – teilten. Noch war es eine kleine Gruppe von Einzelkämpfern, aber man traf sich ab und zu und schmiedete Pläne. Zwei Namen nur seien hier erwähnt: derjenige des verstorbenen damaligen Adjunktes des Kantonsförsters, Walter Trepp. Er war ein großartiger Botaniker und sehr introvertierter und empfindlicher Mensch. Aber mit ihm mußte ich nicht über den Wert der Greina streiten, und auch nicht darüber, ob man dort zuerst seltene Pflanzen finden müsse, um die Schutzwürdigkeit der Greina wissenschaftlich zu beweisen. Der andere ist der spleenige Bryan Cyril Thurston, Maler und Architekt. Als gebürtiger Nordengländer erinnerte ihn die Greina an schottische Moorlandschaften. Er war einer der ersten, der auf originelle Weise Kunst und Naturschutz miteinander verband und damit ganz andere Kreise als die «schon Bekehrten» für das Anliegen gewann. Wir warben also gemeinsam für die stillen Werte der Greina, im kleinen Kreis und später auch an öffentlichen Veranstaltungen, ahnend, daß das letzten Endes ein Widerspruch zum Ziel einer «stillen, geheimnisvollen Greina» war, aber auch wissend, daß es nicht nur ein

Bewußtsein, sondern gleichsam auch eine kritische Masse braucht, bis die berühmten Berge versetzt bzw. einmal eingeschlagene Wege in Politik und Verwaltung geändert werden. So weit war es noch lange nicht.

Der Stein kommt ins Rollen

Nach Beendigung der letzten großen Kraftwerke am Hinter- und Vorderrhein und am Inn wurde es still an der Front Wasserkraft. In Bewegung geriet die Szene erst wieder, als die Vereinigung der Schweizerischen Elektrizitätswerke VSE Mitte der siebziger Jahre hochoffiziell verkündete, ein Weiterausbau der heimischen Wasserkraftwerke komme «aus Gründen der Wirtschaftlichkeit und des Landschaftsschutzes nicht mehr in Frage». Wenig später gaben die Nordostschweizerischen Kraftwerke NOK ihren Beschluß bekannt, das Werk Ilanz I und II zu bauen. Das hatte nun eine mobilisierende Wirkung. Die zahlreichen in den Schubladen bereitliegenden Projekte wurden nun auf einmal auch ein Thema für Wahlveranstaltungen, und mancher Politiker begann sich zu fragen, wieweit der Kanton Graubünden sich als «Ferienecke der Schweiz» anpreisen und gleichzeitig Stromlieferant für einen trotz Rezession unersättlichen Energiehunger sein könne und wolle. Die einen erinnerten sich schmerzlich an die verlorene Schlacht um den Spöl im Unterengadin, an die einst berühmten Naturschauspiele der Viamala, der Rofflaschlucht, der Wasserfälle Albigna im Bergell oder Buffalora im Misox. Und die anderen bedauerten, daß man viel Wasser schon verkauft hatte und die Höhe der Wasserzinsen im Unterland festgelegt wurde. Damit wurde nun die Greina auch ein Traktandum der eidgenössischen Räte. Die Schweizerische Stiftung für Landschaftsschutz SL hat – freilich hinter den Kulissen – eine wichtige Rolle gespielt, indem sie mit den Spitzenvertretern der Elektrizitätswerke harrte, aber im Geist der Offenheit geführte Gespräche über die Grenzen des Ausbaus der Wasserkräfte pflegte. Die Greina wurde sozusagen zu einem Testfall. In Anerkennung dieser Bemühungen vermachte ein ungenannt sein wollender Zürcher der SL eine Million Franken mit der Auflage, sie für den Schutz der Greina oder einer anderen Kulturlandschaft von nationaler Bedeutung einzusetzen. Er war kein Neureicher, sondern ein Geistesaristokrat, der sich zeitlebens für den

Naturschutz eingesetzt hatte und sein ganzes Vermögen dafür stiftete.

Als dann im November 1986 die NOK mit einer trockenen Depeschenmeldung ihren Entscheid bekanntgaben, auf die Ausnutzung der Wasserkräfte auf der Greina zu verzichten, wirkte das wie ein Paukenschlag.

Fazit

Die Geschichte der Rettung der Greina lehrte mich mehrere Dinge. Zunächst zeigte es sich auch hier, wie meistens im historischen Rückblick auf ein Ereignis: Das Ergebnis des Verzichtentscheides führte nicht ein einzelner Faktor herbei. Es war vielmehr das Zusammenwirken vieler Umstände. Umweltbewegungen können aber das berühmte Zünglein an der Waage sein.

Und noch etwas anderes ist mir geblieben. Ein Bündner Regierungsrat warf mir einmal vor, ich sei ein großer Egoist, weil ich mich für den Schutz einer so einsamen Landschaft wie der Greina einsetze. (Die Greina war damals noch wenig besucht.) Ich sagte mir aber, daß jeder Mensch, wenn auch häufig unbewußt und zu ganz unterschiedlichem Anteil, ein Bedürfnis nach zeitweiliger Einsamkeit oder nach dem Erlebnis einer nicht menschlichen Zwecken dienenden Natur habe, und sich somit dieses Anliegen durchaus unter dem Gesichtspunkt demokratischer Grundsätze vertreten lasse, sofern man bereit sei, jenen einen angemessenen Ausgleich zu verschaffen, die von der Schönheit der Landschaft allein nicht gelebt haben. Es könnte übrigens sein, daß dieses Bedürfnis nach Natur aus erster Hand mit dem Boom der computergesteuerten virtuellen Realität noch zunimmt.

Und schließlich fand ich an diesem Beispiel meine frühere Ansicht bestätigt, wonach sich der wahre Wert einer Landschaft letzten Endes nie nur objektiv, mit meßbaren Größen, beurteilen läßt, und daß der Einsatz für solche Ziele auch im Zeitalter der Quantifizierung nicht hoffnungslos ist.

Aletschgebiet: Geologie, Eis und Wasser

Hugo Raetzo

«Die Greina – neue Dimension im Umweltschutz» titelte eine Schweizer Tageszeitung 1995. In seinen geologischen und glazialen Dimensionen erreicht das Aletschgebiet jenseits des Gotthards ebenfalls außerordentliche Werte und einzigartige Schönheit. Nördlich der Rhone erhebt sich majestätisch das zentrale Aarmassiv. Dieses harte Urgestein wird zu einem großen Teil von Eis und Schnee bedeckt. Kein Wunder, wenn 30 000 ha des geschützten Aletschgebietes oberhalb von 2700 m ü. M. liegen. Mit dem größten Alpengletscher sowie der prominenten Randkette Eiger, Mönch und Jungfrau ist das Aletschgebiet im UNESCO-Inventar als Weltnaturerbe registriert und erhält damit eine herausragende Bedeutung.

Den Grundstein zur hochalpinen Landschaft legen zwei besonders harte Gesteine, der quarzreiche Aaregranit und ein kristalliner Amphibolit. Der höchste Gipfel des Aletschgebietes, das 4274 m hohe Finsteraarhorn, ist aus diesem verwitterungsresistenten grünen Amphibolitgestein gebaut, das wohl vor Jahrmilliarden als ozeanischer Basalt entstand. Da die Kontinentalkollision immer noch anhält, werden die Alpen weiterhin gestaucht. Eine andauernde Anhebung des Aarmassivs ist deshalb möglich. Dank dem harten Amphibolit ist es denkbar, daß die Erosion der Hebung am Finsteraarhorn hinterherhinkt und der Gipfel dadurch höher wird. Der ebenfalls harte Aaregranit bildet den grössten Granitkörper der Schweiz und erstreckt sich über 500 km^2.

Weniger verwitterungsresistent sind hingegen die altkristallinen Gneise und Glimmerschiefer. Sie wurden vor 400–450 Millionen Jahren während der kaledonischen Gebirgsbildung durch hohen Druck und Wärme metamorph überprägt. Deshalb sind diese hell glänzenden Glimmerminerale als Muskovitschichten entstanden. Es glänzen aber nicht nur die mineralischen Elemente dieser Formationen, sondern auch die daraus erbauten Berge Jungfrau, Mönch und Aletschhorn, das einen Granitunterbau aufweist.

Im Mesozoikum, das vor 250 Millionen Jahren begann und mit dem Sauriersterben vor 65 Millionen Jahren endete, lag das Aarmassiv unter einem tropischen Meer. Die kalkigen Meeressedimente bildeten einst kilometermächtige fossilhaltige Schichten, die über dem kristallinen Zentralmassiv lagen. In der alpinen Gebirgsbildung wurden die mesozoischen Kalkformationen weit nach Norden gedrängt und fortlaufend abgetragen. Davon verbleiben am Rand des Aletschgebietes nur noch die steilen Flanken von Eiger und Wetterhorn.

Das emporgehobene Aarmassiv ist aufgrund der Höhenlage zu einem großen Teil von Gletschern bedeckt. Der Aletschgletscher, der längste der Alpen, ist heute 24 km lang. Am Ende der kleinen Eiszeit 1870 war er 2,5 km länger. Die Fläche von 125 km² schrumpft ebenso wie das Volumen des Gletschers, weil das Klima wärmer wird. Beim Konkordiaplatz schwindet die Eismächtigkeit in letzter Zeit um zirka einen Meter pro Jahr! Heisse Jahre, wie dasjenige von 2003, bedrohen selbst hoch gelegene Gletscher und bringen diese zum Schmelzen. Trotz der Klimaerwärmung werden wir noch eine Weile Eismassen am Konkordiaplatz vorfinden, denn die totale Mächtigkeit des Aletschgletschers wird dort auf 900 m geschätzt.

Das Schmelzwasser rauscht durch die enge Massaschlucht ins Rhonetal. Die Abflüsse schwanken extrem, entsprechend der Jahreszeit, zwischen 0,1 m³ pro Sekunde im Februar und 125 m³ pro Sekunde im Juli (Angaben aus dem Jahr 2003). Die Entwässerung des Aletschgebietes ist manchmal problematisch, weil der Märjelensee am Rand des Gletschers während der Schmelze hoch ansteigen kann. Im 19. Jahrhundert brach der See mindestens 31 Mal aus und überflutete das Gletschervorfeld und teilweise Gebiete unterhalb der Massaschlucht. Noch 1994 kam es zu einer raschen Seespiegelabsenkung. Ein Seeausbruch könnte den Weiler Oberaletsch, die Massaschlucht bis Gebidum und den Weg zur Konkordiahütte gefährden.

Das Schmelzwasser, die Seeausbrüche, die «unendlichen» Eiszungen und die harten Gesteine bilden zusammen eine Landschaft, die nun zu Recht zum UNESCO-Weltnaturerbe gezählt wird.

Das Gesetz und seine Folgen in den Kantonen Graubünden und Wallis

Herbert Maeder: Fotografien und Bildlegenden
Gallus Cadonau: Gesetz und Erläuterung

Wahrung der Schönheit der Landschaft
Eidg. Wasserrechtsgesetz (WRG)[1]
Art. 22 (Abs. 3–5 neu)

[1] Naturschönheiten sind zu schonen und da, wo das allgemeine Interesse an ihnen überwiegt, ungeschmälert zu erhalten.

[2] Die Wasserwerke sind so auszuführen, daß sie das landschaftliche Bild nicht oder möglichst wenig stören.

[3] *Der Bund richtet den betroffenen Gemeinwesen Ausgleichsbeiträge zur Abgeltung erheblicher Einbußen der Wasserkraftnutzung aus, sofern diese Einbußen eine Folge der Erhaltung und Unterschutzstellung schützenswerter Landschaften von nationaler Bedeutung sind.*[2]

[4] *Bei der Festsetzung der Abgeltung wird die Finanzkraft der betroffenen Gemeinwesen berücksichtigt.*

[5] *Der Bundesrat regelt die Ausgestaltung der Ausgleichsbeiträge.*

...

Art. 49[1]

[1] Der Wasserzins darf jährlich 80 Franken pro Kilowatt Bruttoleistung nicht übersteigen. *Davon kann der Bund höchstens 1 Franken pro Kilowatt Bruttoleistung zur Sicherstellung der Ausgleichsleistungen an Kantone und Gemeinden nach Artikel 22 Absätze 3–5 beziehen*[3]...

---

[1] Bundesgesetz über die Nutzbarmachung der Wasserkräfte. (Wasserrechtsgesetz, WRG) vom 22. Dezember 1916 (Stand am 28. Januar 2003)

[2] Abs. 3–5 von Art. 22 WRG ab 1986 von der SGS und ihren Stiftungsrätinnen und -räten im Parlament vorgeschlagen, am 24. Januar 1991 als WRG-Ergänzung in das Gewässerschutzgesetz eingefügt und am 17. Mai 1992 mit 2/3-Mehrheit vom Volk angenommen.

[3] Ergänzung durch SGS 1995 vorgeschlagen, am 13. Dezember 1996 ins WRG eingefügt und in Kraft seit 1. Mai 1997.

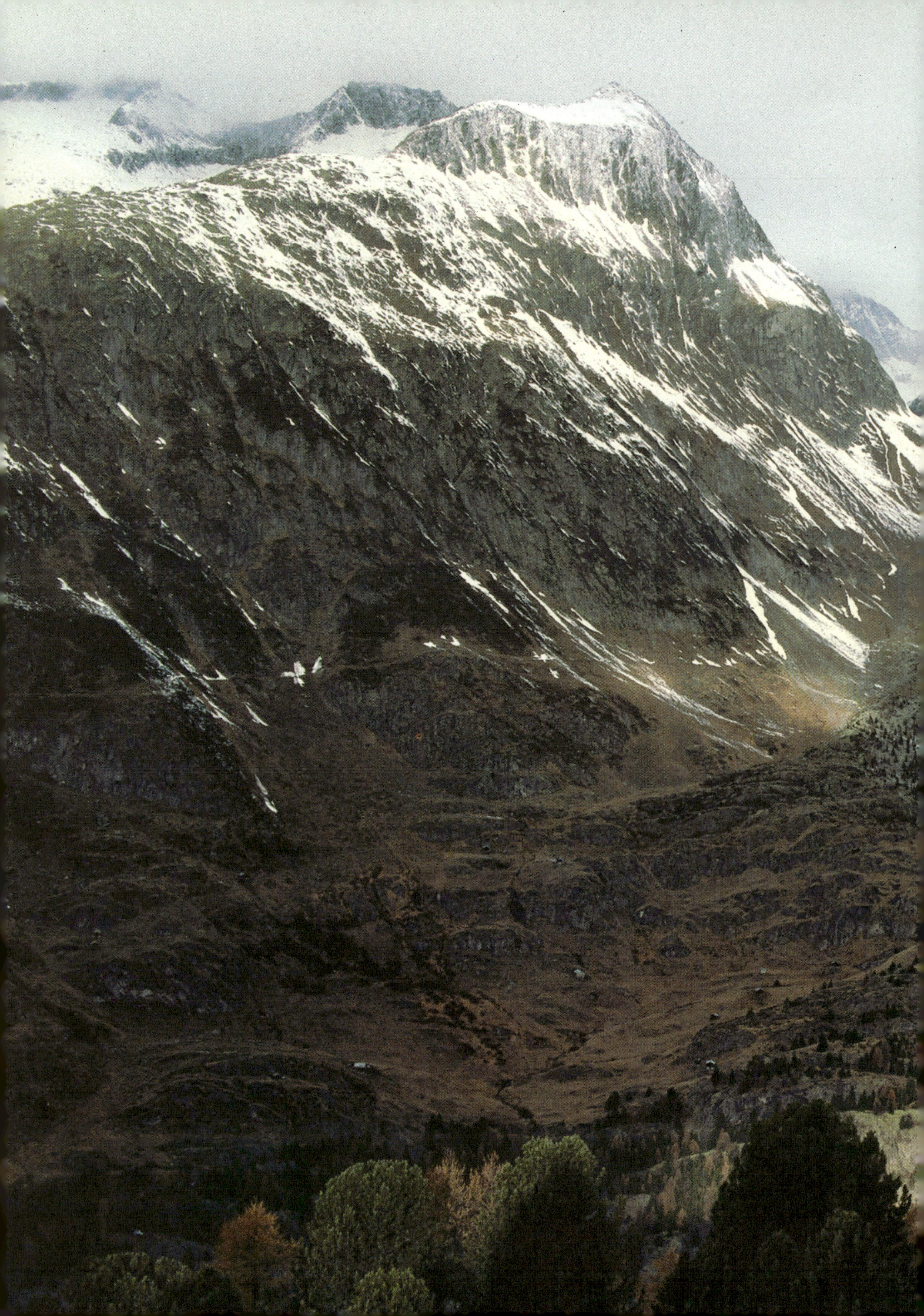

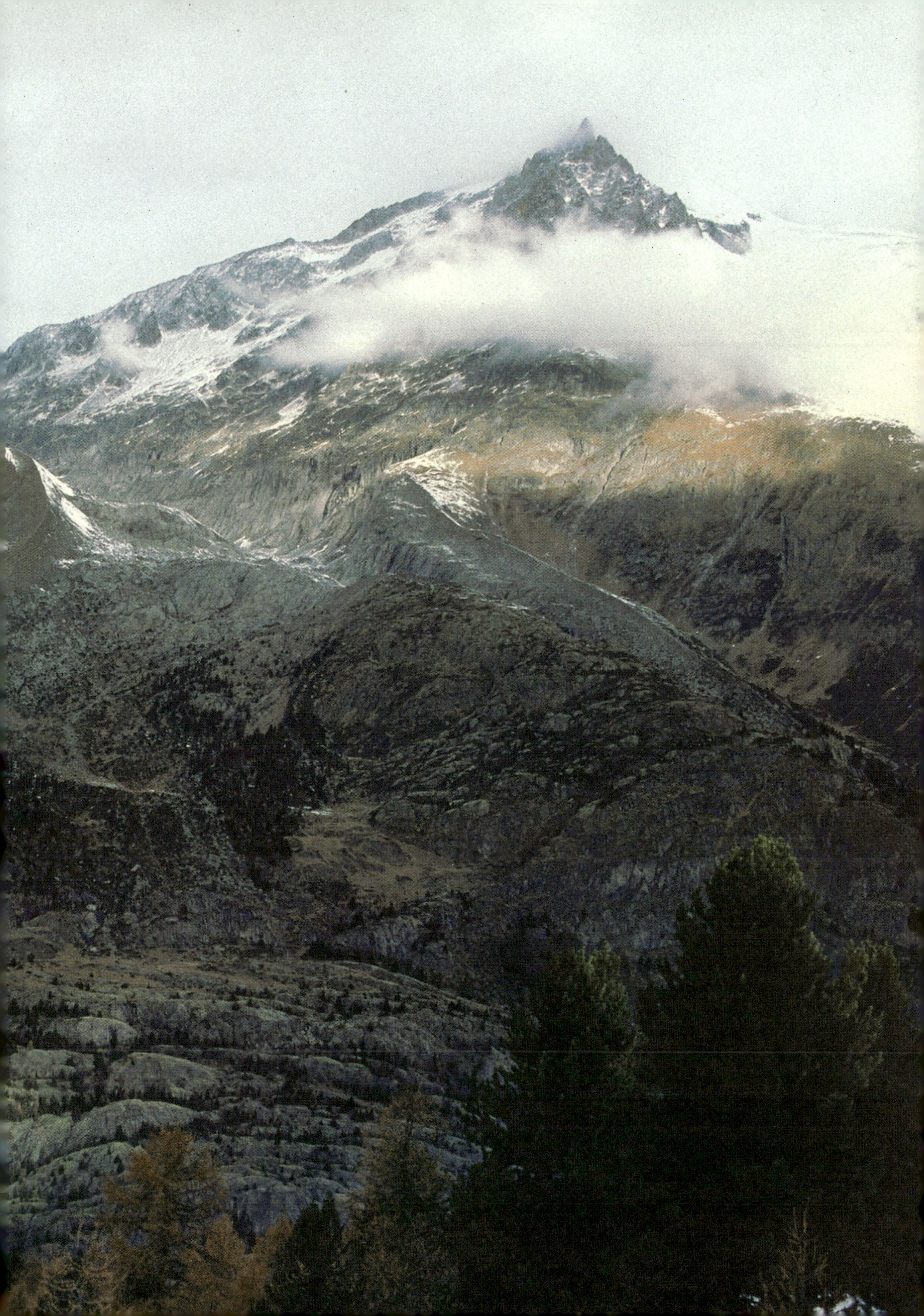

Vorhergehende Doppelseite: Die Region Oberaletsch mit dem Gross Fusshorn (3627 m), gesehen von der Riederfurka. Die vom Oberaletschgletscher geprägte Landschaft ist seit dem 13.12.2001 Teil des ersten Unesco-Weltnaturerbes der Alpen «Jungfrau-Aletsch-Bietschhorn» und vor früher geplanten technischen Eingriffen geschützt.

Der Aletschgletscher, mit über 80 km² Fläche und 24 km Länge der grösste und längste Gletscher der Alpen. Über dem Zungenende Ausläufer des Aletschwaldreservats mit Arven, Lärchen und Fichten. Im Hintergrund die Walliser Fiescherhörner mit dem Gross Wannenhorn (3905 m).

Die 8000 Einwohner zählende Gemeinde Naters, am rechten Rhoneufer gegenüber Brig gelegen, ist nicht nur eine der flächenmässig grössten Gemeinden der Schweiz, sie ist auch die Gemeinde mit der grössten Höhendifferenz und reicht von der hier Rotten genannten Rhone (673 m) zum Gipfel des Aletschhorns (4195 m). Naters hat grossen Anteil am Unesco-Weltnaturerbe «Jungfrau-Aletsch-Bietschhorn» und profitiert von der «Greina-Lösung» mit den Ausgleichsleistungen.

Das Binntal, ein südliches Seitental der Rhone zuunterst im Goms, ist seiner Ursprünglichkeit wegen ein beliebtes Ferien- und Wandergebiet. Die 156 Einwohner zählende Gemeinde Binn gliedert sich in sieben Weiler, deren grösster Schmidige-hischere oder Binn ist. Für die unterbliebene Wasserkraftnutzung gehört Binn zu den Bezügern von Ausgleichsleistungen. Weltbekannt ist die Mineraliengrube Lenge-Bach. Das BUWAL hat das Binntal als Pilotgebiet des Projekts «BLN-Land Schweiz» (Bundesinventar der Landschaften und Naturdenkmäler von nationaler Bedeutung) ausgewählt.

Die vereinigten Mässerbach und Lenge-Bach vor ihrer Einmündung in den Talbach Binna.
Unter dem Titel «Landschaftspark Binntal» hofft die Gemeinde Binn auf einen touristischen Aufschwung. Bild links mit der Pfarrkirche St. Michael.

Die Hochebene von l'Ar du Tsan mit der mäandrierenden jungen Rèche, deren Wasser den kleinen Firnfeldern am Nordhang des Becs de Bosson (3149 m) entspringt.

Bild rechts: Die in Süd-Nord-Richtung der Rhone entgegenfliessende Rèche quert bei La Lé und den Mayens de Réchy saftige Weiden, auf denen sich die berühmten schwarzen Ehringer-Kühe tummeln.

Die für den Schutz des Val de Réchy zuständigen Gemeinden sind Grône, Nax und Chalais (zur Zeit in Abklärung).

Nachfolgende Doppelseite: Das 5 km lange Laggintal beginnt am Fuss des vom Weissmies und dem Lagginhorn überragten Laggingletscher und mündet beim Weiler Gabi von rechts auf die Simplonstrasse aus. Das wasserreiche, tiefeingeschnittene Tal ist von grosser Schönheit. Gletscherbäche wie Tälliwasser und Schräbach vereinigen sich zur schäumenden Laggina. Das Laggintal ist heute Teil des BLN-Inventars. (Bundesinventar der Landschaften und Naturdenkmäler von nationaler Bedeutung)

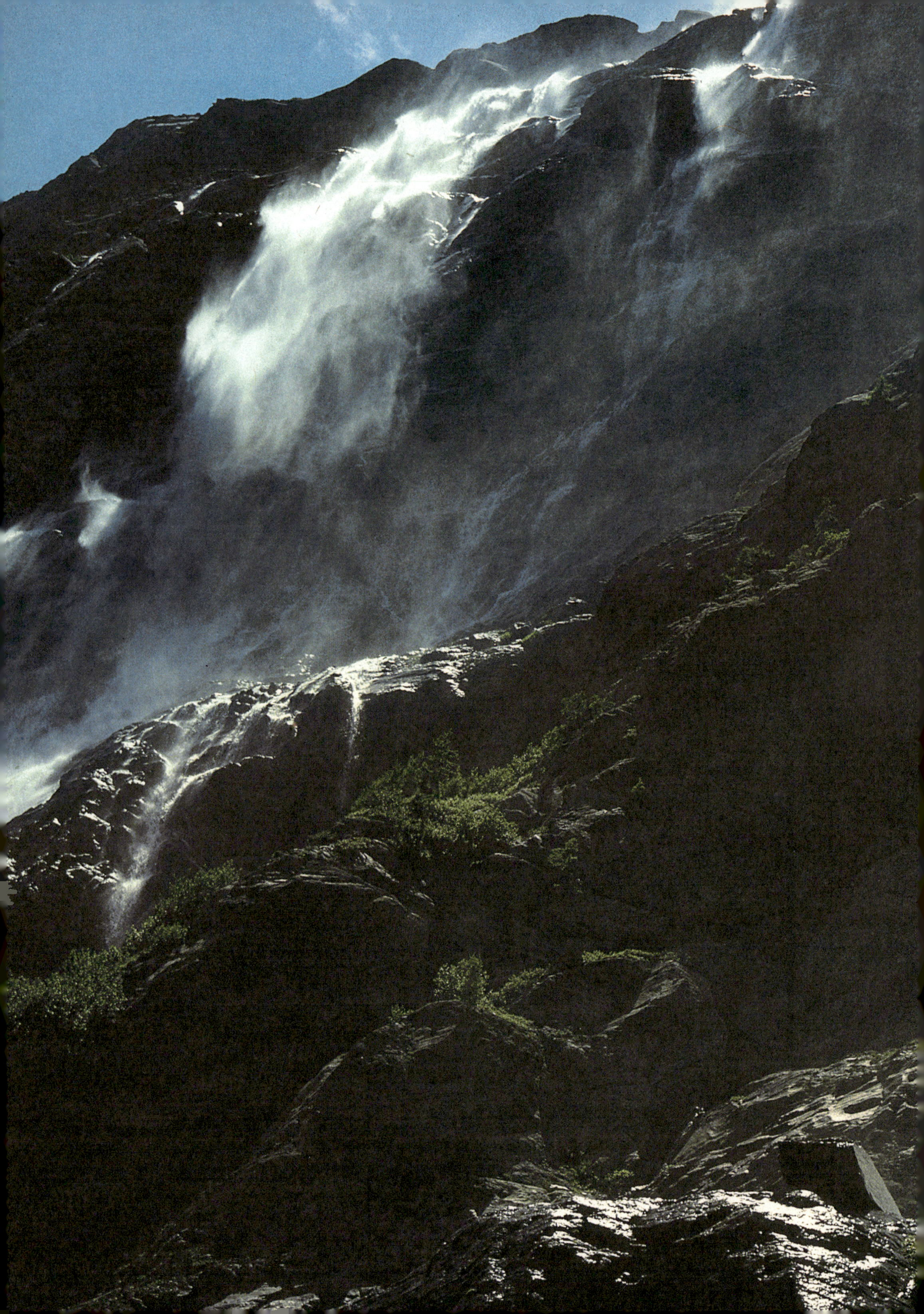

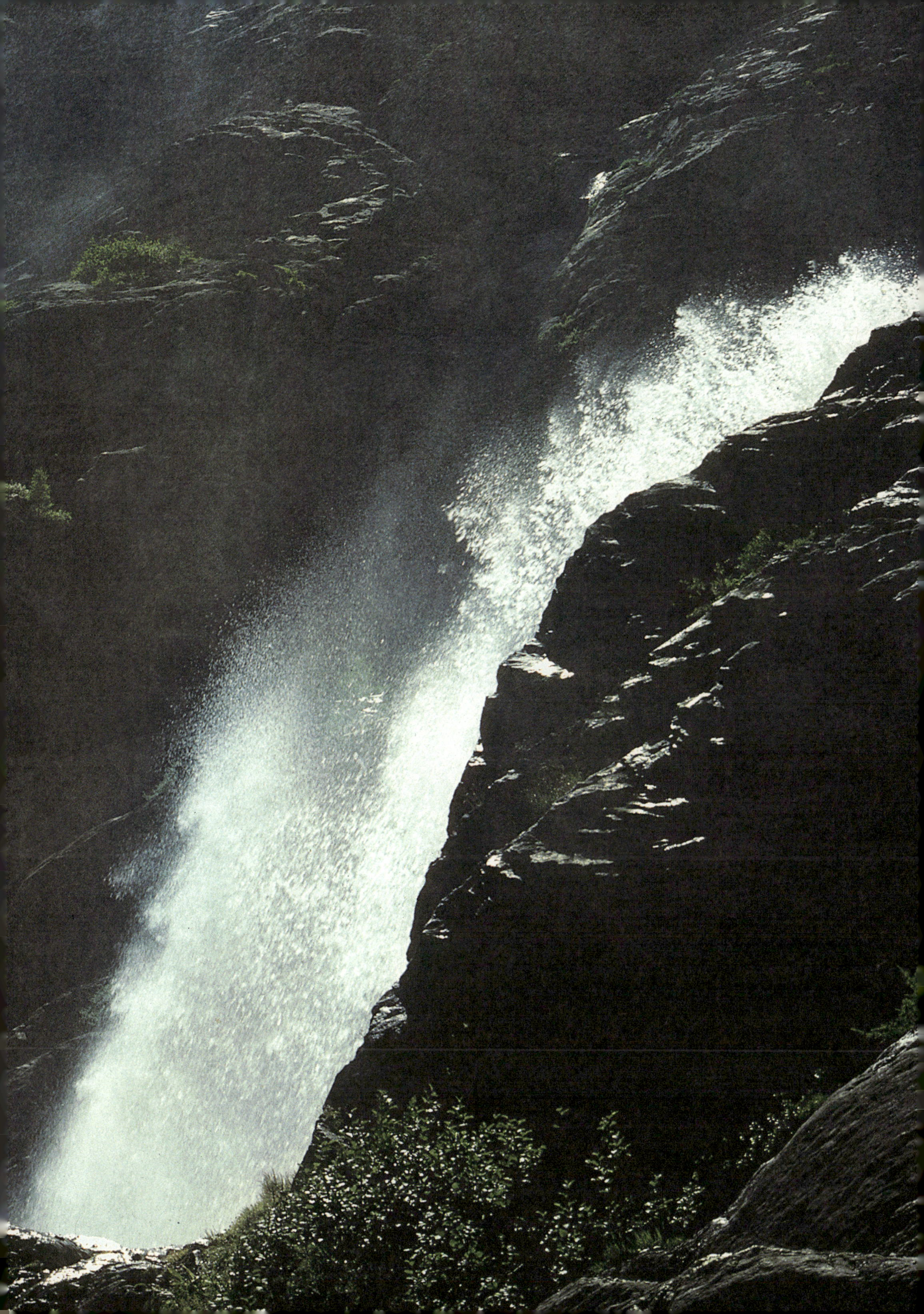

Das Dorf Gondo ist durch seine strategisch wichtige Lage zwischen den wildesten Engpässen des Simplon und der Landesgrenze stets bekannt gewesen. 1650 hatte Kaspar Stockalper als Zufluchtsstätte für die Reisenden einen sieben Stockwerke umfassenden Turm erbauen lassen. Gondo ist aber auch Zentrum einer weitflächigen Gemeinde, die bis zum Monte Leone (3553 m) hinauf reicht und das Zwischbergental und die rechte Seite des Laggintals umfasst. Am 14.10.2000 hat eine Unwetterkatastrophe einen Teil des Dorfes zerstört und 13 Todesopfer gefordert. Heute, der Wiederaufbau ist noch im Gang, leben 115 Einwohner in der Gemeinde, vorher waren es 240. Gondo und Simplon-Dorf erhalten für die Unterschutzstellung des Laggintals Ausgleichsbeiträge.

Eine Schafherde nach der Sommerweide im Abstieg von der Alp Hosass über dem Laggintal. In einem Teil des von der Gemeinde restaurierten «Alten Gasthof» in Simplon-Dorf, entstanden zwischen dem 14. und 18. Jahrhundert, befindet sich die Verwaltung der 350 Einwohner-Gemeinde. Das hervorragend restaurierte Susten-Gebäude bildet das Museums- und Betriebszentrum des «Ecomuseum Simplon».

Das 11 km lange Gredetschtal, das sich vom Fuße des Nesthorns südwärts zur Rhone erstreckt, ist Teil des Unesco-Weltnaturerbes «Jungfrau-Aletsch-Bietschhorn» (Bild S. 191). Die Anliegergemeinden Mund (oben) und Birgisch (rechts) erhalten für den Verzicht auf die Nutzung des Gredetsch- oder Mundbaches Ausgleichsbeiträge.

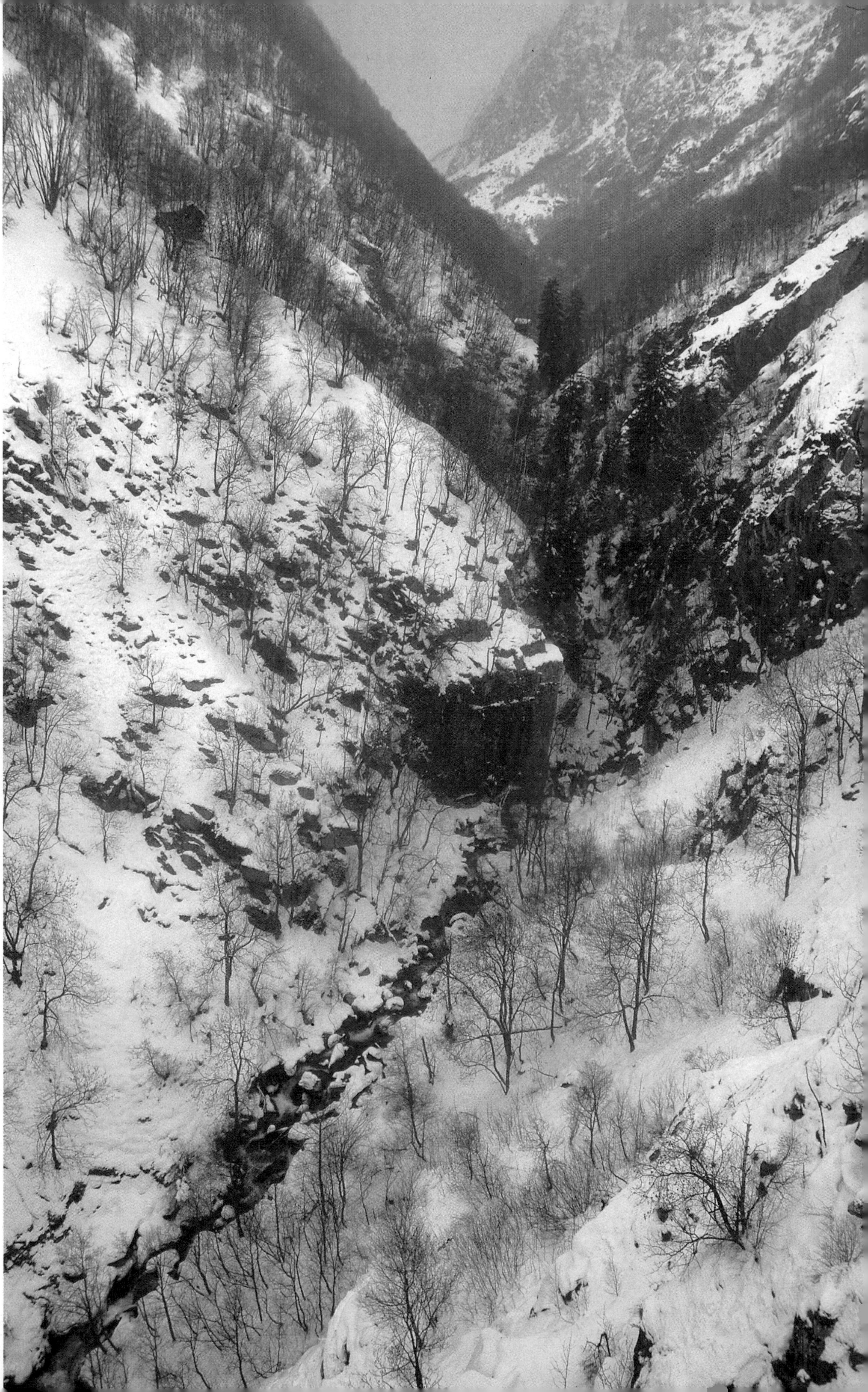

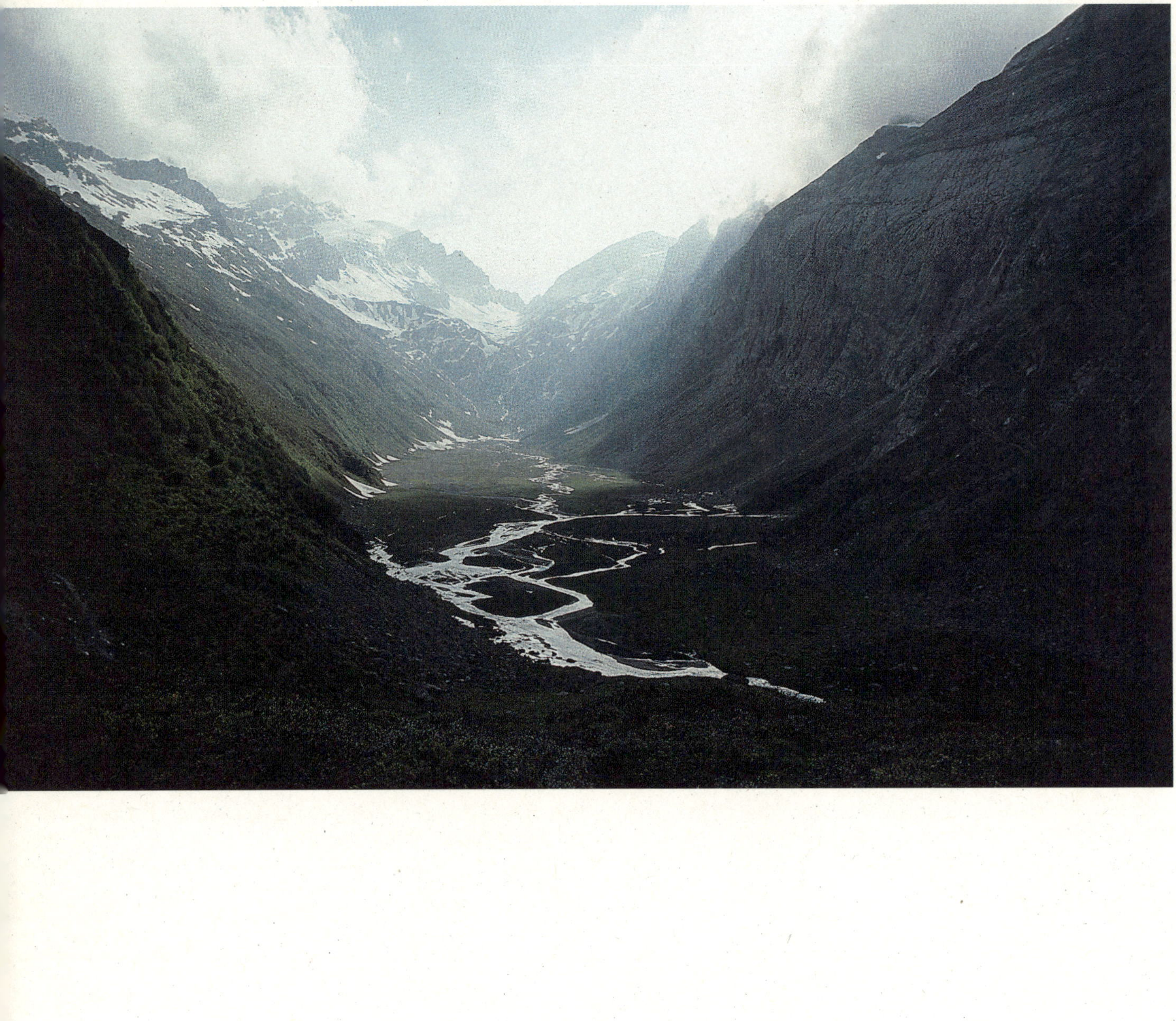

Piz Frisal (3292 m) und Bifertenstock (3421 m) mit dem zwischen ihnen eingelagerten «Glatscher da Frisal» sind die Quellberge des Flem, der sich mäandrierend in Richtung West-Ost über die Hochebene von Val Frisal bewegt. Seiner Ähnlichkeit mit der Greinaebene wegen wird die Val Frisal auch «Little Greina» genannt. (Bild S.192)

Nachdem der Flem die Richtung nach Süden, nach Breil/Brigels eingeschlagen hat, ist er zu einem rauschenden Gewässer angewachsen. Die Gemeinde Breil/Brigels, 1346 Einwohner zählend und als Ferienort beliebt und bekannt, ist für den Schutz dieser Landschaft zuständig.

Ziele der SGS
im 21. Jahrhundert

Gallus Cadonau, Geschäftsführer

I. Einleitung und Zielsetzung (Auszug)

Von den in der 2. Auflage dieses Buches 1997 erwähnten zehn Punkten für die SGS-Strategien im 21. Jahrhundert sind folgende Projekte nach wie vor aktuell: «Stromliberalisierung», «Nachhaltige Wirtschaftsentwicklung», «Neue Technologien», «Dezentrale Strukturen», «Neues Landschaftskonzept Schweiz», «Verbindungsgewässer». Neu hinzu kommen folgende Anliegen, die für unsere Umwelt, für uns und unsere Nachkommen wichtig sind: «Neuer Nationalpark Adula/Rheinwaldhorn», «Verursachergerechte Finanzierung von Ausgleichs- und Regenerierungsflächen», «Ökologische Wasserkraftsanierung und angemessene Restwassermengen» sowie «Schadensabgeltung über Emissionsbelastungen» und «Verteidigung des Verbandsbeschwerderechts». (Verlangen Sie bei der SGS die vollständige Fassung der SGS-Ziele im 21. Jahrhundert).

1. La Greina: Neue Dimension im Umweltschutz – erstes SGS-Ziel erreicht

Die SGS hatte sich anläßlich der Gründung vom 15. August 1986 in Zürich als erstes die Unterschutzstellung der Greina-Hochebene zum Ziel gesetzt. Die Idee war, finanzschwachen Berggemeinden eine Alternative zur Überflutung und Zerstörung von schützenswerten Flusslandschaften zu bieten: Für die Dauer der Unterschutzstellung von solchen Flußlandschaften von nationaler Bedeutung sollen Gemeinwesen durch Ausgleichsleistungen entschädigt werden (vgl. 39–51). Mit den Staatsrechtlern Prof. Dr. René Rhinow, Prof. Dr. Luzius Wildhaber und Prof. Dr. Alfred Kölz durfte die SGS den Art. 22 Abs. 3–5 des Wasserrechtsgesetzes (WRG) erarbeiten. Dank den SGS-Stiftungsrätinnen und -räten und einem Rechtsgutachten von Prof. Dr. Jörg Paul Müller und Dr. Hans Schmid wurde dieser Vorschlag als Landschaftsrappen und Ausgleichsleistung in und durch die parlamentarische Beratung gebracht. 1996 wurde die Finanzierung des Landschaftsrappens mittels Art. 49 WRG im revidierten Wasserrechtsgesetz und im Parlament (vgl. S.177) durchgebracht. Die Finanzierung durch die übrigen Konzessionsgemeinden ist solidarisch und ohne Belastung der Bundeskasse auf Jahre hinaus gesichert. Damit hat die SGS eines ihrer ersten Ziele nach 10 Jahren erreicht.

*2. Die «in Wertsetzung einer Landschaft
in Franken und Rappen»*

Treffend und visionär bezeichnete die NZZ diese Lösung am 12. August 1995: «Die Greina – neue Dimension im Umweltschutz» und «in Wertsetzung einer Landschaft in Franken und Rappen». Dr. Hansjörg Blöchliger, Umweltökonom, erarbeitete an der Universität Basel zusammen mit Prof. Dr. René Frey eine Wirtschaftsstudie und stellte fest: *«Zum ersten Mal anerkennt ein Gesetz explizit, daß die Bewahrung einer Landschaft, genau wie die Nutzung, einen direkten monetären Wert besitzt, der das Recht auf eine Entschädigung begründet.»* Zu dieser Änderung im Gewässerschutz und Wasserrechtsgesetz bemerkte die NZZ: *«Mit den ausdrücklichen Bestimmungen auf Gesetzesebene hat die Schweiz eine echte Pionierleistung erbracht, auch weltweit gesehen. Hierfür praktische Formeln erarbeitet zu haben, mit denen eine Abgeltung auf Franken und Rappen berechnet werden kann, das ist das Verdienst der Verordnung zum ergänzten Wasserrechtsgesetz, die jetzt darauf wartet, in Kraft gesetzt zu werden.»* (vgl. NZZ 12.8.1995).

Zu den 28 km^2 der Greina-Hochebene resultiert nun mit der Val Frisal/GR 20,56 km^2 und den Walliser Flußlandschaften mit 221 km^2 (ohne Val de Réchy) eine für 40 Jahre geschützte Fläche von 270 km^2. Diese Naturschutzfläche ist 56% grösser als der 1914 im Kanton Graubünden errichtete Nationalpark oder grösser als die Kantone Zug, Basel, Appenzell Innerrhoden oder Appenzell Ausserrhoden und entspricht knapp der Grösse des Kantons Genf. Mit den 30 km^2 der Val de Réchy, wo das Verfahren zur Zeit hängig ist, ergibt sich eine Gesamtfläche von rund 300 km^2. Dies entspricht der Grösse des Kantons Schaffhausen und ist 75% grösser als der Nationalpark von 1914.

Freilich ist der tatsächliche Schutz nicht im gleichen Ausmaß möglich wie beim Nationalpark. Aber die betroffenen Gemeinden, die Einheimischen und breite Kreise der Bevölkerung sind mit dieser nachhaltigen Landschaftsnutzung in Sinne des «Neuen Landschaftskonzepts Schweiz» sehr zufrieden. Denn nebst den ökologischen werden auch die sozialen sowie ökonomischen Anliegen ohne Belastung der Bundeskasse verursachergerecht, langfristig und solidarisch im Interesse der Bergbevölkerung gelöst. Die 1996 eingeführte Finanzierung über den Landschaftsrappen, den die reichen Wasserzinsgemeinden bezahlen, ist nachhaltiger, verursachergerechter und beständiger als Ausgleichsleistungen, die alljährlich unberechenbaren Stürmen der Budgetdebatten im Bundesparlament ausgesetzt wären.

II. Neue Herausforderungen für das 21. Jahrhundert
Auch das künftige Engagement der SGS wird kein leichter Spaziergang sein und alle Kräfte erfordern. Folgende Schwerpunkte umreißen den Handlungsbedarf in Sachen Natur- und Gewässerschutz für die kommenden Jahre:

1. Schutz der Fließgewässer:
ökologische Wasserkraftsanierung
Das Interesse an neuen Wasserkraftwerken ließ ab 1997/98 infolge der Stromliberalisierung in Europa eher nach. Von den rund 40 seit 1975 bekannten neuen Konzessionsprojekten bestehen z.B. an der Grimsel nach wie vor Ausbauwünsche. Erschreckend ist, daß die seit 1975 verfassungsmäßig vorgeschriebenen Restwassermengen teilweise überhaupt nicht eingehalten werden. Im Herbst 2003 verschob das Bundesparlament die Sanierungsfrist um weitere 5 Jahre auf das Jahr 2012. Dazu fordern parlamentarische Vorstöße sogar eine Aufweichung der vom Souverän 1992 beschlossenen Restwasserbestimmungen!

Solange die bestehenden Wasserkraftwerke nicht auf den neuesten Stand der Technik gebracht und ökologisch saniert sind und solange die Primär-/Nutzenenergieverluste im Gebäudebereich 60–90% betragen, so lange benötigt die Schweiz keine neuen Grosswasserkraftwerke (WKW) in den Alpen – dies auch im Interesse der Erhaltung der letzten freien Rohstoffreserven in der Hand des Berggebietes. Viel wichtiger als der Verkauf der letzten Wasserrechte an internationale Konzerne ist die ökologische Sanierung bestehender Wasserkraftwerke. Das Berggebiet ist interessiert daran, daß alle Anlagen stets dem neuesten Stand der Technik entsprechen und keine Gefahr für die lokale Bevölkerung darstellen. Dies ist jedoch nur möglich, wenn bis zum letzten Verfalltermin der Konzession in bestehende Wasserkraftwerke investiert wird.

2. Strommarktliberalisierung:
keine Abschaffung der direkten Demokratie

Die SGS wendet sich im Zuge der Strommarktliberalisierung entschieden gegen die vorgesehene Abschaffung der direkten Demokratie und tritt für mehr Arbeitsplätze im Bereich zukunftsweisender Technologien ein. Die marktwirtschaftlichen Voraussetzungen sind im schweizerischen Energiesektor nicht gegeben. Um einen fairen, marktwirtschaftlichen Wettbewerb zu erreichen, müssen alle am Energiemarkt Beteiligten – z.B. Inhaber von Biomasse-, Gas-, Heizöl-, Kernkraft-, Solar-, Wind- und Wasserkraftwerken – im Sinne der bundesgerichtlichen Rechtssprechung gleich behandelt werden (BGE 94 I 654). Dies ist heute mitnichten der Fall. Verschiedene Grundvoraussetzungen werden sehr ungleich und sehr einseitig im ausschließlichen Interesse der nichterneuerbaren Energien (Nuklear- und Fusionsenergie) angewendet. So erfolgt eine staatliche Haftungsübernahme und Haftungsbefreiung für AKWs, die auf privatrechtlicher Basis für ein Risiko von rund 70 Mrd. Franken zu versichern wären. Die marktwirtschaftliche nukleare kWh würde dann mehr als Fr. 3.–/kWh kosten. Dazu wurden bisher rund 3,5 Mrd. Franken für Nuklear- und Fusionsforschung aus der Bundeskasse bezahlt. Bei der Erteilung von Durchleitungsrechten wird in der Regel nur der Ertragswert, nicht aber der Verkehrswert berücksichtigt. Eine verursachergerechte Schadenersatzpflicht fehlt. Für Eigentumsschäden im Bereich der fossilen Energienutzung muß der Staat Gebühren usw. erheben.

Die großen Blackouts in Kalifornien im Jahr 2000/2001 sowie im Sommer 2003 in der Schweiz und in Italien zeigen, daß die Privatisierung im Strombereich zu Zusammenbrüchen, Spekulationen, Chaos und Leitungen, die nicht mehr unterhalten werden, führt. Eine Privatisierung kann nur dort funktionieren, wo eine tatsächliche Konkurrenz besteht. Im Strombereich kann keine Konkurrenz herrschen, weil es nur ein einziges Leitungssystem gibt. Es handelt sich um eine tatsächliche Monopolsituation. Deshalb bedarf es einer demokratischen Aufsicht durch das Volk oder seine Volksvertreter. Die direkte Demokratie oder der Rechtstaat darf nicht wegen einer Technologie abgeschafft werden.

*3. Nachhaltige Wirtschaftsentwicklung
mit neuen Technologien*

Die Schweiz benötigt rund 240 Mrd. kWh pro Jahr und bezahlt dafür ca. 23 Mrd. Franken. Davon fliessen knapp 6 Mrd. – je nach Erdölpreis – ins Ausland. Im Gegenzug importieren wir 85% der benötigten Energieträger. Nur 15% des heutigen Energiebedarfs wird durch die einheimischen, erneuerbaren Energien gedeckt, obwohl die Verfassung seit 1990 vorschreibt, die erneuerbaren Energien seien zu fördern und die Energieeffizienz sei zu erhöhen. Die entsprechenden Bestrebungen werden im Parlament mit Hilfe von Funktionären einiger Wirtschaftsverbände konsequent verhindert.

Daß damit auch die gesamte Technologieentwicklung im Gebäude- und Gewerbebereich verunmöglicht wird, merken diese Verbandsfunktionäre offenbar nicht. Die Zahlen im Euro-Vergleich sprechen aber eine deutliche Sprache. Mittlerweile produziert Deutschland jährlich über 18 Mrd. kWh Windenergie. Dies entspricht fast der gesamten Nuklearproduktion der Schweiz. Die Schweiz verzeichnet heute etwa 7% Minergiebauten, die rund 60% weniger Energie konsumieren als die traditionellen Bauten. Im Vorarlberg und in Oberösterreich liegt der Anteil an Minergiebauten bei 70–80%. Die Funktionäre der Wirtschaftsverbände schicken offenbar lieber 6 Mrd. den erdölexportierenden Staaten, als dass sie einen Bruchteil davon dem innovativen Gebäudetechnologie-Gewerbe zukommen lassen würden. Die Folge davon ist der Verlust von Know-how und von Tausenden von Arbeitsplätzen in der Schweiz.

*4. Renaturierung unserer Flusslandschaften
durch Verbindungsgewässer*

Das Projekt der «Verbindungsgewässer» wird weiterhin durch die SGS erarbeitet. Im Rahmen der Überarbeitung der Zürcher Verfassung gelang es im Jahre 2003, die Renaturierung der Gewässer bereits in der ersten Lesung dort zu verankern.

5. Die SGS unterstützt das Landschaftskonzept Schweiz

Nach dem «insularen Schutzdenken» – z. B. im Sinne des im 19. Jahrhundert gebildeten Schweizerischen Nationalparks – werden heute neue partnerschaftliche Lösungen für großflächige Naturschutzgebiete angestrebt. Entscheidend ist, daß alle Beteiligten in allen Gesellschafts- und Wirtschaftssektoren der Natur mit Respekt begegnen. Die Greina verträgt z.B. sehr viele Wanderinnen und Wanderer, sofern sie sich umweltverträglich verhalten. Diese Grundsätze gelten nun erst recht für die neu hinzugekommenen Gebiete in Graubünden wie Val Frisal (Gemeinde Brigels) sowie all die Flußlandschaften im Kanton Wallis (Baltschiedertal, Bietschbach-Jolibach, Binntal, Laggintal, Gredetschtal, Oberaletsch). Mit der Unterschutzstellung dieser Landschaften wurde bereits ein beträchtlicher Teil des 1997 in Sumvitg von Bundesrätin Ruth Dreifuss angekündigten Landschaftskonzepts Schweiz nachhaltig umgesetzt.

6. Rheinwaldhorn – höchster Gipfel der Adula-Gruppe
Die bereits geschützte Greina-Hochebene könnte zum Herzstück eines neuen Nationalparks «Adula/Rheinwaldhorn» werden. Am Schnittpunkt dreier Sprachkulturen, mit der Greina und dem Rheinwaldhorn (3402 m ü.M.) im Zentrum, wird zur Zeit geprüft, ob ein Naturparadies im modernen Sinne mit einer Ausdehnung von rund 800–1000 km^2 entstehen könnte. Zur Zeit wird das eidg. Natur- und Heimatschutzgesetz revidiert. Wie damals bei der Greina, setzt sich die SGS auch hier für ein zukunftsweisendes Projekt ein, das auch die Finanzierung dieses Vorhabens sicherstellt. All dies muß im Einvernehmen mit den betroffenen Gemeinden und der einheimischen Bevölkerung erfolgen.

7. Verursachergerechte Finanzierung von Ausgleichsflächen
Die Globalisierung und die weltweite Vernetzung führen dazu, daß in einigen Zentren intensiv produziert wird und eine hohe Wertschöpfung stattfindet. Andere Regionen werden entweder zur Plünderung von Ressourcen oder als Reservoir für Arbeitsplätze oder als Transitstrecken genutzt. Es kann nicht angehen, daß ganze Regionen zu Raubbaugebieten für die immer besser entwickelten Agglomerationen deklassiert werden. Denn ohne gesunde Lebensgrundlagen, unvergifteten Boden, sauberes Wasser und reine Luft können die Zentren nicht existieren. Sie und vor allem die Menschen in den Zentren benötigen als Ausgleich eine intakte Umwelt und ungenutzte Natur, Wiesen, Wald, natürliche Flüsse und Gebirgsflächen. Für die Benutzung

von Quellen und Ressourcen aus diesen Naturgebieten muß – wie bei den Ausgleichsleistungen durch den Landschaftsrappen – ein finanzieller Ausgleich stattfinden. Nur so ist die Existenz der lokalen Bevölkerung gesichert und im Rahmen eines demokratischen Rechtsstaates gelöst. Ausgleichsleistungen sind die beste Medizin gegen Ungerechtigkeiten, die im Extremfall zu Gewalt führen könnten. In diesem Sinn müssen die größten Emittenten einen Ausgleichsbeitrag leisten und eine gerechte Finanzierung von Ausgleichs- und Renaturierungsflächen zu Gunsten dieses Parks garantieren. Eine solche Lösung ist nach Meinung der SGS auch für den vorgesehenen Adula-/ Rheinwaldhorn-Park in Betracht zu ziehen.

8. Schäden: Gesundheits- und Umweltschäden über Emissionsbelastungen abgelten

Die Stiftungsräte der SGS unterstützten den Antrag von Nationalrätin Dr. Lucrezia Meier-Schatz/Ständerat Dr. Hans Hess im Herbst 2003. Diese parlamentarischen Vorstösse sahen eine Lenkungsabgabe für nicht erneuerbare Energieträger, wie Kohle, Öl, Gas und Uran vor. Die Abgabehöhe hätte 0,1 Rp./kWh oder 1 Rappen pro Liter Benzin oder Heizöl betragen. Für energieintensive Branchen waren Ausnahmen vorgesehen.

Energiegesetz (EnG): Antrag Nationalrätin
Dr. Lucrezia Meier-Schatz (CVP/SG)
und Ständerat Dr. Hans Hess (FDP/OW)

Gestützt auf die Artikel 74, 76, 89, 90, und 91 Abs. 1 der Bundesverfassung und zur Erfüllung dieser Verfassungsbestimmungen wird das Energiegesetz (EnG) vom 26. Juni 1998 wie folgt ergänzt:

3. Abschnitt: Lenkungsabgabe (neu)[1]

Art. 15bis (neu) Ausgleichsleistungen zur Verringerung der Umweltbelastung, Förderung erneuerbarer Energien sowie zur Wahrung des marktwirtschaftlichen Wettbewerbs und der Unabhängigkeit des Landes

  1 Der Bundesrat erhebt auf dem Energieinhalt der nichterneuerbaren Energieträger eine zweckgebundene Abgabe von 0,1Rp./kWh[1].

  2 Der Abgabe unterliegen die Erzeugung im Inland sowie der Import von fossiler Energie und Strom aus Kernkraftwerken. Abgabepflichtig sind bei den fossilen Energieträgern die nach Mineralölsteuergesetz steuerpflichtigen Personen und beim Strom die Importeure, Erzeuger oder Verteiler im Inland.

[1] Gemäss Botschaft Bundesrat vom 28.5.2003; angepasst von 0,04 Rp/kWh auf 0,1 Rp/kWh.

3 Ihr Ertrag wird gezielt eingesetzt, um die Nutzung erneuerbarer Energien zu fördern, insbesondere die Energie aus Holz und Biomasse inklusive Kehrichtverbrennungsanlagen, die Sonnenenergie auf überbauten Flächen, die geothermische Energie, die Windenergie, die Umweltwärme und die rationelle Energienutzung.
4 Zur Erneuerung bestehender Wasserkraftwerke können Darlehen zu Selbstkosten des Bundes an die Kantone auf 20 Jahre gewährt werden, sofern die Maßnahmen die Wirtschaftlichkeit und Umweltverträglichkeit der betreffenden Werke spürbar verbessern.[2]
5 Finanzhilfen dürfen nur ausgerichtet werden, wenn sichergestellt ist, daß den Anliegen des Landschafts- und Ortsbildschutzes Rechnung getragen wird und die Vorschriften über den Umweltschutz eingehalten werden.
6 Für Produktionsprozesse, die in hohem Masse auf den Einsatz von nichterneuerbaren Energieträgern angewiesen sind, kann der Bundesrat besondere Regelungen mit Ausnahmen vorsehen. In Härtefällen können auch für andere energieintensive Unternehmen Erleichterungen vorgesehen werden.

Mit dem geschätzten Ertrag von 150 Mio. Fr./Jahr hätten verfassungskonform die erneuerbaren Energien wie Holz, Biomasse, Sonnenergie, Wind und Umgebungswärme sowie nachhaltige und energieeffiziente Gebäudetechnologien gefördert werden sollen, um die hohen Energieverluste im Energiebereich von 60–95% im Vergleich zum Stand der Gebäudetechnik zu reduzieren. Dazu hätte auch eine Rechtsgrundlage geschaffen werden sollen, um günstige Bundesdarlehen zur technischen und ökologischen Sanierung bestehender Wasserkraftwerke zu sichern. Bei der Umsetzung dieses leider im Herbst 2003 abgelehnten Vorstosses hätten die CO_2-Emissionen um 1–2 Millionen Tonnen gesenkt und die Energiesubstitution bestehender erneuerbarer Energien hätte 2,9 Mrd. kWh pro Jahr ausgemacht. Die Investitionen im Gebäude- und Energiebereich hätten rund 2 Mrd. Franken betragen und somit 14 800 Arbeitsplätze (Personenjahre) gesichert. Die Arbeitslosenkasse wäre pro Jahr um rund 600 Mio. Franken entlastet worden. Aufgrund der Investitionen und neu geschaffenen Arbeitsplätze hätte das Land dank Einkommens- und Mehrwertsteuer zusätzlich rund 120 Mio. Franken eingenommen und damit Schulden abtragen können.[3]

---

[2] Fassung gemäss Art. 28 Elektrizitätsmarktgesetz vom 15.12.2000 eingefügt.
[3] Hochgerechnete Grundlagen aus der Botschaft des Bundesrates vom 28.5.2003; vgl. ALL-PARTEIEN-ALLIANZ für einheimische Energien, Solar Agentur Schweiz, 12.9.2003, S. 3ff.

9. Rückschritte im Natur- und Umweltschutz verhindern
Es besteht die Gefahr, daß im Zuge der Bundesgesetzesrevision das Verbandsbeschwerderecht abgeschafft wird, wie dies die Zürcher SVP seit Jahren fordert. Damit könnten Großprojekte rücksichtslos durchgesetzt und die Natur- und Umweltschutzgesetzgebung faktisch ausgehöhlt werden. Sie – und alle Mitbürger/innen – würden damit ihr Mitspracherecht verlieren.

Das Verbandsbeschwerderecht ist ein wichtiges Instrument unseres Bundesstaates. Die Verbandsbeschwerden machen nur 1% der Einsprachen aus. In fast 70% der Fälle halten die Beanstandungen einer rechtlichen Überprüfung stand, wie das Bundesgericht bestätigt. Das Verbandsbeschwerderecht hat aber noch eine weitere Funktion. Anläßlich der Auseinandersetzungen um die Wasserkraft am Vorderrhein 1978 bis 1984 und am Alpenrhein kam es zu verschiedenen Vorkommnissen, die mit dem Rechtsstaat nicht zu vereinbaren waren. So wurde nicht nur mit Gewalt gedroht. In Sargans wurde eine Kraftwerkszentrale teilweise gesprengt. Die SGS war damals noch nicht gegründet. Wir wissen jedoch, dass auch Sprengstoff angeboten wurde, wenn keine Lösung für den Vorderrhein gefunden worden wäre. Damals war es der erste Präsident der SGS, SVP-Nationalrat, Dr. Erwin Akeret sel., der in seinen letzten Vorschlägen, eine ökologische Expertise verlangte. Aus dieser entstand die Umweltverträglichkeitsprüfung gemäss Art. 9 des neuen Umweltschutzgesetzes vom 7. Oktober 1983. In diesem Sinn würde die Abschaffung des Verbandsbeschwerderechts die Abschaffung eines Rechtsinstrumentes des «kleinen Mannes» bedeuten. Und damit würde ein Tor für die Gewalt geöffnet, obwohl gewisse Politiker diese Gefahr ignorieren. Die historischen Fakten der Großtechnologie in der Schweiz und die entsprechenden Auseinandersetzungen im 19. und 20. Jahrhundert lassen sich nicht vertuschen. Scheinlösungen, die zu Gewalt führen können, lehnt die SGS entschieden ab. Für alle Beteiligten und alle Parteien darf und kann es in einem demokratischen Rechtsstaat nur rechtsstaatliche Lösungen geben.

*10. Rechtliche Arbeit zugunsten des Naturschutzes
und laufende Projekte*

Die SGS will – auch dank ihren Stiftungsrätinnen und Stiftungsräten – die Gesetzgebung auf Bundes-, Kantons- und Gemeindeebene im Sinne einer nachhaltigen und umweltverträglichen Entwicklung ergänzen, wie dies Art. 76 BV seit 1975 vorschreibt. Dazu bearbeitet das SGS-Sekretariat täglich die laufenden Naturschutzaktionen sowie Stellungnahmen zum Schutz und zur Erhaltung der letzten Fließgewässer in der Schweiz. Gerne nimmt die SGS neue Ideen, Projekte und Zielsetzungen entgegen und diskutiert sie anläßlich einer der nächsten Versammlungen.

Waltensburg/Zürich, Frühjahr 2004

■ CO₂-Reduktionspotential im Vergleich

99,86% 2004
99,52% bis 2025
97,72% bis 2070

0,14% 2004
0,48% bis 2025
2,28% bis 2070

Verzicht auf　　Gebäude-
Restwasser　　sanierung
WKW

[1] Bundesamt für Statistik. Indikatoren als strategische Führungsgrössen für die Politik, 25.2.2004, Seite 104; Schweiz. Energiestatistik 2002, Seite 5ff.

[2] Bundesrat, Antwort Interpel. NR Speck vom 16.6.2003; vgl. um 67% zu hoch berechnete Restwassermengen, neue SGS-Studie 1996, Seite 165 ff; bis 2025 ca. 240 GWh (0,48%); bis 2070 ca. 1140 GWh (2,28%) des Gebäude-CO₂-Reduktionspotentials von 49 500 GWh; vgl. Bundesrat/Ständerat 4.10.1988

[3] Vgl. neue und energiesanierte Wohn- und Gewerbebauten, Schweizer Solarpreis 2000–2003

Steigende Elektrizitätserzeugung mit neuem eidg. Gewässerschutzgesetz (GSchG) vom 24.1.1991

Die untenstehende Grafik zeigt, dass die technische und ökologische Sanierung der bestehenden Wasserwerke (WKW) nicht zur Schliessung von 700 Wasserkraftwerken führte, wie vor der GSchG-Volksabstimmung vom 17.5.1992 behauptet, im Gegenteil. Dank Sanierung und Erneuerung bestehender WKW stieg die Wasserkraftnutzung von 30 000 GWh 1990 auf 36 513 GWh oder um 21,7 %![1] Die Einbussen aufgrund «angemessener Restwassermengen» (Art. 76 Abs. 3 BV) betragen rund 70 GWh[2]. Werden die 1,3 Mio. Schweizer Gebäude mit ihren 70–95 % Energieverlusten entsprechend dem heutigen Stand der Gebäudetechnik[3] (Art. 4ff LRV) energetisch saniert, können die CO_2-Emissionen von heute 45 Mio. Tonnen um rund 15 Mio. Tonnen gesenkt werden. Die Restwassereinbussen von ca. 70 GWh machen 0,14 % der CO_2-Emissionen aus, die im Gebäudebereich durch vermehrte Energieeffizienz reduzierbar wären: d.h. ein Verhältnis von 99,86 % CO_2-Reduktionspotential im Gebäudesanierungsbereich zu 0,14 % CO_2-Reduktionsanteil beim Restwasser heute, 0,48 % bis 2025 und 2,28 % bis 2070 (vgl. Grafik links).

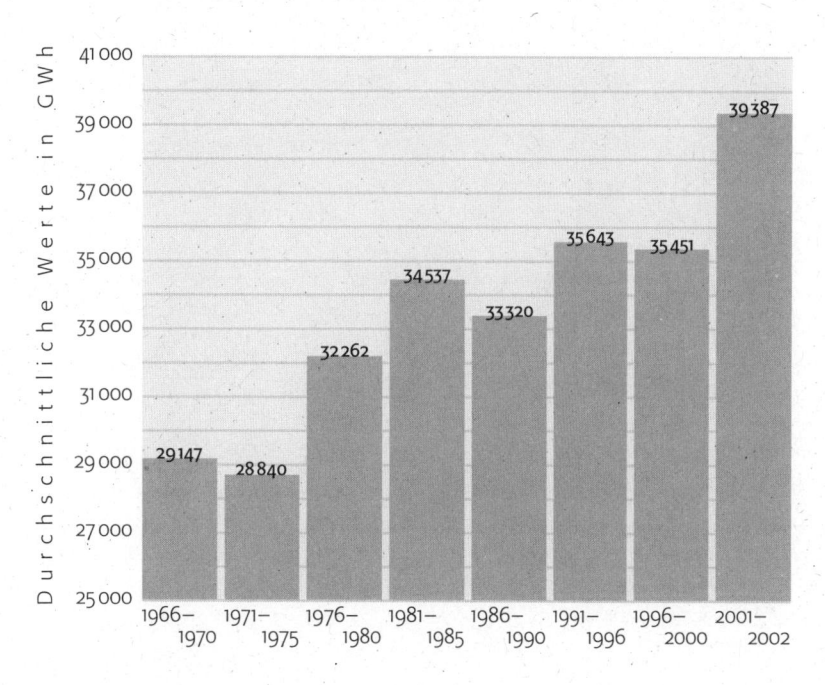

Durchschnittliche Werte in GWh

Zeitraum	GWh
1966–1970	29 147
1971–1975	28 840
1976–1980	32 262
1981–1985	34 537
1986–1990	33 320
1991–1996	35 643
1996–2000	35 451
2001–2002	39 387

Die Autoren

Herbert Maeder,
1930 geboren, wuchs in Wil SG auf. Nach Gymnasiumsjahren in Stans und Schwyz absolvierte er eine Drogistenlehre. 1952 besuchte er die Fotoschule in Vevey. Seither ist er als freier Bildjournalist und Fotobuchautor tätig. 1983 wurde der im appenzellischen Rehetobel wohnhafte Herbert Maeder als parteiloser Umweltpolitiker in den Nationalrat gewählt, dem er bis 1995 angehörte. Er präsidierte die im Jahre 1986 gegründete Schweizerische Greina-Stiftung zur Erhaltung der alpinen Fließgewässer von 1987 bis 2001.

Martin Bundi,
wurde 1932 in Sagogn geboren. Nach der Ausbildung zum Primar- und Sekundarlehrer studierte er in Zürich Geschichte und schloß sein Studium mit einer Dissertation ab. Von 1965 bis 1997 unterrichtete er am Bündner Lehrerseminar. Von 1975 bis 1995 gehörte er dem Nationalrat an, den er 1986 präsidierte. Unter seinen zahlreichen Publikationen erregte «Zur Besiedlungs- und Wirtschaftsgeschichte Graubündens im Mittelalter» (1982) besonderes Aufsehen.

Gallus Cadonau,
wurde 1949 in Waltensburg/GR geboren und ging dort zur Schule, Lehre als Maschinenschlosser, besuchte später die Maturitätsschule für Erwachsene und bildete sich dann an der Universität Zürich zum Juristen aus. Er war Initiant und Präsident des Öko-Hotels Ucliva in Waltensburg und arbeitet heute u.a. als Geschäftsführer der Schweizerischen Greina-Stiftung, engagiert sich im Bereich der Solar- und erneuerbaren Energien und wurde 2000 in den Zürcher Verfassungsrat gewählt.

Gion Caminada,
wurde 1944 in Vrin geboren. Nach KV-Abschluss mehrere Jahre in der Hotelbranche. Von 1971 bis 1976 Betriebsleiter der Bergbahnen Val Lumnezia. Seit 1976 Präsident der Vormundschaftsbehörde des Kreises Lugnez. Politische Aktivitäten: 12 Jahre Gemeindepräsident von Vrin sowie 8 Jahre Kreisrichter. Als selbständig Erwerbender in der Landwirtschaft tätig.

Antonio Cima,
wurde 1942 im Blenieser Dorf Dangio geboren. Er besuchte das Lehrerseminar in Locarno und studierte anschließend Sprachen und Literatur in Fribourg. Er hat an der Mittelschule

von Biasca unterrichtet. Seit seiner Pensionierung im Jahre 2002 ist er Geigenbauer in seinem Atelier in Dangio.

MENGA DANUSER,
kam 1951 in Frauenfeld zur Welt. Seit 1974 ist sie Sekundarlehrerin. Dreißig Jahre war sie als Sozialdemokratin auch politisch tätig: 1975 bis 1983 im Frauenfelder Gemeinderat, 1976 bis 1988 im Thurgauer Grossen Rat und von 1987 bis 1995 im Nationalrat, wo Umweltschutz und Frauenrecht das Schwergewicht ihrer Tätigkeit bildeten. Seit der Gründung 1987 war sie 10 Jahre SGS-Vizepräsidentin.

FRANCESTG DEGONDA,
wurde 1932 in Cumpadials/Sumvitg geboren. Nach der Matur an der Klosterschule in Disentis/Mustér erwarb er an der Universität Fribourg das Sekundarlehrerpatent. Er unterrichte an Bündner Sekundarschulen und zwischen 1972 und 1991 an der Verkehrs- und Handelsschule in Bern; von 1991 bis 1996 war er Redaktor bei der Gasetta Romontscha in Disentis/Mustér; von 1995 bis 1998 war er Gemeindepräsident von Sumvitg.

RUTH DREIFUSS,
wurde 1940 in St. Gallen geboren. Nach Abschluss der Handelsschule, besuchte sie das Abendgymnasium und studierte anschließend Wirtschaftswissenschaften. Sie trat 1965 der Sozialdemokratischen Partei bei und war von 1989 bis 1992 Mitglied des Berner Stadtrates. Von 1993 bis 2002 gehörte sie dem Bundesrat an und war Vorsteherin des Eidgenössischen Departementes des Innern.

HILDEGARD FÄSSLER-OSTERWALDER,
wurde 1951 in Frauenfeld/TG geboren. Nach der Ausbildung zur Primarlehrerin studierte sie an der Uni Zürich Mathematik und schloss als dipl. math. ab. Nach dem zusätzlichen Abschluss als Mittelschullehrerin unterrichtete sie von 1979–2000 an der Kantonsschule Heerbrugg. Politische Aktivitäten: Mitglied des Grossen Rates des Kantons St. Gallen von 1992–1996, Mitglied des Nationalrates seit 1997 und Fraktionspräsidentin der SP-Fraktion in Bern seit 2002. Seit 2001 ist sie Präsidentin der Schweizerischen Greina-Stiftung.

ERNST KREBS, †
1903 in Winterthur geboren, war er von 1927 bis 1968 im Forstdienst der Städte Zürich und Winterthur und des Kantons Zürich tätig. Dr. Ernst Krebs ist am 13. November 1996 gestor-

ben. Er galt als herausragender Kenner der forstlichen Verhältnisse in der Schweiz und insbesondere in den Berggebieten. Schon früh erkannte er die Notwendigkeit des Schutzes von Landschaft und Natur. Er engagierte sich stark beim Rheinaubund und unterstützte die Pro Rein Anteriur im Kampf um die Erhaltung der Vorderrheinlandschaft und der Greina.

HUGO RAETZO,
wurde 1966 in Freiburg/Fribourg geboren. Nach erdwissenschaftlichen Studien promovierte er an der Universität Freiburg zum Thema Rutschungen und Klimaänderung. Von 1996 bis 2000 war er für ingenieurgeologische Projekte im öffentlichen und privaten Sektor verantwortlich. Seit 2000 arbeitet Hugo Raetzo im Bundesamt für Wasser und Geologie, daneben begleitet er Grossprojekte im Pamirgebirge.

RENÉ RHINOW,
wurde 1942 in Basel geboren. Nach rechtswissenschaftlichen Studien war er in diversen juristischen Diensten des Kantons Baselland tätig. Seit 1982 ist er Ordinarius für öffentliches Recht an der Universität Basel. Von 1987 bis 1999 war René Rhinow Mitglied des Ständerats und präsidierte diesen 1998/1999. René Rhinow ist heute Präsident des Schweizerischen Roten Kreuzes.

BRYAN CYRIL THURSTON,
1933 in Schottland geboren, ist Architekt und freischaffender Künstler. Mit seinen Aquarellen, Kaltnadel-Aquatintaarbeiten und Collagen machte er in zahlreichen Publikationen und Ausstellungen seit Beginn der siebziger Jahre auf die Greina-Ebene und deren Schutzwürdigkeit aufmerksam.

LEO TUOR,
wurde 1959 in Rabius geboren. Er besuchte die Klosterschule in Disentis und studierte dann in Zürich und Fribourg Philosophie, deutsche Literatur und Rätoromanisch. Er war während 14 Sommer Schafhirt auf der Greina. 1988 erschien «Giacumbert Nau», sein erstes Buch, in surselvischer Sprache; seit 1994 liegt es in deutscher Übersetzung vor.

HANS-URS WANNER,
1933 in Zürich geboren, studierte Pharmazie in Zürich. Von 1961 bis 1996 wissenschaftlicher Mitarbeiter am Institut für Hygiene und Arbeitsphysiologie der ETH Zürich, 1969 Habilitation, 1981 Titularprofessor. Er war Leiter des Fachbereichs

Umwelthygiene und befaßte sich insbesondere mit den gesundheitlichen Auswirkungen von Luftschadstoffen und Lärmimmissionen.

BERNHARD WEHRLI,

geboren 1957, wuchs in Waltensburg/GR auf. Er studierte Chemie an der ETH Zürich. Seit 1991 ist Bernhard Wehrli als Professor für Aquatische Chemie an der ETH Zürich und an der EAWAG in Kastanienbaum tätig. In seiner Forschung befaßt er sich mit Fragen der Gewässersanierung und des Gewässerschutzes.

HANS WEISS,

geboren 1940, aufgewachsen in Schiers/GR. Studium der Naturwissenschaften und Abschluß als Kulturingenieur ETH. Leiter der damals neu geschaffenen Amtsstelle für Natur- und Landschaftsschutz des Kantons Graubünden (1968–1972). Später Geschäftsleiter der Stiftung Landschaftsschutz Schweiz SL und des Fonds Landschaft Schweiz FLS sowie Dozent für Natur- und Landschaftsschutz an der ETH (bis 1992). Hat sich mit Buchpublikationen sowie zahlreichen Vorträgen, Presse-, Radio- und TV-Beiträgen für die Landschaften der Schweiz u. a. auch für die Rettung der Greina eingesetzt.

Bibliographie

BEARTH, BERNARD: «Greina: Elektrizitätswirtschaft im Zeichen des sich wandelnden Umweltbewußtseins», Zürich 1991.

BUNDI, MARTIN: «Zur Besiedlungs- und Wirtschaftsgeschichte Graubündens im Mittelalter», Chur 1982.

BURKART, WALO: «Crestaulta, eine bronzezeitliche Hügelsiedlung in Surrin im Lugnez». In «Monographien zur Ur- und Frühgeschichte der Schweiz», Bd. 5, Basel 1946.

CADUFF, CRISTIAN: «Vom Vorderrhein nach Bellenz», in: «Terra Grischuna», Chur, 3/1987.

CIPRA (Commission Internationale pour la Protection des Alpes): «Die letzten naturnahen Alpenflüsse», Vaduz 1992.

DERICHSWEILER, WALRAM: «Von Truns durch das Somvixertal zur Greina», in: «Jahrbuch des Schweizer Alpen-Club», 1922, ²«Die Surselva des Walram Derichsweiler», Chur 1986.

W. EGLI, B. CAMENISCH, R. WINTERHALTER (1986): «Geologisch-Morphologische Übersicht», in: B. C. Thurston: «Greina – Wildes Bergland», Desertina Verlag, Disentis.

FREY, JOHANN DIETRICH: «Geologie des Greinagebietes», in: «Beiträge zur Geologie der Schweiz», Lieferung 131, Bern 1967.

Greina-Stiftung (SGS): «Greina und der Landschaftsrappen; eine Arbeitsstudie der SGS zur Erhaltung der alpinen Fließgewässer», Zürich 1988.

HALTER, TONI: «Il cavalé della Greina», Mustér 1960, ²1991; Dt. «Roßhirt am Greinapaß», Zürich 1963.

JÖRGER, JOHANN JOSEF: «Bei den Valsern des Valsertales», Basel 1913, ⁴1992.

Landeshydrologie (1993): «Hydrologisches Jahrbuch der Schweiz», Bern.

T. P. LABHART (1992): «Geologie der Schweiz», Ott Verlag, Thun.

MAISSEN, FLURIN: «Greina, ein unverdorbenes, großzügiges Bergland», in: «Die Alpen», 1975.

MONICO, UBALDO: «Greina, terra solitaria», in: «Il nostro paese», April 1975.

PELICAN, VALENTIN ANTON: «Regurdientschas d'in buob da Puzatsch», in: «Calender Romontsch», Disentis 1980.

SAC-Clubführer: «Bündner Alpen», Bd. II, «Bündner Oberland und Rheinwaldgebiet», ³Disentis 1970.

SCHORTA, ANDREA: «Rätisches Namenbuch», Bd. II, Chur 1964.

SOLER, GION REST: «Sur in pass emblidau», in: Igl ischi 1936, S. 113–132.

SPESCHA, PLACIDUS A.: «Sein Leben und seine Schriften», Hg. von Friedrich Pieth und P. Karl Hager, Bümpliz-Bern 1913.

SUTTER, RUBEN: «Zur Flora und Vegetation der Greina» in: «Natur und Mensch», 1975.

THURSTON, BRYAN CYRIL: «Greina. Prosa-Landschaft», Disentis 1980; «Greina – wildes Bergland», Disentis 1973; «Plaun la Greina – Anthologie eines einsamen Hochlandes», Uetikon am See 1975.

TUOR, LEO: «Giacumbert Nau. Cudisch e remarcas da sia veta menada», Cuera 1988; Dt. «Giacumbert Nau. Hirt auf der Greina», Chur 1994.

VOSER, MARKUS UND PETER: «Greina – Piz Medel» (KLN-Objekt 3.46); «Bedeutung und Schutzwürdigkeit», Bericht EDI, Bern 1987.

WEISS, HANS: «Greina – Vom Sinn ungenutzter Räume», in: «Greina – wildes Bergland», Bryan Cyril Thurston, Disentis 1973.

WIDMER, AMBROS P.: «Die Ortsnamen des Greinagebietes» in: «Orbis, Bull. intern. de documentation linguistique», Tome XXII, Louvain 1973.

MARTIN BUNDI benutzte folgende Quellen: «Bündner Urkundenbuch», Bd. 1–3, Chur 1955–1985; «Codex diplomaticus», Bd. II, Hg. von Theodor von Moor, Chur 1852; Gemeindearchive von Cumbel und Vrin; Kreisarchiv Lugnez.

GALLUS CADONAU benutzte folgende Quellen: «Bündner Zeitung» März/April 1978, September 1979; «Jahresberichte PRA» 1978–1984; «Rechtsverfahren PRA» 1979–1984; «Amtliches Bulletin NR/SR» 1979–1995; «Schweizer Solarpreis» 1991–2003; Mario F. Broggi/Wolf J. Reith, «Beurteilung von Wasserkraftwerksprojekten aus der Sicht des Natur- und Heimatschutzes», EDI, Bern, 1984; «Rettet die Greina», PRA 1984; René Rhinow, «Rechtsgutachten über die Zuständigkeit des Bundes zur Einführung des sogenannten Landschaftsrappens», Basel, Oktober 1987; Jörg Paul Müller/Hans G. Schmid, «Die Beschränkung der Wasserkraftnutzung im Interesse des Landschaftsschutzes», Bern, Mai 1990; René L. Frey/Hansjörg Blöchliger, «Die Abgeltung für Nutzungsverzichte im Natur- und Landschaftsschutz», Basel, Juni 1990; SGS-Geschäftsberichte 1987–2003; ALL-PARTEIEN-ALLIANZ für einheimische Energien, Solar Agentur Schweiz (SAS), 12.9.2003; Botschaft Bundesrat vom 28.5.2003; Amtl. Bulletin der Bundesversammlung, 1987–2003; Europ. Solarpreisverleihung/Lancierung Schweiz. Solarpreis 2002/03, SAS, Zürich, 15.2.2002.

Die Schweizerische Greina-Stiftung (SGS) zur Erhaltung der alpinen Fließgewässer

Wer ist die Schweizerische Greina-Stiftung?
Zur Erhaltung der Bündner Vorderrhein-Landschaft wurde 1978 ein nationales Komitee gegründet. Dem gehörten – neben Einheimischen – auch rund 50 National- und Ständeräte/-innen an. Daraus und mit Unterstützung weiterer Greina-Freunde entstand 1986 die Schweizerische Greina-Stiftung zur Erhaltung der alpinen Fließgewässer (SGS). Die SGS ist parteipolitisch unabhängig, breit abgestützt und untersteht der Aufsicht des Eidgenössischen Departementes des Innern. Dank des Engagements weiter Bevölkerungskreise gelang es der SGS, einen wesentlichen Beitrag zur Rettung der Greina-Hochebene zu leisten. Bestärkt durch diesen Erfolg setzt sich die SGS heute für den dringenden Schutz der letzten noch frei fließenden alpinen Gewässer und zur Erhaltung bedeutender Gebirgslandschaften ein.

Was will die SGS?
Wie dem Verzeichnis des SGS-Stiftungsrates zu entnehmen ist, setzt sich dieser aus Parlamentarierinnen und Parlamentariern des ganzen Parteienspektrums zusammen. Dazu kommen zahlreiche Naturwissenschafter, Hochschulprofessoren, Schriftsteller, der Präsident des Europäischen Gerichtshofes, umweltbewußte Unternehmer und weitere Persönlichkeiten. Mit Sachinformationen, welche die SGS ihnen zur Verfügung stellt, nehmen die Vertreter/-innen im Parlament konstruktiv Einfluß im Interesse einer nachhaltig-verfassungskonformen Gesetzgebung. Sie sorgen dafür, daß die Volksabstimmungen insbesondere im Naturschutzbereich respektiert und umgesetzt werden. Ein Beispiel ist die von der SGS geforderte Verankerung des Landschaftsrappens mit der Ausgleichsleistung im neuen eidg. Gewässerschutz- und Wasserrechtsgesetz. Damit können Landschaften von nationaler Bedeutung unter Schutz gestellt werden, ohne daß dies zu Lasten von finanzschwachen Berggemeinden oder der Bundeskasse geschieht.

Die SGS engagiert sich für eine umweltfreundliche Energiepolitik
Mit konkreten Projekten und Studien, wie z.B. der neuen SGS-Energie-Studie der Solar 91 (heute Solar Agentur Schweiz) oder dem Schweizer und Europäischen Solarpreis, hilft die SGS, neue Wege zur effizienteren Nutzung unseres Energiepotenzials und zur umweltfreundlichen Energieerzeugung aufzuzeigen und die Energie Schweiz zu fördern. Sie setzt sich für erneuerbare Energieträger und insbesondere für die Nutzung der Sonnenenergie ein. Die SGS verleiht mit diesen Aktivitäten jenem Volkswillen Nachdruck, der mit der Annahme des Energieartikels im September 1990 oder des eidg. Gewässerschutzgesetzes 1992 zum Ausdruck kam. 1993 und 1994 setzte sich die SGS sehr stark für das Zustandekommen der Solar- und Energie-Umwelt-Initiativen ein und erreichte von allen schweizerischen Natur- und Umweltschutzorganisationen die höchste Unterschriftenzahl. Gegen den Willen des Bundesrates und der vorberatenden Kommissionen galt es, Ende 1994 und Anfang 1995 die Ausgleichsleistungen im Nationalrat und im Ständerat zu verteidigen. Dies gelang – vor allem dank des außerordentlichen Einsatzes aller SGS-Stiftungsräte/-innen im Parlament, der 16 Staatsrechtsprofessoren und weiterer fortschrittlicher Volksvertreter/-innen – erfreulicherweise mit großem Mehr in beiden Räten. Leider wurden die Ener-

gie-Initiative inkl. Gegenvorschläge des Parlaments im September 2000 bei Höchstpreisen pro Fass Öl mit 47,5% Ja knapp abgelehnt.

Abstimmungskampagnen, Gesetzgebung und Information der Bevölkerung

1. Vorbereitungen und Mitlancierung Gewässerschutzinitiative II, 1982/84
2. Gegen neue Pumpspeicherkraftwerke und weitere Wasserkraftwerke bei der Volksabstimmung 1990 (Mitlancierung)
3. Gesetzgebungsverfahren/Gewässerschutzgesetz 1987–1991 im National- und Ständerat, Einsatz für Landschaftsrappen und Ausgleichsleistungen durchgesetzt
4. Großeinsatz bei der Volksabstimmung zum eidg. Gewässerschutzgesetz (GSchG) 1992, 1990/91 über zwei Millionen Stimmbürger/innen informiert, zwischen Januar und Mai 1992 nochmals rund 1,6 Mio. Stimmberechtigte über Gewässerschutzabstimmung vom 17. Mai 1992 informiert, an Dutzenden von Veranstaltungen das neue GSchG vertreten usw.
5. Starkes Engagement und Öffentlichkeitsarbeit gegen die Streichung der Ausgleichsleistungen für Landschaften von nationaler Bedeutung; Erfolg dank Nationalratsentscheid vom 25.1.1995 und Ständeratsentscheid vom 8.3.1995; Stellungnahme von 16 Staatsrechtsprofessoren gegen Streichung der Ausgleichsleistungen 1995 publiziert
6. Solar- und Energie-Umwelt-Initiativen (erfolgreiche Unterschriftensammlung: ca. 37 000)
7. 1996 gelang die Einführung der Finanzierung des Landschaftsrappens in Art. 49 WRG.
8. Grosser Abstimmungskampf im Jahr 2000 für die Solarinitiative und die Förderabgabe mit der ökologischen Wasserkraftsanierung. Leider wurden die Solarinitiative und beide Gegenvorschläge im September 2000 abgelehnt.
9. Die Avanti-Vorlage resp. der Gegenvorschlag zur Avanti-Initiative hätte wohl alle Lastwagen zwischen Polen und Sizilien durch die Schweiz zu schleusen versucht. Dafür und für mehr Luftverschmutzung hätte das Schweizer Volk noch 30 Mrd. Franken zahlen müssen. Am 8. Februar 2004 sagten 64% des Schweizer Volkes nein dazu.

Publikationen im Landschafts- und Gewässerschutzbereich

Greina und der Landschaftsrappen, A4, 62 Seiten, Zürich 1987
La Greina et le «centime de paysage», A4, 62 pages, Zurich 1987
　Tagungsband Revision Gewässerschutzgesetz und Ausgleichsleistungen, SGS-SGU, ca. 150 Seiten, A4, Zürich 1989
Der Heimfall am Bernina – Die Bedeutung verschiedener Heimfallvarianten, Schlußbericht, 42 Seiten, A4, Zürich 1990
Publizierte Experten-Gutachten zu Gunsten des Gewässerschutzes:
- Die Zuständigkeit des Bundes zur Einführung des sogenannten Landschaftsrappens / Compétence de la Confederation à introduire une taxe en faveur du paysage (centime paysage), Prof. Dr. René Rhinow, Giovanni Biaggini, 1987
- Die Beschränkung der Wasserkraftnutzung im Interesse des Landschaftsschutzes unter besonderer Berücksichtigung der Frage des Ausgleichs von Nutzungseinschränkungen, Prof. Dr. Jörg Paul Müller/Hans G. Schmid, UNI Bern/BUWAL
- Die Abgeltung für Nutzungsverzichte im Natur- und Landschaftsschutz, Prof. Dr. René L. Frey/Hansjörg Blöchiger, UNI Basel/BUWAL

Neue SGS-Energiestudie 1992–2070, 158 Seiten A4, Zürich 1992
Landschaftskalender zur Erhaltung alpiner Landschaften, jährliche Auflage ca. 10 000–18 000 Ex.
Wasserwege – 10 Wanderungen an bedrohte Wasseroasen der Schweiz, 68 Seiten, A6/5, Zürich 1992 (Autorengemeinschaft), Auflage 525 000
Restwasserfrage; Video über Ilanz II, 1992 (SGS und WWF, Schweiz)
Neue SGS-Energiestudie 1996–2070, 2. Auflage, 176 Seiten, Zürich 1996
Reform der Bundesverfassung, 53 Seiten, Zürich 1996/1997
Prof. Dr. Alfred Kölz, Rechtsgutachten Grimsel, Zürich 1997
Bündner All-Parteien-Allianz für Energieabgabe/Solarinitiative, 70 Seiten, Zürich 2000
Bündner Grossräte: 3x Ja für Umwelt, Wasserkraft und Arbeitsplätze, Zürich 2000
Bauernallianz für die Energievorlagen 2000; 3x Ja für Umwelt, Gesundheit, Arbeitsplätze in der Land- und Forstwirtschaft – Sonnenblumen-Pflanzaktion für Landsgemeinde in Bern, 36 Seiten, Zürich 2000
Nachhaltige Kantonsverfassung; Überparteiliche Allianz für eine Neue Kantonsverfassung zur nachhaltigen Gemeinde- und Städteentwicklung, 28 Seiten, Zürich 2000
Arbeitgeber-Allianz 3x Ja für Energievorlagen: 3x Ja für Umwelt, Innovation und Arbeitsplätze, 74 Seiten, Zürich 2000
Gewerbe und Industrie für einheimische Energie und Arbeitgeber-Allianz für Energievorlagen; Wer hat Angst vor New Economy? 79 Seiten, Zürich 2000
Clean Energy/Gesamtenergieprojekt St. Moritz 2003, 48 Seiten, St. Moritz/Zürich 2002
Grundlagen Adula-Rheinwaldhorn: Neuer Nationalpark, 42 Seiten, Zürich 2002; Wasserprivatisierung in der Schweiz, Zürich 2002
Revision Natur- und Heimatschutzgesetz, Zürich 2003
All-Parteien-Allianz für einheimische Energien, 58 Seiten, Zürich 2003, (Wasserkraftsanierung)
Clean-Energy Tour St. Moritz/Zürich, 2003
Schweizer Solarpreis Zürich, 1991–2003

Der SGS-Stiftungsrat 1986–2003*

Präsidentin: Hildegard Fässler, Nationalrätin, Grabs/SG**

Vizepräsident: PROF. DR. MICHELE LUMINATI, Uni Luzern/Poschiavo**

REGINE AEPPLI WARTMANN, Regierungsrätin, Zürich

DR. ERWIN AKERET, a. Nationalrat Winterthur † (erster SGS-Präsident)

PETER ANGST, dipl. Arch. ETH, Zürich

ESTHER ARNET, Kantonsrätin, Dietikon

PROF. DR. IUR. ANDREAS AUER, Genève

MONIQUE BAUER, e. Ständerätin, Genève

RUEDI BAUMANN, e. Nationalrat, Suberg/Toulouse

MICHÈLE BERGER, e. Ständerätin, Neuchâtel

PETER BICHSEL, Schriftsteller, Solothurn

DR. WALTER BIEL, e. Nationalrat, Zürich

SILVIO BIRCHER, e. Regierungsrat, Aarau

PETER BODENMANN, e. Staatsrat, Brig

PIERINO BORELLA, Dipl. Ing. ETH, Raumplaner, Grossrat, Canobbio

Prof. Dr. Martin Boesch,
　Dozent HSG; St. Gallen
Prof. Dr. Mario F. Broggi,
　Ing. ETH, Triesen
Pascale Bruderer,
　Nationalrätin, Baden
Dr. iur. Ursula Brunner,
　Rechtsanwältin, Zürich
Esther Bührer,
　e. Ständerätin, Schaffhausen
Dr. Martin Bundi,
　e. Nationalrat, Chur
Tarcisi Cadalbert,
　lic. iur, Maler, Zürich †
Dr. Fulvio Caccia,
　e. Nationalrat, Bellinzona
Gallus Cadonau,
　Jurist/Verfassungsrat,
　Waltensburg/Zürich
Christian Caduff,
　Jurist/dipl. Arch. FH, Fehraltorf
Prof. Dr. Iso Camartin,
　Schriftsteller, Zürich
Rita Cathomas-Bearth,
　ENHK, Chur
Sep Cathomas,
　Nationalrat, Brigels/GR
Maurice Chappaz,
　Schriftsteller, Le Châble/VS
Dr. Dumeni Columberg,
　e. Nationalrat, Disentis/Mustér
Françoise de Coulon,
　Übersetzerin, Carouge
Menga Danuser,
　e. Nationalrätin, Frauenfeld
Dr. Eugen David,
　Ständerat, St. Gallen
John Dupraz,
　Nationalrat, Genf
Dr. Barbara Eberhard-Haller,
　e. Nationalrätin, Kantonsrätin
Rolf Engler,
　e. Nationalrat, Appenzell
Susanne Erdös,
　Gemeinderätin, Zürich
Dr. Christoph Eymann,
　Regierungsrat, Basel
Jacqueline Fehr,
　Nationalrätin, Winterthur
Rico Fallet,
　Lehrer/Parkwächter, Sent †

Mario Fehr,
　Nationalrat, Adliswil
Eva Feistmann,
　Grossrätin, Locarno
Anita Fetz,
　Ständerätin, Basel ·
Prof. Dr. Ulrich Flury,
　Kultur-Ing., Zürich †
Prof. Pierre Fornallaz,
　Basel
Dr. Andreas Frutiger,
　Lenzburg
Kurt Furrer,
　Geschäftsf. Aqua Viva, Bern †
Reto Gamma,
　Journalist, Bern
Corrado Gaudenzi,
　Präsident Pro Surley, Champfèr
Andreas Ghiringhelli,
　Osogna
Pius Guntern,
　Grossrat, Chur †
Prof. Dr. Felix Gutzwiller,
　Nationalrat, Zürich
Toni Halter,
　rom. Schriftsteller, Villa †
Jakob Hilber,
　e. SAC-Zentralpräsident, Gossau, SG
Wolfgang Hildesheimer,
　Schriftsteller, Poschiavo †
Pierre Imhasly,
　Autor, Visp
Francine Jeanprêtre,
　e. Staatsrätin, Morges
Peter Jossen,
　e. Nationalrat, Leuk/VS
Prof. Dr. iur. Alfred Kölz,
　Zürich †
Dr. oec. Alan Kruck,
　Zürich
Dr. Ernst Krebs,
　e. Oberforstmeister, Winterthur †
Prof. Dr. Elias Landolt,
　Zürich
Dr. Andrea Lanfranchi,
　FSP, Poschiavo/Meilen**
Dr. oec. Elmar Ledergerber,
　Stadtpräsident, Zürich
Franz Felix Lehni,
　e. Kant. Informationschef, Luzern
Mimi Lepori Bonetti,
　e. Nationalrätin, Lugano

René Longet,
    e. Nationalrat, Grand-Lancy/GE
Herbert Maeder,
    e. NR & e. Präs., Rehetobel/AR**
Pater Dr. Flurin Maissen,
    Degen/GR †
Flurin Maissen,
    Kaufmann, Trun
Dr. Luis Maissen,
    Zahnarzt, Laax
Tarcisi Maissen,
    Scrinaria, Bauunternehmer, Trun
Rico Manz,
    dipl. Arch. ETH, Chur
Fernand Mariétan,
    e. Nationalrat, Monthey
Dr. Dick F. Marty,
    Ständerat, Giubiasco
Dr. Felix Matter,
    Rechtsanwalt, Au/ZH
Ursula Mauch,
    e. Nationalr., Oberlunkhofen/AG
Dr. Lucrezia Meier-Schatz,
    Nationalrätin, St. Peterzell
Hans Moser,
    Karikaturist, Laax
Prof. Dr. Arnold Müller,
    e. Nationalrat, Bachs
Christoph Müller,
    Ökonom, Zürich
Dr. iur. Hans-Ulrich Müller,
    Direktor, Hofstetten
Prof. Dr. Adolf Muschg,
    Schriftsteller, Männedorf
Dr. iur. Lili Nabholz,
    e. Nationalrätin, Zürich
Peter Nagler,
    Kaufmann, Zumikon
Alexi Nay,
    Liedermacher/Sekundarlehrer, Vella
Stefan Ograbek,
    e. Grossrat, Roveredo
Dr. Thomas Onken,
    e. Ständerat, Tägerwilen †
Peter Peng,
    eidg. Dipl. EL, PRA, Ilanz †
Prof. Dr. Gian-Reto Plattner,
    e. Ständerat, Basel
Paul Rechsteiner,
    Nationalrat, Präs. SGB, St. Gallen
Prof. Dr. René Rhinow,
    e. Ständerat, Seltisberg/BL

Prof. Dr. Peter Rieder,
    Präs. Pro Vrin, Greifensee
Dr. Kathy Riklin,
    Nationalrätin, Zürich
Paolo Rossi,
    dipl. Geograph, Raumplaner,
    Grossrat, Agno
André Sax,
    e. Grossrat, Obersaxen/
    SAC-Piz Terri
Armin Schibler,
    Komponist, Zürich †
Dr. Fritz Schiesser,
    Ständerat, Haslen GL
Dr. Andreas Schild,
    Meiringen
Dir. Felix C. Schlatter,
    Hotel Laudinella, St. Moritz
Dr. Fred W. Schmid,
    Küsnacht/ZH
Odilo Schmid,
    e. Nationalrat, Brig
Corinne Schmidhauser,
    Juristin, Bern
Rolf Seiler,
    e. Nationalrat, Zürich
Silva Semadeni,
    e. NR & Präs. pro natura, Chur
Alfred Sigrist,
    e. Grossrat, Luzern
Dr. Ulrich Siegrist,
    Nationalrat, Lenzburg
Simonetta Sommaruga,
    Ständerätin, Spiegel b. Bern
Rudolf H. Strahm,
    Nationalrat, Herrenschwanden
Dr. Bernhard Suhner,
    Masch.-Ing., Herisau †
Marc F. Suter,
    e. Nationalrat, Biel
Bryan C. Thurston,
    dipl. Arch., Maler, Uerikon
Prof. Dr. Peter Tschopp,
    e. Nationalrat, Genf
Leo Tuor,
    Schriftsteller, Rabius/GR
Adolf Urweider,
    Bildhauer, Meiringen
Giacun Valaulta,
    lic. iur., Rueun/Märstetten**
Prof. Dr. Peter von Matt,
    Schriftsteller, Dübendorf

Kathrin von Steiger,
 e. Präs. Grimselverein, Meiringen
Dr. med. Martin Vosseler,
 Elm
Otto F. Walther,
 Schriftsteller, Solothurn †
Prof. Dr. Hans Urs Wanner,
 Zürich
Prof. Dr. Bernhard Wehrli,
 Chemiker, Luzern**
Thomas Wepf,
 Kultur-Ingenieur ETH, St. Gallen
Jacques Wildberger,
 Komponist, Riehen

Prof. Dr. iur. Luzius Wildhaber,
 Präsident des Europäischen
 Gerichtshofs für Menschenrechte,
 Oberwil/BL
Tobias Winzeler,
 Fürsprecher, lic. phil. nat., Bern
Rosmarie Zapfl-Helbling,
 Nationalrätin, Dübendorf
Gemeinden:
 Vrin, Sumvitg und Brigels/GR

* einige der oben erwähnten Stiftungsratsmitglieder sind inzwischen aus beruflichen oder Altersgründen ausgeschieden.
** SGS-Ausschußmitglieder

Besonderen Dank
Herausgeberin und Verlag danken an dieser Stelle folgenden öffentlichen und privaten Institutionen und Persönlichkeiten, welche die Herausgabe und Drucklegung des vorliegenden Werkes mit finanziellen Beiträgen ermöglicht und unterstützt haben:

1. und 2. Auflage
- der BIL Treuhand, Vaduz (für eine anonyme Spenderin)
- dem Bundesamt für Umwelt, Wald und Landschaft (BUWAL), Bern
- dem Fonds Landschaft Schweiz, Bern
- der Gemeinde Sumvitg/GR
- der Gemeinde Vrin/GR
- der Walter & Bertha Gerber-Stiftung, c/o Hotelier-Verein, Bern
- der Ernst Göhner-Stiftung, Zug
- der Graubündner Kantonalbank, Chur
- Herrn Jakob Hilber-Zanzi, Gossau
- dem Migros-Genossenschafts-Bund, Zürich
- Herrn Dr. Fred W. Schmid, Küsnacht
- der Schweizerischen Stiftung Pro Patria, Zürich
- Herrn Theodor Zemp, Zemp-Stiftung, Geroldswil
- der Zuger Kulturstiftung Landis & Gyr, Zug

3. Auflage
- Bundesamt für Wasser und Geologie BWG
- Coop, Basel
- Frau Betty und Dr. Rudolf Gasser Stiftung, Chur
- Gemeinde Binn/VS
- Gemeinde Birgisch/VS
- Gemeinde Breil/Brigels/GR
- Gemeinde Gondo-Zwischbergen/VS
- Gemeinde Mörel/VS
- Gemeinde Mund/VS
- Gemeinde Naters/VS
- Gemeinde Simplon Dorf/VS
- Gemeinde Sumvitg/GR
- Gemeinde Vrin/GR
- Kanton Graubünden
- Kanton Wallis
- MAVA, Stiftung für Naturschutz, Montricher
- Stiftung Jacques Bischofberger, Chur

Dank für die Zivilcourage und Verteidigung der Volksrechte an die Staatsrechtsprofessoren
Eine außergewöhnliche Beachtung mit wesentlichem Einfluß auf die Parlamentsdebatte fand im Frühjahr 1995 die deutliche Stellungnahme der 16 wohlbekannten und bedeutendsten Staats- und Verwaltungsrechtsprofessoren aller Schweizer Hochschulen (vgl. Liste). Praktisch alles, was bei den schweizerischen Staatsrechts- und Verwaltungsrechtsprofessoren Rang und Namen hat, unterzeichnete eine Erklärung an die Finanzkommissionen des National- und des Ständerates, die von Prof. Dr. Alfred Kölz und Prof. Dr. Jörg Paul Müller Ende 1994 lanciert wur-

de. Alle sprachen sich für die Beibehaltung der Ausgleichsleistungen und gegen den Streichungsantrag der Finanzkommissionen beider Räte aus. Der Chefredaktor der Bündner Zeitung, Andrea Masüger, kommentierte am 21.1.1995: *«Die Streichung der Ausgleichsbeiträge im Gewässerschutzgesetz entsetzt heute ... die gesamte Corona der schweizerischen Rechtswissenschaft. Die Liste der Professoren, die höflich, aber unzimperlich der Nationalratskommission ihre Meinung gesagt haben, ist quasi das Verzeichnis der in diesem Lande tonangebenden Rechtskapazitäten.»* Diese Staatsrechtler bezogen klar Stellung und erklärten dies auch unmißverständlich den Parlamentarierinnen und Parlamentariern im Vorfeld dieser Abstimmungen:

«Die unterzeichnenden Staats- und Verwaltungsrechtslehrer schweizerischer Hochschulen sind besorgt über folgenden Sachverhalt: Im Rahmen der vom Bundesrat vorgeschlagenen Sanierungsmaßnahmen soll Art. 22 Abs. 3–5 des Wasserrechtsgesetzes aufgehoben werden, bevor er in Kraft gesetzt worden ist. Damit wird die Grundlage für die Ausrichtung von Ausgleichsleistungen zugunsten finanzschwacher Gemeinwesen als eine der zentralen Bestimmungen dieses Bundesgesetzes aufs Spiel gesetzt.

Ein solches Vorgehen widerspricht u.E. fundamentalen Prinzipien unserer Demokratie: Ein Kernstück eines Gesetzes, das im Zusammenhang mit der Abstimmung über eine Volksinitiative als indirekter Gegenvorschlag eine zentrale Rolle spielte, würde vor dem Inkrafttreten beseitigt. Wir beanstanden aus staatspolitischen Gründen die Absicht, dies im Rahmen einer bedenklichen Verknüpfung mit sachlich unzusammenhängenden Gegenständen zu tun, was den Stimmberechtigten eine differenzierte Stellungnahme verunmöglicht. Im Gegensatz zu früheren Sparpaketen handelt es sich hier nicht um eine bloß lineare Kürzung verschiedener Beiträge, sondern um die Beseitigung der politisch hart erkämpften neuen Institution der Ausgleichsleistungen für benachteiligte Bergregionen.»

Prof. Dr. Jean-François Aubert	Universität Neuchâtel
Prof. Dr. Peter Saladin	Universität Bern
Prof. Dr. Walter Kälin	Universität Bern
Prof. Dr. Jörg-Paul Müller	Universität Bern
Prof. Dr. René Rhinow	Universität Basel
Prof. Dr. Paul Richli	Universität Basel
Prof. Dr. Enrico Riva	Universität Bern/Basel
Prof. Dr. Charles-Albert Morand	Universität Genf
Prof. Dr. Andreas Auer	Universität Genf
Prof. Dr. Peter Hänni	Universität Freiburg
Prof. Dr. Pierre Moor	Universität Lausanne
Prof. Dr. Philippe Mastronardi	Hochschule St. Gallen
Prof. Dr. Rainer J. Schweizer	Hochschule St. Gallen
Prof. Dr. Tobias Jaag	Universität Zürich
Prof. Dr. Alfred Kölz	Universität Zürich
Prof. Dr. Heribert Rausch	Universität Zürich

(Prof. Dr. Ulrich Zimmerli, Universität Bern, unterstützte als Berner Ständerat ebenfalls seine 16 Professorenkollegen)

Diese und weitere Interventionen für die Achtung der Volksrechte verfehlten die Wirkung nicht: Im Nationalrat stimmten im Januar 1995 103 zu 67 und im Ständerat im März 1995 23 zu 12 *gegen* die Streichung der vom Volk 1992 angenommenen Ausgleichsleistungen im Wasserrecht.

Impressum
Fotografie: Herbert Maeder, Rehetobel
Graphisches Konzept und Layout: Gaston Isoz
Redaktion: Yvonne Eberle, Hildegard Fässler-Osterwalder,
Gallus Cadonau, Herbert Maeder, Giacun Valaulta und Bernhard Wehrli
Lektorat: Kurt Wanner, Splügen
Übersichtskarten: Südostschweiz Print AG, Chur/Fausto Tisato, Heiden
Satz und Lithos: Südostschweiz Print AG, Chur
Druck: Südostschweiz Print AG, Chur
Buchbindearbeiten: Buchbinderei Burkhardt AG, Mönchaltorf
Schrift: Formata
Papier: Cyclus Recyclingpapier 140 g/m^2

4195
Aletschhorn
Oberaletsch
G o m s
Rotten
Blinnenhorn
3374
Fiesch
Bietschhorn
3934
Binna
Binn
Binntal
Ried
Massa
Bietschtal
Baltschiedertal
Gredetschtal
Jolital
Joliback
Bietschbach
Baltschiederbach
Mundbach
Mörel
Naters
Ausserberg
Birgisch
Raron
Mund
Baltschieder
Eggerberg
Brig
Niedergesteln
Le Rhône
Visp
WALLIS
Simplon P.
2006
Stalden

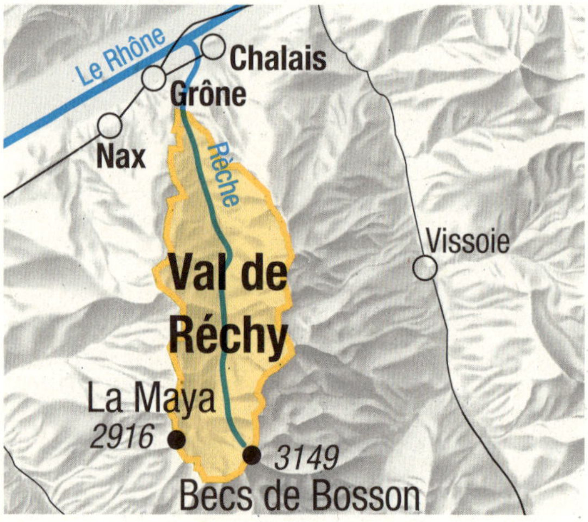

Le Rhône
Chalais
Grône
Nax
Rèche
Vissoie
Val de Réchy
La Maya
2916
3149
Becs de Bosson

Simplon
Gondo
Laggina
Lagginhorn
4010
Laggintal
Weissmies
4023
Saas Fee

Legende

15 Gemeinden, 12 im Kanton Wallis (Karte links) und 3 in Graubünden (Karte rechts), stellen einzigartige alpine Flusslandschaften für 40 Jahre unter Schutz. Dafür erhalten sie angemessene Ausgleichsleistungen, die von den übrigen Wasserzinsgemeinden dank Landschaftsrappen finanziert werden. In Abklärung befindet sich zusätzlich die Landschaft Val de Réchy der drei Gemeinden Chalais, Grône und Nax/VS (29,9 km²).

Folgende Flusslandschaften werden für die kommenden 40 Jahre geschützt (Karte links, Wallis):

1. **Bietschtal/Jolital** (32,7 km²), Niedergesteln und Raron
2. **Baltschiedertal** (34 km²); Ausserberg, Baltschieder und Eggerberg
3. **Gredetschtal** (23 km²); Mund, Birgisch und Naters
4. **Aletsch/Oberaletsch** (74,7 km²); Naters und Ried-Mörel
5. **Binntal** (24 km²); Binn
6. **Laggintal** (32,7 km²); Simplon und Gondo-Zwischbergen

(Karte rechts, Graubünden)

7. **Val Frisal** (20,6 km²); Breil/Brigels
8. **Greina Hochebene** (27,9 km²); Sumvitg und Vrin

Total: 300 km²

Alle Karten reproduziert mit Bewilligung von swisstopo (BA045910)

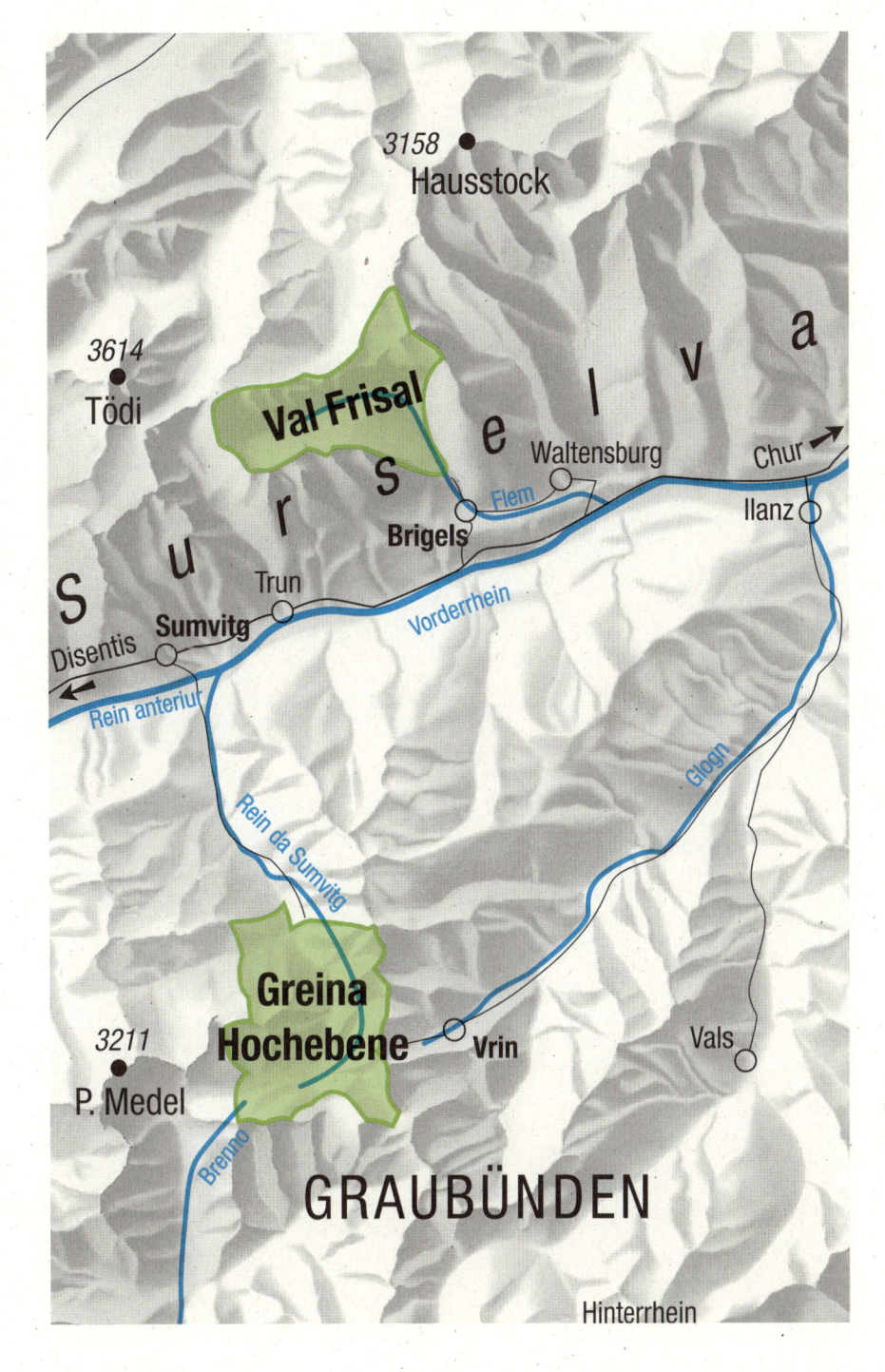

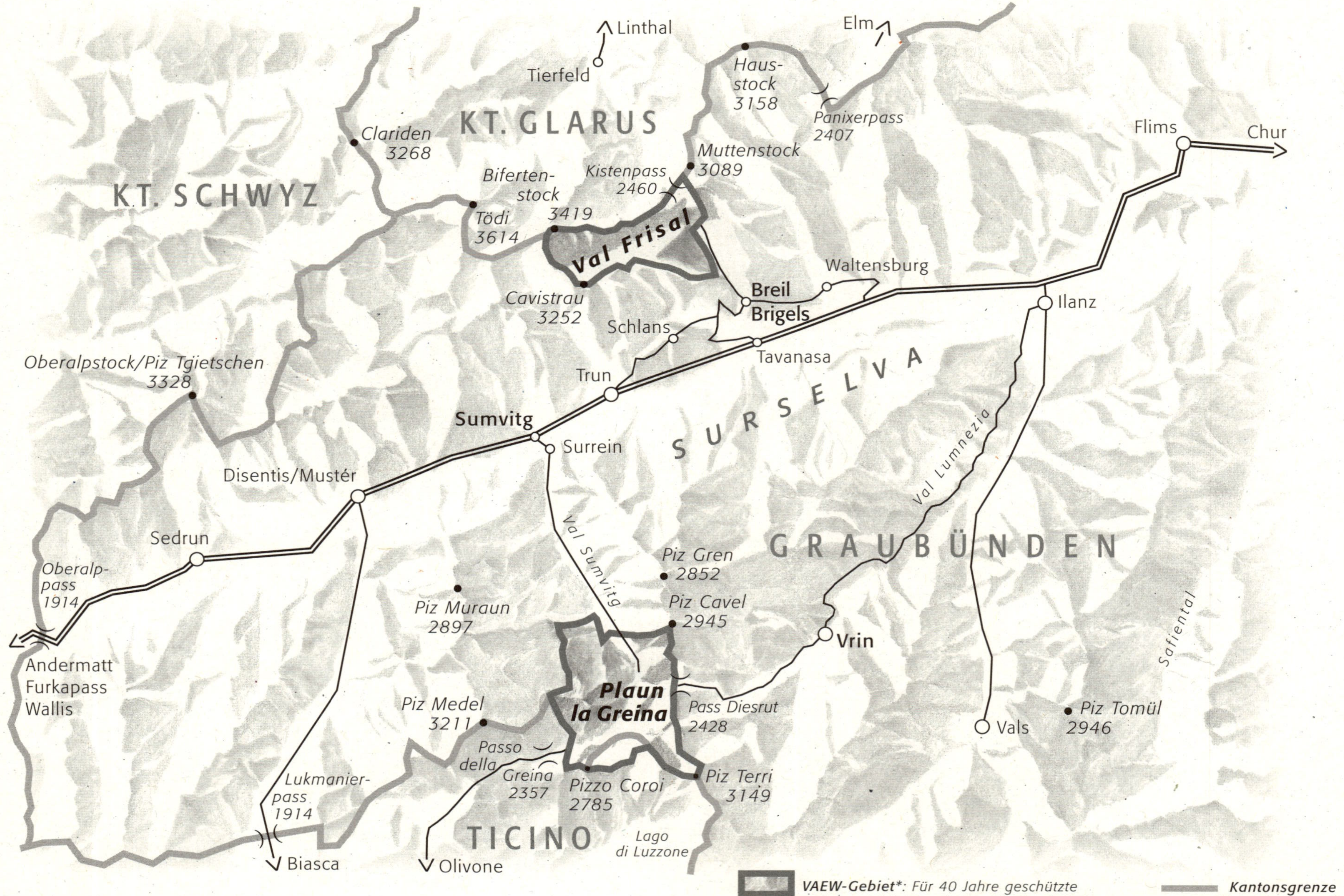
Linthal
Elm
Tierfeld
KT. GLARUS
Haus-
stock
3158
Panixerpass
2407
Flims
Chur
Clariden
3268
Muttenstock
3089
Kistenpass
2460
Biferten-
stock
3419
KT. SCHWYZ
Tödi
3614
Val Frisal
Waltensburg
Breil
Brigels
Ilanz
Cavistrau
3252
Schlans
Tavanasa
Oberalpstock/Piz Tgietschen
3328
Trun
SURSELVA
Sumvitg
Surrein
Disentis/Mustér
Val Lumnezia
Val Sumvitg
Sedrun
GRAUBÜNDEN
Piz Gren
2852
Oberalp-
pass
1914
Piz Muraun
2897
Piz Cavel
2945
Vrin
Andermatt
Furkapass
Wallis
Plaun
la Greina
Safiental
Piz Medel
3211
Pass Diesrut
2428
Piz Tomül
2946
Vals
Passo
della
Greina
2357
Pizzo Coroi
2785
Piz Terri
3149
Lukmanier-
pass
1914
TICINO
Lago
di Luzzone
Biasca
Olivone
VAEW-Gebiet*: Für 40 Jahre geschützte und ausgleichsberechtigte Flusslandschaften.
Kantonsgrenze

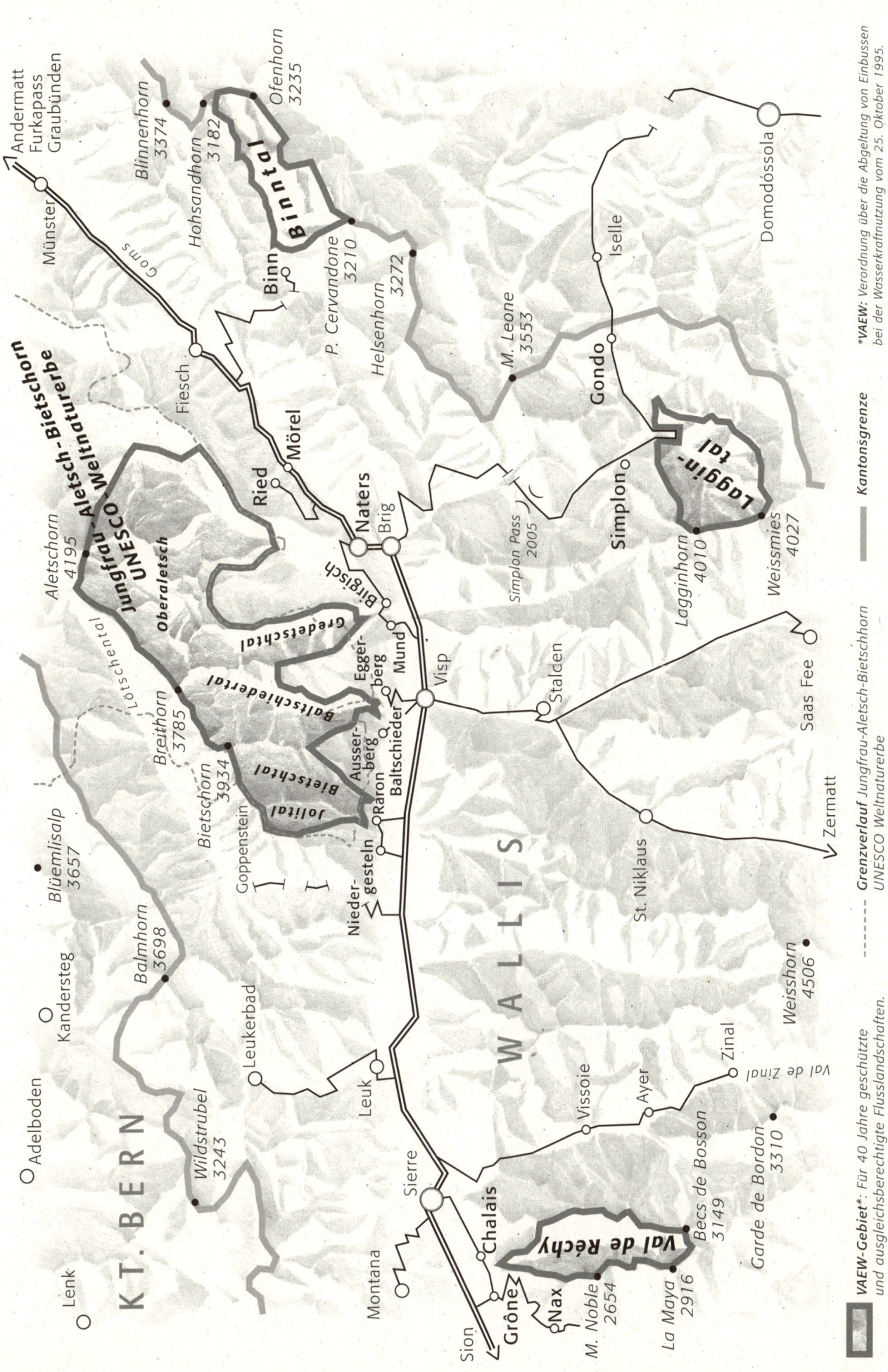

VAEW: Verordnung über die Abgeltung von Einbussen bei der Wasserkraftnutzung vom 25. Oktober 1995.

VAEW-Gebiet*: Für 40 Jahre geschützte und ausgleichsberechtigte Flusslandschaften.

------- **Grenzverlauf** Jungfrau-Aletsch-Bietschhorn UNESCO Weltnaturerbe

——— **Kantonsgrenze**